Carl Palmer

Das Lutherdenkmal zu Worms

Bilder aus der Reformationsgeschichte für das evangelische Christenvolk

Carl Palmer

Das Lutherdenkmal zu Worms
Bilder aus der Reformationsgeschichte für das evangelische Christenvolk

ISBN/EAN: 9783743300842

Hergestellt in Europa, USA, Kanada, Australien, Japan

Cover: Foto ©ninafisch / pixelio.de

Manufactured and distributed by brebook publishing software
(www.brebook.com)

Carl Palmer

Das Lutherdenkmal zu Worms

Das

Lutherdenkmal zu Worms.

Bilder aus der Reformationsgeschichte

für das

evangelische Christenvolk

von

Karl Palmer,
evangelisch-lutherischem Pfarrer zu Treis-Horloff in der Wetterau.

Darmstadt.
Fr. Würtz'sche Buchhandlung (Johs. Waitz).
1866.

Seinem erlauchten Patronen

dem Herrn

Grafen Otto zu Solms-Taubach

in tiefster Devotion gewidmet

vom

Verfasser.

Inhaltsverzeichniß.

Vorwort.

Wie man vernimmt, soll das Lutherdenkmal zu Worms noch im Laufe dieses Jahres aufgestellt und enthüllt werden. Das vorliegende Büchlein möchte nun dem evangelischen Christenvolk die auf diesem Denkmal gefeierten Personen, die alten lieben Gestalten wieder einmal im Lichte der geschichtlichen Wahrheit vorführen und an seinem bescheidenen Theile dazu mitwirken, daß diese Gestalten vor uns stehen und uns vorleuchten als Exempel des Glaubens und der heiligen Treue. Ausführliche oder gar erschöpfende Lebensbeschreibungen will der Verfasser nicht bieten, er will vielmehr nur kurze Charakterbilder zeichnen, die wichtigsten und interessantesten Züge aus dem Leben der in dem Denkmal dargestellten Personen in enge Rahmen spannen. — Der Verfasser gibt sich außerdem der Hoffnung hin, es möchte die vorliegende Arbeit manchem Amtsbruder und Lehrer für den Unterricht in der Kirchengeschichte willkommenen und nützlichen Stoff darreichen.

An der Kompofition des ganzen Denkmals Kritik
zu üben, war nicht des Verfaffers Wille und Aufgabe.
Er nahm dasselbe, wie es ist, weiß jedoch recht gut, daß
man darüber streiten kann, ob dieser oder jener Perfon
auf dem Denkmal, welches die Kämpfer für Gottes
Wort und den feligmachenden Glauben darstellen foll,
ein Plaß gebührt.

Trais-Horloff in der Wetterau,
am 22. Februar 1866.

Der Verfaffer.

Einleitung.

Das Lutherdenkmal zu Worms will und soll kein Denkmal allein zum Gedächtniß Luther's sein, sondern ein Denkmal zum Gedächtniß der ganzen Reformation und ihrer Helden. Weil aber Luther in dem Gotteswerke der Reformation das vorzüglichste Werkzeug in der Hand des Herrn gewesen ist und weil man an Luther am schönsten erkennt, was die Reformation ist und bedeutet, darum hat er in dem Denkmal die hervorragendste Stellung, und darum heißt das Denkmal das Lutherdenkmal.

Was ist nun eigentlich die Reformation? Was ist ihr Wesen, ihre Kraft und ihr Segen? Darüber seien uns wenige Worte gestattet. Sie mögen zur Verständigung dienen.

Der Kirche, dieser heiligen Gnadenanstalt des Herrn, war ein Licht anvertraut worden, ein Licht vom Himmel und aus der Ewigkeit. Das war das Wort des lebendigen Gottes, das Evangelium von der freien Gnade Gottes in Christo Jesu. Mit diesem Lichte sollte die Kirche, als eine heilige Magd Gottes, hineinleuchten in die Finsterniß der Welt. Dieß Licht sollte zeigen den Weg aus dem geistlichen Tod in das geistliche Leben, aus der Sünde in die Gnade, aus der Angst in den Frieden, aus der Verdammniß in die Seligkeit. Dieß Licht war gleichsam verkörpert in dem Ruf: Thuet Buße und glaubet an das Evangelium; glaube an den Herrn Jesum Christum, so wirst du und dein Haus selig.

Aber siehe, das Licht des lebendigen Gottes, das Evangelium von der freien Gnade Gottes in Christo Jesu war unter den Scheffel gerathen. Durch die Kirche sollte es helle werden in der Finsterniß und nun war in sie selbst die Finsterniß hineingedrungen, die schrecklichste, die es gibt, die geistliche Finsterniß. Die Seelen sahen nicht mehr den Weg aus dem Tod in das Leben, aus der Sünde in die Gnade. Es wurde wenig gepredigt von Christo, dem Heiland der Sünder, von seinem Leiden, Sterben und Genugthun, es wurde nur hier und da noch zu ihm gewiesen. Viel mehr wurde gepredigt von Menschen, von der Jungfrau Maria, von den Heiligen und viel mehr wurde zu diesen Menschen gewiesen. Es wurde wenig gedrungen auf wahrhaftige Buße, auf wahres Leid und wahre Reue über den sündigen Zustand des Herzens, auf Sinnesänderung und viel mehr auf äußerliche Bußübungen, auf Fasten, Wallfahrten, Rosenkranzbeten, Beichten, Ablaß. Fast nicht mehr wurde ermahnt zum wahren seligmachenden Glauben und zu dem daraus fließenden neuen Leben in den Geboten Gottes; dafür empfahl man die sogenannten guten Werke, das Leben in den Mönchsorden, freiwillige Armuth, Ehelosigkeit und andere selbsterwählte Heiligkeit.

Die Folge war, daß in die Kirche in verheerender Fluth das Verderben drang. Unwissenheit, Gottlosigkeit und Sittenlosigkeit aller Art kam in das Christenvolk und in die Geistlichkeit. Die Priester ergaben sich mehr dem Spiel, dem Trunk, der Jagd und anderen weltlichen Dingen und Lüsten, als ihrem geistlichen Hirtenberuf; sie wußten besser mit Panzer und Harnisch umzugehen, als mit Gottes Wort und Sakrament.

Das der Kirche anvertraute Licht stand unter dem Scheffel, es war am Verlöschen.

Aber der Herr ist treu, und sein Wort verheißt, daß auch die Pforten der Hölle seine Gemeinde nicht überwältigen sollen. Der Herr erbarmte sich und half, er stellte das Licht wieder

auf den Leuchter, fachte es an zu heiliger Flamme und ließ
es leuchten weit in die Lande. Das Wort des lebendigen
Gottes kam wieder zu seinem Recht. Das Evangelium von
der freien Gnade Gottes in Christo Jesu, die Predigt vom
seligmachenden neugebährenden Glauben ward wieder laut, so
laut und so mächtig wie niemals seit der Apostel Zeiten.

Solches that der Herr durch die Reformation und in der
Reformation. Und dieß und nichts anderes ist die Reformation,
das ist ihr Wesen, ihre Kraft und ihr Segen. Sie ist die
That Gottes, durch die er nach seiner erbarmenden Treue sein
Wort wieder auf den Leuchter stellte, durch die er seine heilige
Gnadenanstalt, die Kirche, reinigte von allem im Laufe der
Jahrhunderte hinzugekommenen menschlichen Schmutz. Sie ist
die That Gottes, dadurch er seiner Magd, der Kirche, aufhalf,
daß sie wieder sein könnte, wie in den Tagen ihrer Jugend,
eine treue Pflegerin der Seelen und eine sichere Führerin in's
Himmelreich.

So ist die Reformation nicht ein menschlicher Einfall, nicht
menschliche Willkür, überhaupt nicht ein Menschenwerk, sondern
ein Gotteswerk. Gott allein gebührt die Ehre. Und wenn
zum Gedächtniß der Reformation und ihrer Helden ein Denkmal
errichtet wird, so würde das ein Götzendienst sein, wenn dieß
Denkmal nicht angesehen würde als ein Tempel des Herrn,
errichtet zur Ehre des Herrn. — Es tritt uns manche Gestalt
in unserem Denkmal entgegen und der Name gar mancher
Stadt wird genannt; aber ihnen allen, den Männern und den
Städten, gebührt die Ehre nicht, sie gebührt allein dem Herrn.
Die Männer und die Bewohner der Städte sind alle arme
Sünder gewesen und in dem Leben so mancher gewahren wir
dunkle Flecken. Um so größer aber erscheint der Herr, der
trotz der Armuth, der Schwäche und Sünde seiner Kreaturen
das Werk zum Siege geführt hat. Darum ihm und nur ihm
die Ehre! Es sei uns, als ob die Gestalten des Denkmals alle
gen Himmel schauten, auf zum Herrn und das Psalmwort
beteten: Nicht uns, Herr, nicht uns; sondern deinem Namen

1*

gib Ehre. Es sei uns, als ob ein heiliger Klang das Denk=
mal und all seine Gruppen durchzöge, der Klang des Chorals:

Allein Gott in der Höh sei Ehr
Und Dank für seine Gnade!

Das Denkmal, wie es in Worms errichtet werden soll,
ist eine Erfindung von Ernst Rietschel, dem frommen, liebens=
würdigen, ächt deutschen Meister, der seinem Volke schon manches
Kunstwerk geliefert, und der zur Ausführung des Lutherdenk=
mals geeignet war, wie kaum ein anderer. Leider ist Rietschel
vor Beendigung der ihm so theuren Arbeit von hinnen gerufen
worden, und erlebt die von ihm so sehr ersehnte Freude nicht,
das Denkmal in Worms an seinem Platze stehen zu sehen.
Für das aber, was er erfunden und von dem Erfundenen aus=
geführt hat, möge dem Meister die evangelische Christenheit und
insbesondere das deutsche evangelische Volk immerdar seinen
treuen Dank zollen.*

Wir treten nun an das Denkmal heran. Ehe wir jedoch,
was die vornehmste Aufgabe des vorliegenden Büchleins ist,
Bild für Bild näher in's Auge fassen, werfen wir einen
flüchtigen Blick über das Ganze.

* Ernst Rietschel war geboren zu Pulsnitz in der Oberlausitz, am
15. December 1804. Er war der Sohn eines unbemittelten Handschuh=
machers. Nach einer sehr harten und entbehrungsvollen Vorbereitung in
Dresden wurde er ein Gehülfe des großen Bildhauers Rauch in Berlin,
welchem er bald ebenbürtig zur Seite stand. Seinen Hausstand gründete
er in Dresden. Die berühmtesten Werke Meister Rietschel's sind sein Lessing
in Braunschweig, seine Göthe= und Schillerstatue in Weimar und sein Karl
Maria von Weber in Dresden. Rietschel starb am 21. Februar 1861 mitten
in der Arbeit an den Statuen des Lutherdenkmals, welcher er sich mit un=
getheilter Freude hingab und die vor seinem Tode noch zu Ende zu führen
einer seiner heißesten Wünsche war. Unter seinen Jüngern waren durch ge=
meinsame Arbeit am meisten Adolf Donndorf und Gustav Kietz in die Ge=
danken des Meisters eingeweiht, und diesen ist daher einsichtsvoller Weise di
Vollendung des Denkmals übertragen worden. — Die Hauptstatue, di
Luther's, ist Rietschel's Werk.

Das ganze Denkmal nimmt einen viereckigen, gleichseitigen Flächenraum ein, dessen Seiten je 45 Fuß Rheinisch messen. Zwei Stufenschichten bilden die Grundlage des Raums, welcher dadurch als ein geheiligter Raum aus seiner Umgebung emporgehoben wird. An den vier Ecken desselben stehen auf etwa 9 Fuß hohen Postamenten die 8½ Fuß hohen Gestalten der Schützer und Förderer des Evangeliums. Vorn, am Eingang links, siehst du das Bild Friedrichs des Weisen, rechts dasjenige Philipps des Großmüthigen; an den beiden hinteren Ecken steht rechts die Gestalt Melanchthons, links diejenige Reuchlin's. Die Vorderseite zwischen den Statuen Friedrich's des Weisen und Philipp's des Großmüthigen ist offen, an den drei anderen Seiten dagegen sind die vier Monumente durch eine 5—6 Fuß hohe Zinnenmauer verbunden und diese Zinnenmauer ist an ihrer inneren Seite mit den Wappen derjenigen Städte geschmückt, welche sich als einen Hort der Reformation bewiesen haben. In der Mitte einer jeden der drei Zinnenmauern erhebt sich auf einem etwa 7 Fuß hohen Postament eine sitzende mauergekrönte weibliche Gestalt im Verhältniß von 6 Fuß. Diese Gestalten stellen drei, in der Reformationsgeschichte hervorragende Städte dar, links wird Wittenberg dargestellt, die Wiege der Reformation, rechts Magdeburg und auf der Mitte der hinteren Umfangsmauer Speier. Inmitten des ganzen, so begränzten Raumes erhebt sich nun das eigentliche Denkmal Luther's. Das Postament, mit seiner dreifachen Stufenschicht etwa 18 Fuß hoch, besteht in einem Sockel und zwei sich darüber aufbauenden Würfeln. An den vier aus dem Sockel hervorspringenden Ecken erblicken wir die Gestalten der Vorreformatoren, nämlich vorn links die des Savonarola und hinter ihm die des Petrus Waldus, vorn rechts die Gestalt Hussens und hinter ihm die Wykliffe's. Die Felder des Sockels sind mit den Wappen von den sechs Fürsten und den zwei Städten, welche die augsburgische Confession unterschrieben haben, geschmückt. Am unteren Würfel sind Grundzüge aus Luthers Leben und Lehre in halb erhabener Arbeit dargestellt, nämlich der Anschlag der Thesen zu Wittenberg, der Reichstag zu Worms, die Bibelübersetzung und das Predigtamt, das Abendmahl unter beiderlei Gestalt und die Priesterehe. Am oberen Würfel befinden sich oben Inschrifttafeln mit besonders bedeutungsvollen Worten Luthers, darunter je zwei Porträts der hervorragendsten Persönlichkeiten unter den Beförderern der Reformation, soweit sie nicht schon als Standbilder Raum gefunden haben, und zwar sind in dieser Weise dargestellt vorn Johann der Beständige und Johann Friedrich der Großmüthige, hinten an der Rückseite Hutten und Sickingen, rechts Zwingli und Kalvin, links Justus Jonas und Bugenhagen. Oben steht, als Krone des Ganzen, das Bild Luther's.

Petrus Waldus.

Ehe Luther auftrat und im Namen des Herrn das heilige
Gotteswort wieder auf den Leuchter stellte, erstanden zu ver=
schiedenen Zeiten und in verschiedenen Ländern Männer, welche,
des heiligen Geistes voll, von einem ähnlichen Streben beseelt
waren und einem ähnlichen Geisteskampfe sich unterzogen. Diese
Männer sind die Vorläufer Luthers und der Reformation, man
nennt sie die Vorreformatoren. Der älteste unter ihnen, soweit
sie auf unserem Denkmal dargestellt werden, ist Petrus
Waldus.

Zur Zeit als Petrus Waldus lebte, es war im zwölften
Jahrhundert nach des Herrn Geburt, ging durch die Christen=
heit eine gnädige Heimsuchung Gottes, der heilige Geist wehete
gewaltig durch die Länder des südlichen Frankreichs. Er ent=
zündete hier einen starken Trieb nach dem Worte Gottes, nach
der Schrift und ein Verlangen nach dem ursprünglichen,
apostolischen, wahren Christenthume. Mit diesem Geistesleben
wurden erfüllt Petrus Waldus und die nach ihm genannten
Waldenser.

Petrus Waldus, ein reicher, vornehmer Bürger und Kaufmann
in Lyon, empfand bei dem Anhören der evangelischen Perikopen,
der sogenannten „Evangelien“, welche damals im öffentlichen
Gottesdienst nicht in der Volkssprache, sondern in der lateinischen
vorgelesen wurden, ein starkes Verlangen, zu erfahren, was in
diesen Lektionen eigentlich gesagt sei. Sein Verlangen ließ ihm keine

Ruhe, und so wandte er sich an zwei Geistliche der Stadt und bewog sie dazu, daß sie ihm die „Evangelien" in die Volks=sprache übersetzten. Stephan, der gelehrtere der beiden, diktirte, und Bernhard, im Schreiben wohl geübt, schrieb das Diktirte nieder. Wie erstaunte unser Kaufmann über die herrlichen, unbeschreiblich kostbaren Dinge, welche er nun in seiner Mutter=sprache las! Er erfuhr jetzt auch, was bei uns jeder Schüler weiß, daß die Bibel noch weit mehr enthalte, als die sonntäg=lichen Evangelien und bemühte sich in ähnlicher Weise wie früher bei den evangelischen Perikopen, sich noch viele andere Theile der Schrift in der Uebersetzung zu verschaffen. Ein solches Unternehmen konnte freilich nur ein so reicher Herr, wie Waldus war, anfangen und zu Stande bringen. Denn damals, wo es noch keine Buchdruckereien gab, kostete ein einziges, reinlich geschriebenes Exemplar der Bibel nach unserem Gelde gegen 4000 Gulden oder mehr als 2000 Thaler. Hatte doch auch ein Mönch, der ordentlich zu schreiben verstand, an der Abschrift der Bibel in seiner stillen Klosterzelle oft ein bis zwei Jahre lang zu schreiben. Was mußte es erst für eine Mühe und für eine Summe Geldes kosten, die Bibel in die Landessprache übersetzen zu lassen. Waldus aber scheute weder Mühe, noch Kosten; denn über sein Geld regierte der Herr und die Liebe zum Worte des Herrn. Er gab einen großen Theil seines Vermögens hin, dieß Wort in verständlicher Sprache zu haben, es abschreiben zu lassen und zu vertheilen. Er selbst las mit großem Fleiß und erkannte jetzt den großen Unterschied zwischen dem, was die stiefmütterliche Kirche ihm geboten und ihn hatte hören lassen und dem, was sein köstlicher neuer Fund ihn lehrte. Wie das durstige Erdreich einen gnädigen Regen einsaugt, so nahm er in sein Gemüth das Wort seines Gottes auf.

Von großem und entscheidendem Einfluß auf das innere Leben und auf das Wirken des Mannes nach außen hin soll folgendes Ereigniß gewesen sein, welches ihn im tiefsten Seelen=grunde erschütterte. Es wird erzählt, Waldus habe mit Freunden und Bekannten einstmals bei einem Gastmahle gesessen, da sei plötzlich einer der Genossen todt vor aller Augen zu Boden gefallen, und nun so ganz plötzlich in die ernste Ewigkeit abgerufen worden, dieß habe Waldus so erschüttert, daß er von Stund an beschlossen, sich entschieden von allem Weltwesen los zu reißen und hinfort nur für das Heil seiner eigenen Seele und für das ewige Wohl seiner Mitmenschen zu leben.

Gottes Wort war des frommen Kaufmanns oberste Lebensregel geworden. Unter den Aussprüchen desselben, namentlich unter den Worten Christi, faßte er vorzüglich diejenigen in's Auge, worin des Herrn Armuth erwähnt wird, oder worin der Herr die Gefahren des Reichthums schildert, oder die Armen selig preißt und die Dahingabe der Güter denjenigen anempfiehlt, die ihm nachfolgen wollen. Diese Aussprüche machte er in buchstäblichem Sinn geltend und wandte sie zuerst mit großem Ernste auf sich selber an. Er verkaufte alle seine Habe und vertheilte das Geld unter die Armen.

Waldus suchte auch Genossen seines Sinnes und fand sie und versammelte dadurch eine Gemeinde um sich. Das sind die **Waldenser**, auch die Armen von Lyon genannt. Sie selbst hießen sich die Armen, das arme Volk Gottes, das Volk der Armen, die Kirche der Armen. Die also entstandenen Vereine sahen als ihre Aufgabe an, theils selbst ihr eigenes Leben nach den Vorschriften der Bibel einzurichten, theils andere zu Christo und zu einem neuen Leben hinzuführen. Dies letztere wollten sie durch Predigen erreichen und darum ist eben das Predigen eine ihrer hauptsächlichsten Thätigkeiten gewesen, und wenn sie auch in ihrer Mitte noch besondere Prediger hatten, so war doch ein völlig abgesonderter Lehrstand nicht vorhanden, und auch den andern war das Predigen nicht fremd. Sie predigten öffentlich in den Straßen der Stadt, sie gingen auch in die Häuser und predigten selbst in den Kirchen, sei es, daß sie außer den Stunden des Gottesdienstes sich eine offene Thüre zu verschaffen wußten, sei es, daß sie nach der Messe das Wort ergriffen. Petrus Waldus selbst begab sich mit seinem Schatze, dem göttlichen Worte, hinaus unter das Landvolk, las ihnen daraus vor und erklärte das Gelesene mit seiner schlichten, einfachen Weise, wie er es selbst in seinem Innern erkannt und erlebt hatte. Das war freilich etwas anderes, als was das arme Volk bisher in den Kirchen vernommen hatte, und mit unbeschreiblicher Freude und Begierde hörte es dem zu, was „der gute Kaufmann von Lyon", wie Waldus genannt wurde, las und ihnen auslegte. Er zog von Ort zu Ort, von Distrikt zu Distrikt, um das Licht des Evangeliums weithin leuchten zu lassen. Auch unter seinen Genossen war ein herrlicher Eifer ausgebrochen, und manche zogen als förmliche Evangelisten hinaus in Städte und Dörfer, sammelten kleinere und größere Kreise um sich und predigten.

Das Volk nahm, wie bemerkt, die Worte der Waldenser mit offenen Ohren und Herzen auf. Und doch hatten die Prediger nicht blos liebliche und tröstende Worte, sondern auch gar ernste und schneidende. Sie waren eifrig bemüht, die Blicke und Sorgen der Hörer von der Zeit und den irdischen Dingen auf die Ewigkeit zu richten. „Der Thor, so heißt es in einer waldensischen Predigt, ist betrogen durch die Liebe zum gegenwärtigen Leben, aber der Weise erkennt, daß es voll Qual ist. Die Schönheit und Schätze der Welt sind gleich der Blume des Feldes, welche schön geschmückt ist; wenn sie abgeschnitten ist, verdorret sie schnell, und ihre anfängliche Schönheit ist bald verwandelt in Mißgestalt. Ihr könnt alle erkennen, daß der Mensch keinen Gewinn hat von großem Länderbesitze und von andern großen Ergötzlichkeiten, von Thürmen, Palästen, großen Häusern, Tischen, Mahlzeiten und vielen Eßwaaren, von herrlichen Betten und schönen Schmucksachen, von schönen glänzenden Gewändern, von Viehheerden, schönen Rebbergen, großen Gärten, von vielen Söhnen und von großer Dienerschaft, noch von anderer weltlicher Ehre, welche wie ein Funke zerstiebt." Sie forderten das Volk ernstlich zur Buße auf mit dem Rufe: „Thut Buße, denn der Tag des Herrn, des Gerichts ist nahe!" Sie mahnten mit großem und schneidendem

Ernste wieder und wieder, daß die Seele sich entscheiden müsse, und erinnerten ohne Unterlaß daran, daß es nur zwei Wege gibt in die Ewigkeit, die mit diesem Leben ablaufen und von denen der eine in der Seligkeit, der andere in der Verdammniß endet. „Die Schrift sagt, und wir sollen fest glauben, daß alle Menschen zwei Wege wandeln werden, die einen werden in die Herrlichkeit eingehen, die andern in den Ort der Qual. Wer aber an diese Scheidung nicht glauben will, der betrachte die Schrift von Anfang an." Auch diese ernste und scharfe Predigt nahm das Volk an, und zu dieser Annahme mögen die ängstlichen Befürchtungen, welche damals in der dortigen Gegend die Gemüther bewegten, beigetragen haben. Man lebte nämlich in der bangen Erwartung, es stünden große Gerichte Gottes bevor, der Antichrist sei im Begriff, sein Haupt zu erheben, der jüngste Tag sei vor der Thür.

Was nun die den Waldensern eigenthümlichen Anschauungen und Lehren betrifft, so müssen wir zugeben, daß hier durchaus noch nicht mit allen irrigen Lehren der römischen Kirche gebrochen ist. Allein das erkennen wir doch klar, daß ein starker reformatorischer, evangelischer Zug sich durch ihre Anschauungen hindurchzieht. Die waldensische Bewegung war eben noch nicht die Reformation selbst; aber sie war eine derselben vorhergehende und sie vorbereitende Bewegung. Ein reformatorischer Zug bei den Waldensern ist die Liebe zur Schrift, die Bibel ist der Grund ihres Glaubens, die Regel ihres Lebens, sie sind rechte Bibelfreunde und zwar in einem solchen Grade, daß, wie wir noch sehen werden, wir Evangelische der Gegenwart uns billig vor ihnen schämen müssen. Ein evangelischer Zug ist es, daß sie klar und sicher den von Natur sündigen und zu irgend etwas Gutem unfähigen Zustand des menschlichen Herzens bekennen. „Die Bäume, so lehren sie, bringen von selbst köstliche Früchte, das Gras von selbst wohlriechende Blumen, der Mensch bringt aus sich selbst nur schlechte faule Früchte."- Ein evangelischer Zug ist es ferner, daß sie den sündigen Menschen unmittelbar an den Heiland der Sünder weisen, daß dieser als

der ausschließliche Mittler zwischen dem Menschen und seinem
Gott erscheint, daß es nach ihnen der Vermittelung des Priesters
oder der Fürbitte der Heiligen nicht bedarf, daß der Sünder
zuerst und zunächst, im Vertrauen auf die durch den Heiland
erworbene Gnade, in Gottes Vaterherz sein schuldbeladenes
Gewissen ausschütten soll. Die Heiligen verdienen nach ihnen
dem Sünder keine Gnade. „Die Leben der Heiligen sind ge=
schrieben, daß wir daran ein Beispiel nehmen", lehren sie.
Evangelisch endlich ist es, wenn sie die Gebete für die Ver=
storbenen und die Seelenmessen verwerfen.

Wort und Lehre zierten die Waldenser mit einem gottes=
fürchtigen und gottseligen Wandel. Ihre Prediger
gaben ein hohes Beispiel von Entsagung und Selbstverläugnung.
Sie zogen umher arm, ohne festen Wohnsitz, dem Herrn Christus
gleich, zu zween und zween, baarfuß und in wollnen Buß=
kleidern. Die Nachrichten über das Leben in den Waldenser=
gemeinden kommen zum großen Theile aus dem Munde ihrer
Gegner, und dennoch sind es günstige und also um so werth=
vollere Zeugnisse. Man fand bei ihnen herzliche brüderliche
Liebe, ein ruhiges und bescheidenes Betragen, in ihrer Kleidung
kam kein Stolz zum Vorschein, ihre Lebensart war höchst ein=
fach, sie wollten nicht Reichthümer sammeln, jeder Ueppigkeit
und Ausschweifung waren sie feind, und ihre strenge Kirchen=
zucht setzte jeder etwa vorkommenden Unordnung die gemessensten
Schranken, sie lebten von ihrer Handarbeit, und ihre Prediger
waren zugleich Weber und Schneider, sie schwuren nicht außer
im äußersten Nothfalle, das Fluchen war von ihnen verbannt,
und der Namen Gottes wurde nur selten unnützlich geführt,
sie hielten Versprechen mit Treue und Glauben, sie waren
keusch, mäßig und nüchtern, nahmen sich vor dem Zorn in
Acht und mieden Streitigkeiten und Prozeße. Ihre Weiber
waren stille und sittsam. Die Ehen, welche nicht ohne Zu=
stimmung der Eltern geschlossen wurden, hielten sie heilig.
Ihre Kindererziehung wird ganz besonders gerühmt. „Gib die
Hoffnung nicht auf, sagen sie in den bezüglichen Anweisungen,

wenn dein Kind sich ungern erinnern läßt, oder sich nicht geschwind bessert, denn der Ackermann erntet nicht die Früchte der Erde sobald er gesäet hat, sondern er erwartet der Zeit. Habe aber ein wachsames Auge auf die Töchter. Behalte sie zu Hause und laß sie nicht umher wandern. Denn Jakobs Tochter, Dina, wurde verführt, da sie von Fremden gesehen wurde. Und diejenigen, welche ihre Töchter putzen, gleichen denen, welche trocknes Holz an's Feuer legen, damit es desto besser brenne." Außerdem waren die Waldenser treue Unterthanen der über ihnen stehenden Obrigkeit. Sie waren so gewissenhaft in der Entrichtung der Abgaben, daß, wenn sie durch bürgerliche Kriege an dieser Entrichtung gehindert wurden, sie das Geld aufhoben und bei erster Gelegenheit den königlichen Steuereinnehmern zustellten. König Ludwig XII. von Frankreich sandte einst Männer zu ihnen, um gewisse Nachrichten über sie zu erhalten, und als er den Bericht seiner Abgesandten gehört hatte, rief er bewegt aus: „Wahrlich, sie sind bessere Menschen, als ich und mein Volk."

Waldus und seine Anhänger dachten ursprünglich durchaus nicht daran, sich von der herrschenden Kirche zu trennen oder auch nur ihr in irgend einer Weise feindlich entgegenzutreten. Sie wollten gehorsame und treue Kinder der Kirche verbleiben und an ihrem Theil dazu helfen, daß ein besserer Zustand herbeigeführt werde. Die römische Kirche aber hat die durch die Waldenser bloß gelegten Uebelstände, das Geheimhalten des göttlichen Wortes, das Darniederliegen des Predigtwesens, das todte Lippen- und Ceremonienwerk nicht als Uebelstand erkennen und anerkennen wollen, hat die lebendig gewordenen Bedürfnisse nicht befriedigt, hat die Waldenser, welche von manchem Mangel an kirchlicher Ordnung wohl nicht freizusprechen sind, nicht wie eine treue Mutter in die rechten Schranken gewiesen, an ihrem Guten sich nicht gefreut, ihre werthvollen Dienste nicht angenommen; sondern hat sie schnöde fortgestoßen und verflucht. Das erste, was gegen die Waldenser geschah, war das Verbot des Erzbischofs Johann von Lyon, fernerhin zu predigen. Die

Waldenſer erwiderten: „Man muß Gott mehr gehorchen, als den Menſchen", und in der Ueberzeugung, daß es ſo Gottes Wille ſei, predigten ſie fort. Doch ſandte Petrus Waldus das Jahr darauf Abgeordnete nach Rom an den Papſt, ließ dem=ſelben ein Exemplar ſeiner Bibelüberſetzung und eine Dar=ſtellung des ganzen Verhaltens ſeiner Genoſſenſchaft überreichen und bat um Beſtätigung ſeines Vereins. Allein in Rom ward mit Spott geantwortet und die Bitte abgeſchlagen. Auch da=durch ließen ſich Waldus und ſeine Genoſſen nicht abſchrecken, ſie predigten weiter; denn in der Kirche war es ſo öde und ſtille, und das ſchmerzte ſie ſo, da erfolgte — im Jahre 1184 — der päpſtliche Bannfluch.

Das Feuer der Trübſal, das nun hereinbrach, hat aber zum Segen werden müſſen. Die Waldenſer wurden geläutert, und die verfolgte Wahrheit wurde um ſo mehr ausgebreitet. „Je mehr ſie das Volk drückten, je mehr es ſich mehrte und ausbreitete", ſo hieß es bei Israel in Aegypten, ſo ging es auch jetzt bei den Waldenſern. Sie verbreiteten ſich über einen großen Theil von Europa. Sie drangen in den ganzen Süden Frankreichs, in die Schweiz, nach Piemont, in die Lombardei, in das mittlere Italien, an die Gränzen von Spanien, den Rhein entlang bis in die Niederlande, vom Rhein aus in das Innere von Teutſchland, bis nach Böhmen, Mähren und Polen hinein. Ein Waldenſer konnte von Mailand bis Köln reiſen und jede Nacht bei einem Glaubensbruder Herberge finden. Mehr als 800,000 Waldenſer hatten ſich allmählich über Europa verbreitet und dieſe ließen jetzt von allen ihren Orten das Licht des Evangeliums leuchten. Petrus Waldus ſelbſt mußte viel umherirren, er war wie ein heiliger Pilgrim, ward vielen ein Führer auf den Weg des Friedens und fand zuletzt gegen Ende des zwölften Jahrhunderts ſein Ende in Böhmen. Ueber ſeine Anhänger brach aber jetzt die entſetzlichſte und blutigſte Verfolgung herein.

Innocenz III. beſtieg den päpſtlichen Stuhl. Er hat das Papſtthum auf die höchſte Höhe der Ehre, des Einfluſſes und des Glanzes erhoben. Von Portugal bis Paläſtina führte er mit gewaltiger Hand die Zügel des Kirchenregiments. Sein Wort war unabänderliches Geſetz, ſein Wille unwiderſtehlich, es beugten ſich vor ihm die mächtigſten Fürſten der Chriſtenheit. Aber, wie wohl er ſich der Stellvertreter Chriſti nannte, war er doch kein Nachfolger des demüthigen und ſanftmüthigen Jeſus, der gekommen war, die Seelen der Menſchen nicht zu verderben, ſondern zu erhalten. Sein Ziel war nicht die wahre Ehre des Herrn, das Heil der Kirche, die Seligkeit der Menſchen; ſondern die Ehre des Papſtthums, die Macht Roms. Dieſes Ziel zu erreichen ging er einen blutigen, grauſenhaften Weg. Er richtete zürnend ſeine Blicke auf das ſüdliche Frankreich, denn hier waren manche Elemente, die von Rom nicht geduldet werden konnten. Gegen dieſe begann die Verfolgung. Sie galt, es wäre ſündliche Unwahrheit, es zu verſchweigen, vor allen den ſogenannten Albigenſern und Katharern (aus welchem Worte der Name Ketzer entſtanden iſt). Es waren dies ſchwärmeriſche, in Lehre und Wandel unreine Sekten, die in der genannten Gegend ſich verbreitet hatten und von den Waldenſern gar ſehr verſchieden waren. Aber man meinte, wenn auch die Angeſichter verſchieden wären, die Schwänze aller dieſer Ketzer ſeien in einander verſchlungen. Gegen Albigenſer und Waldenſer zuſammen wurde nun ein ſcheußliches Gericht in's Leben gerufen — die Inquiſition. Das war ein geheimes Gericht, welches die unbeſchränkteſte Vollmacht hatte, jeden, der des Glaubens wegen verdächtig erſchien, einziehen zu laſſen, auf die Folter zu ſpannen und mit allen Martern an Leib und Leben zu ſtrafen. Es wurde ferner, und das traf beſonders die Waldenſer, den Laien, d. i. den Nichtgeiſtlichen, das Leſen der Schrift, gleichviel ob in der lateiniſchen oder der Volks=ſprache, verboten. Es wurde endlich ein förmlicher Kreuzzug gegen die ſogenannten Ketzer geprebigt.

Die Waldenſerverfolgungen dauerten in verſchiedenen Ländern, unter verſchiedenen Umſtänden, bald heftiger, bald ſchwächer, bis in's fünfzehnte Jahrhundert hinein, ja in Piemont

und Savoyen sind sie noch im siebzehnten und achtzehnten
Jahrhundert vorgekommen. In diesen Verfolgungen sind nun
greuelvolle Dinge geschehen. Die Wohnungen wurden umstellt
und mit ihren Bewohnern verbrannt, das Vieh erwürgt, die
Saaten zertreten, das Land verwüstet. Zu Hunderten wurden
die Armen bis auf's Blut gegeißelt und dann mit schweren
Steinen zu todt gequetscht, sie wurden von hohen Thürmen
herabgestürzt, mit eisernen Zangen zerfleischt, mit brennenden
Holzscheitern todtgeschlagen, in Gefängnissen dem Hungertod
preißgegeben, in Höhlen durch Rauch erstickt, Mütter wurden
mit ihren Kindern mitten im Winter in die beschneiten Gebirge
getrieben. Nirgends waren die Elenden sicher, auch in Deutschland, wie in Bingen, Mainz, Köln und Straßburg brannten
die Scheiterhaufen.

Und dennoch verleugneten die Waldenser ihren Glauben
nicht. Einer ihrer heldenmüthigen Führer sagte zu seinen Ver-
folgern: „Eher wird es euch an Holz fehlen, uns zu verbrennen,
als an Leuten unter uns, die bereit sind, sich um ihres Glaubens willen verbrennen zu lassen.“ In Straßburg waren es
achtundachtzig Waldenser, unter ihnen dreiundzwanzig Weiber
und zwölf Geistliche, welche trotz Drohungen und Versprechungen
von ihrem Glauben nicht weichen wollten. Der Geistliche
Johannes wurde im Namen aller verhört. Man hielt ihm
vor, wenn sein Glauben der wahre wäre, so möge er ihn durch
die Probe des glühenden Eisens beweisen. Darauf erwiderte
er: „Man soll Gott nicht versuchen. Sein Wort ist da, um zu
erkennen, was wahr und falsch ist.“ „Ha, rief man, er will
sich die Finger nicht verbrennen!“ „Ich habe Gottes Wort,
entgegnete Johannes gelassen, aber fest; dafür will ich mir nicht
blos die Finger, sondern den ganzen Leib verbrennen lassen.“
Nun wurde der treue Zeuge sammt seinen Genossen zum Feuertod verurtheilt. Johannes vertheidigte laut und kräftig vor
einem großen Volke den Glauben seiner Gemeinde; aber das
Herz seiner Richter wurde weder durch die Gewalt seiner Rede,
noch durch die Thränen des Volkes bewegt. Sie fragten die

Verurtheilten noch einmal: „Wollt ihr auf euerm Glauben be=
stehn?" „Wir wollen", rief Johannes im Namen aller. Da
wurde die Zeugenschaar öffentlich aus der Kirche gestoßen, noch
einmal feierlich verdammt und dann auf den Richtplatz geführt.
Hier war eine große Grube ausgeworfen und dieselbe rings
mit Holz umstellt. Alle achtundachtzig Bekenner wurden auf
einmal in die Grube gestoßen und das Holz dann angezündet.
Die Märtyrer beteten laut, sangen Psalmen und bekannten mit
starker Stimme, daß sie von Gottes Wort nicht lassen könnten.
Die Flammen loderten auf, die Psalmenklänge verstummten,
und Todesstille lagerte sich über die furchtbare Richtstätte. Dies
geschah um's Jahr 1212. Noch fünfhundert Jahre später
zeigte man in Straßburg mit Schaudern auf die Ketzergrube.

Es ist trotz aller Heftigkeit der Verfolgungen den Feinden
nicht gelungen, die waldensische Bewegung zu vernichten; das
Volk hat sich erhalten bis auf den heutigen Tag. Sie traten
mit späteren reformatorischen Bestrebungen, insbesondere mit
den hussitischen, und im sechszehnten Jahrhundert mit den
Reformatoren selbst in vielfältige Verbindung. Andere zogen
es vor, ein abgesondertes Volk zu bleiben, und diese haben sich
bis heute in den Thälern von Piemont und Norditalien als
ein Denkmal der Treue Gottes erhalten. Gott hat ihnen in
der letzten Vergangenheit Hülfe und Fürsprache angedeihen
lassen durch den edlen Schutzherrn der evangelischen Kirche, den
König von Preußen.

Was gab aber den Waldensern in den Zeiten ihrer Drang=
sal diese Geduld, Standhaftigkeit und diesen Heldenmuth?
Nichts anderes, als das kräftige Wort Gottes, das ewiglich
bleibt. Das Wort Gottes stand bei ihnen hoch auf dem
Leuchter, es lebte in ihren Herzen, sie hatten es zu ihrem
persönlichsten Eigenthum gemacht. Es war bei ihnen eine ganz
ungewöhnliche Bibelkenntniß zu finden, bei Predigern und
Hörern. Die Prediger fachten das Bibelleben immer wieder
an, und die Hörer erstarkten darin. Die ersteren reisten zur
Zeit der Verfolgungen bei den zerstreuten Glaubensgenossen

2

umher, belehrten und stärkten sie; und da ihr Thun ein sehr
gefährliches war, gebrauchten sie mancherlei Verkleidungen, zogen
zum Beispiel als Kesselflicker herum, oder als Händler mit
allerlei Gegenständen, wie Messer und Gabeln oder Schmuck=
sachen. Sie suchten auf diesen ihren Wanderungen das Evan=
gelium auch in diejenigen Kreise zu bringen, wo es noch un=
bekannt war und priesen neben ihren irdischen Waaren auch
die köstliche Perle des göttlichen Wortes den Leuten an. So
wird von ihnen erzählt: „Sie gehen als Händler in vornehme
Häuser, zeigen den Herrn und Damen ihre Waaren, z. B. Ringe
und andere Kostbarkeiten und bieten sie zum Kaufe an. Wenn
man sie dann fragt, ob sie nicht auch andere Sachen zu ver=
kaufen hätten, so ist die Antwort: „Ich habe noch weit köst=
lichere Juwelen, als diese, die ich auch zeigen will, wenn ihr
mich nicht verrathet." Verspricht man ihnen das, so sagen sie:
„Ich habe einen Edelstein, der von Gottes Licht leuchtet, so
strahlend, daß er die Liebe Gottes in den Herzen derer ent=
zündet, die ihn besitzen." Dann liest der Händler ein Kapitel
aus einem geschriebenen Evangelienbuch, und oft muß derselbe
das köstliche Buch den vornehmen Hörern, die jeden Preis zu
zahlen willig sind, zurücklassen." Die Prediger der Waldenser
wußten einen großen Theil der heiligen Schrift auswendig und
niemand wurde zum Predigtamt zugelassen, der nicht wenigstens
die Evangelien des Matthäus und Johannes, die Episteln des
Neuen Testamentes und viele Stücke aus den Schriften Davids,
Salomos und der Propheten inne hatte. In Betreff der
Bibelkenntniß der einfachen Laien hören wir aus dem Munde
der Feinde, man habe Bauern gefunden, die das Buch Hiob
auswendig wußten, andere, die das ganze Neue Testament im
Gedächtniß hatten. Ein Mönch, der ausgesandt worden war,
um die Ketzer durch sein Wort wieder zur römischen Kirche zu
bringen, kam betreten zurück und bekannte, in seinem Leben
habe er nicht so viel aus der Schrift erfahren, als in den
wenigen Tagen, die er bei diesen gebannten Waldensern zu=
gebracht habe. Gelehrte Leute, die man zu ihnen sandte, er=

klärten, die Kinder hätten sie in den Katechisationen beschämt. Zum Auswendiglernen der Bibel wurden die Waldenser besonders dadurch veranlaßt, daß die Feinde den heiligen Büchern nachspürten und sie verbrannten, wo sie sie fanden. So entstanden förmliche Vereine von jungen und alten Leuten, die das Auswendiglernen sich gradezu zur Aufgabe setzten. Wenn sie dann zusammenkamen, so stand einer von ihnen auf, sagte auswendig ein Kapitel her, ein anderer folgte mit dem nächsten Kapitel, und so wurde manchmal ein ganzes Evangelium auswendig vorgetragen. Die Waldenser erlangten damit einen Schatz, den ihnen kein ausgesandter Späher, kein Inquisitionsrichter, kein Feuer entreißen und zerstören konnte. — Dies Wort Gottes, welches bei ihnen so in Ehren und ihnen zum lebendigen Eigenthum geworden war, hat die Waldenser erhalten und an ihrem Leben, an ihren Leiden und ihren Siegen, die sie auch im Feuer und unter dem Schwert errungen haben, erkennen wir die Wahrheit des Wortes: „Alles Fleisch ist wie Gras und alle Herrlichkeit der Menschen wie des Grases Blume. Das Gras ist verdorret, und die Blume abgefallen, aber des Herrn Wort bleibet in Ewigkeit." 1 Petr. 1, 24 f.

Auf dem Denkmal sehen wir Petrus Waldus in einer ganz seinem Wesen entsprechenden Weise als einen Pilgrim dargestellt, entsagend dem Reichthum und der Pracht der Welt.

Johann von Wykliffe.

Der zweite Vorläufer Luther's und der Reformation, der auf unserm Denkmal gefeiert wird, ist Johann von Wykliffe. Derselbe wird, und wohl nicht mit Unrecht, von einem Gottes= gelehrten der Gegenwart als der kühnste, umfassendste und entschiedenste aller Vorreformatoren bezeichnet.

Das Vaterland Johann's von Wykliffe ist England, sein Blut also germanisches, und wie wir in Petrus Waldus den romanischen Volksstamm nach dem Lichte und der Wahrheit Gottes ringen sahen, so erscheint uns in Johann von Wykliffe der germanische Volksstamm in dieser heiligen Arbeit.

In der römischen Kirche Englands wucherte im 14. Jahr= hundert, das ist die Zeit, in welche Wykliffe's Leben fällt, das Verderben wie anderwärts auch, nur daß hier noch ganz besondere Uebelstände hinzukamen. Fast nirgends nämlich war die Kirche an weltlichen Gütern so reich wie hier, und daher war sie tief in schnöden Mammonsdienst gerathen. Die Kirche, d. h. ihre unwürdigen Diener entblödeten sich nicht, das Land mit Ab= gaben an Geld förmlich zu bedrücken. Die Kurie, so nennt man die geistliche Macht, erscheint „wie ein großes Banquier= haus" und ihre Kardinäle und Abgesandte „wetteifern mit den schlimmsten Wucherern der Zeit". — Ferner war England auch in politischer Hinsicht abhängig von der Kirche, d. h. von dem päpstlichen Stuhl in Rom. Der mächtige Papst Innocenz III., von dessen gewaltigem Regiment wir in der Geschichte der

Waldenſer gehört haben, hatte den König Johann ohne Land um's Jahr 1213 gedemüthigt, und ſeitdem betrachteten die Päpſte England als ein ihnen gehöriges Land, das ſie zu Lehen zu geben und von dem ſie einen jährlichen Tribut zu empfangen hätten. Dieſer Tribut war der ſogenannte Peters=pfennig, der von einem jeden Hauſe eingefordert wurde und für das Land im höchſten Grade drückend war. Das engliſche Volk aber und der engliſche König beugten ſich ſchon um deß=willen nicht gerne unter das Regiment des Papſtes, weil der=ſelbe unter franzöſiſchem Einfluß ſtand, und der Widerwille der engliſchen Nation vor der franzöſiſchen ſchon damals lebendig war. Der Papſt aber war von den franzöſiſchen Königen aus dem Grunde ſo abhängig, weil er den größten Theil des 14. Jahrhunderts in der franzöſiſchen Stadt Avignon, in ſeinem ſogenannten babyloniſchen Exil, reſidirte und faſt zu einem franzöſiſchen Hofbiſchof heruntergeſunken war. — Die geſchäf=tigſten Werkzeuge des Papſtes waren in England die Bettel=mönche, Franziskaner und Dominikaner. Sie waren urſprüng=lich Predigermönche und, wie ihr Name ſchon beſagt, arm. Aber allmählich wurden die Bettelorden reich durch den Bettel, indem ſie die Verwünſchungen vergaßen, die einer ihrer Stifter, Dominikus, bei ſeinem Tode gegen alle die ausſtieß, welche ſeinen Orden mit dem Gifte irdiſchen Reichthums beſudeln würden. Sie waren im Lauf der Zeit des Papſtes Helfers=helfer und geheime Abgeſandte geworden, mengten ſich in alle Verhältniſſe, richteten überall Verwirrung an und waren, beſonders in England, eine wahre Landplage. — Unter dieſen angedeuteten Zuſtänden entwickelte ſich Wykliffe, darunter lebte, wirkte und ſtritt er. —

An den Ufern des Tens, nicht weit von Richmond in der nordengliſchen Grafſchaft Yorkſhire, liegt das Dorf Wykliffe. Auf der Anhöhe, zu deren Füßen der Fluß hinrollt, ſtand ein Herrenhaus, weiland der Sitz einer Familie, die von dem Dorf den Namen trug. Hier, und wahrſcheinlich im Herrenhaus droben, iſt im Jahr 1324 Johann von Wykliffe geboren.

Ueber seine Kindheit, Erziehung, erste Jugendbildung fehlen die Nachrichten. Im Alter von etwa sechszehn Jahren bezog er die Universität Oxford, welcher er von nun an bis auf wenige Jahre vor seinem Tode angehörte. Oxford, welches „die Sonne und das Auge Englands" genannt wird, hatte gerade damals seine höchste Blüthe erreicht. Um diese Zeit wird die Zahl der Glieder der Universität auf 30000 angegeben. Nach dem Verlauf einer gewissen Zeit fand Wykliffe eine Stellung an der Universität, anfänglich mehr untergeordnet, danach als eigentlicher Universitätslehrer. Später bekleidete er neben diesem Lehramte auch ein Pfarramt, nämlich das zu Lutterworth. Von Anfang an war des Mannes Lieblingsbeschäftigung die Lectüre und das Studium der heiligen Schrift. Seine Liebe zum Evangelium hat ihm nach der Sitte der Zeit den ihn hoch ehrenden Titel doctor evangelicus verschafft.

Durch das Licht der Schrift erleuchtet, erkannte er den Jammer der Kirche gar bald und nun konnte er nicht mehr anders, er mußte gegen diesen Jammer ankämpfen, um das seine zu thun, daß er erkannt und wo möglich gehoben werde. Zum erstenmale trat er in reformatorischem Sinne auf durch die Herausgabe der Schrift: „über die letzten Zeiten der Kirche". Hier schwingt er in heiligem Zorne die Geißel über das Verderben, insbesondere den weltlichen üppigen Sinn der Geistlichkeit. „Wehe, so beginnt er, über die großen Priester, die in Finsterniß und Schatten des Todes sitzen und sich nicht fürchten vor dem, der offen ruft: Alles dies will ich dir geben" (Matth. 4, 9.). Gegen dieses Verderben kämpft Wykliffe Zeit seines Lebens an. Predigen sollten die Diener Christi, so meint er, und „Gottes Kinder schaffen", und dagegen ergeben sie sich der Ueppigkeit. „Die Prälaten, so eifert er, und die großen geistlichen Herrn mit Besitz sind in ihrem Herzen so beschäftigt mit weltlichen Herrschaften und mit Welthändeln, daß da kein Raum ist für Beten, für Denken an himmlische Dinge, oder an die Sünden des eigenen Herzens

ober anderer Menschen; da findet man auch kein Stubiren und
Predigen des Evangeliums, kein Besuchen und Aufrichten
armer Leute. Sie sollen die Nachfolger der Apostel sein, die
Führer der anderen Christen zur Kenntniß der heiligen Schrift
und zu allem guten Leben, aber so ganz sind sie auf die welt=
lichen Güter, daß sie das Evangelium nicht predigen mögen,
noch das Volk warnen vor dem Betrug des Teufels. Sie
machen sich selbst ganz unfähig, das Evangelium Christi zu
halten durch ihre große Geschäftigkeit um vergängliche Güter
und durch den Pomp und Stolz dieser Welt; denn sie sind
die geschäftigsten aller Menschen in der Welt, weltliche Güter
zusammenzubringen und sie sich zu erhalten durch falsche Pro=
zesse. O Gott, was für ein Zeichen von Demuth und was
für ein Vergessen weltlichen Reichthums ist doch das!" Da sei
ein Prälat stolz darauf, mit einem Haufen von Rossen, mit
Harnischen von Silber und Gold und großem Geleite auszu=
reiten und mit Grafen und Baronen umgehen und Aufwand
machen zu können! Die Geistlichen sollten arm sein und ein
armes, niedriges Leben führen. Sie sollten nicht mehr haben,
als was zur Nahrung, zur Kleidung und zu den Bedürfnissen
des täglichen Lebens nöthig wäre. Die weltlichen Herrscher,
so behauptet Wykliffe sogar, und geht hier entschieden zu weit,
dürften der Kirche ihre Schätze entziehen, wenn es den Geist=
lichen zur Gewohnheit geworden wäre, ein unwürdiges Leben
zu führen. Unrecht sei es auch, das Volk zu zwingen, einen
unwürdigen Geistlichen zu unterstützen. „Ach Herr Gott, ruft
er einmal aus, ist es recht, das arme Volk zu zwingen, einen
weltlichen Priester zu halten, der wohl oft untüchtig ist im
Lebenswandel und in Wissenschaft, der in Pomp und Stolz
lebt, in Habsucht und Neid, Schwelgerei, Trunkenheit und
Unzucht, in Simonie und Häresie, mit fetten Rossen und herr=
lichen Sätteln und Zäumen und Glöcklein, in kostbaren Kleidern
und Pelzen, während die armen Weiber und Kinder in Hunger,
Durst und Kälte und anderem weltlichen Elend vergehen?"
Sündige Priester und schlechte Päpste, das scheut er sich nicht,

kühn auszusprechen, hätten auch alles Recht zur Ausübung
irgend einer geistlichen Verrichtung verloren.

In ebenso muthiger und entschiedener, mitunter auch
heftiger Weise, trat Wykliffe gegen das Treiben und böse
Wesen der Bettelmönche auf. Er wurde dazu am ersten
durch ihr Benehmen an der Universität Oxford veranlaßt.
Hier gingen sie planmäßig darauf aus, die Lehrstellen an ihre
Ordensbrüder zu bringen und die Studenten in ihre Orden zu
verlocken. Aber Wykliffe sah in ihnen eine noch viel größere
Gefahr. Er sah in ihnen den Abfall vom ursprünglichen
Christenthum auf den Höhepunkt getrieben, er sah in ihnen die
Hauptbeförderer und vorzüglichsten Ausbreiter des antichristlichen Wesens, die Hauptgegner jeder Reformation der Kirche,
er sah in ihnen ein wahres Gift. Daher seine beständige un-
erbittliche Feindschaft gegen sie, daher sein Kampf mit ihnen
bis an sein Ende. Er beschuldigt sie in einer ganzen Anzahl
von Schriften, daß sie die Religion Christi verfälschten, ihre
Sagen und Fabeln den Geboten Gottes vorzögen, das Volk
im Glauben irre machten, indem sie es lehreten, sein Vertrauen
auf ihre heuchlerische Fürbitte und Verdienste, statt auf Christum
zu setzen, und dazu noch es seiner zeitlichen Güter beraubten.
Er wirft ihnen vor, daß sie Mißbrauch und schändliche Heuchelei
mit ihrer sogenannten Armuth trieben. Betteln sei „die Bitte
eines Bedürftigen um Almosen aus Barmherzigkeit zur Linde-
rung der Nothdurft," wo indessen keine Nothdurft sei, wo man
rüstig sei und starke Hände habe, und auch wohl· „Ueberfluß
und Reichthum an großen weiten Häusern, kostbaren Kleidern,
herrlichen Mahlzeiten und mancherlei Schätzen und Kleinodien,"
da betteln unter dem Vorwand, daß man „heilig sei und bedürftig" und „daß solches Geben christusmäßig und verdienstlich
sei," — das heißt ihm „stehlen", heißt ihm „den wahrhaft
Armen, den Blinden, Kranken, Schwachen, denen nach dem
Gesetze Gottes solche Almosen zukommen sollten, dasselbe
nehmen," und „solcher armen Menschen gebe es doch genug,
die guter Menschen Almosen bedürfen, und habe es gegeben,

ehe die Brüder gekommen, und jetzt noch mehr, denn die Erde
sei jetzt unfruchtbarer als vordem, und wahrhaft arme Menschen
müßten jetzt Mangel haben;" so betteln heißt ihm „gegen das
Gebot Christi handeln," „die reichen Leute in ihrem Almosen=
spenden täuschen und betrügen zu den selbstsüchtigsten Zwecken,
und den armen Mann um sein Bischen irdisch Gut bringen,
das er, um sein tägliches Leben zu fristen, doch so sehr bedürfte."
„Welcher Raub, ruft er aus, könnte gottloser sein!" Auf solche
Angriffe hin ruhten natürlich die Bettelmönche nicht. Sie
wurden und blieben seine geschworenen Feinde und umschwärmten
ihn, wie erzählt wird, „wie die Horniſſen". Sie hätten ihn
gern in Kerker und Banden, auch auf den Scheiterhaufen ge=
bracht, wenn nur Zeit und Umstände dies erlaubt hätten. Die
waren aber, wie wir zum Theil schon gesehen, zum Theil noch
sehen werden, für Wykliffe ziemlich günstig. Wo aber irgend=
wie und irgendwo ein Auftreten gegen Wykliffe geschah, eine
Untersuchung oder die Verdammung von wykliffischen Sätzen,
fast allemal waren sie die Seele dieser feindlichen Bewegung.
Etwa fünf Jahre vor seinem Tod erkrankte Wykliffe. Seine
Krankheit schien zum Tode. Da geschah es, daß vier Doktoren
der Bettelmönche, als Stellvertreter der vier Bettelmönchsorden,
mit einer ähnlichen Anzahl weltlicher Beamten ihn besuchten.
Sie drückten ihre Theilnahme, sofort aber auch die Erwartung
aus, er würde nun wohl auf dem Krankenbette, das möglicher
Weise sein Todbette werden könnte, in Reue und Demuth
alles widerrufen, was er gegen die Bettelmönchorden je Be=
leidigendes gesagt und geschrieben habe. Wykliffe aber raffte
seine Kraft zusammen, richtete sich auf und schrie sie hart an:
„Ich werde nicht sterben, sondern leben und die schlechten
Thaten der Bettelbrüder verkünden." Und in der That, er
genas wieder und hat auch sein Wort gehalten: er hat die
Bettelmönche von nun an noch viel schärfer bekämpft.

Hohe Bedeutung erlangte Wykliffe durch sein Auftreten in
dem Handel, in welchen zu seiner Zeit die englische Regierung
mit dem Papste wegen des Petersphennigs verwickelt

wurde. Unter König Eduard I. war dieser Lehnzins 17 Jahre und unter dem damaligen König Eduard III. schon 33 Jahre lang unbezahlt geblieben. Nun verlangte der in Avignon residirende Papst Urban V., gestützt auf den Lehnsvertrag, welchen Innocenz III. mit Johann ohne Land geschlossen, die fernere Zahlung der Abgabe nebst allen Rückständen, und lud den König, für den Fall, daß er die Zahlung verweigerte, vor sich als seinen Oberherrn zur Verantwortung nach Avignon. König Eduard legte die päpstlichen Forderungen dem Parlament vor, und dieses verwarf dieselben auf's entschiedenste, indem es sich namentlich darauf berief, daß Johann ohne Land jenen schmählichen Vertrag ohne Zuziehung geschweige Genehmigung des Parlamentes eingegangen sei. In diesem Streite nun unterstützte Wykliffe auf das kräftigste und gewichtigste König und Parlament. Er streitet, nicht nur bei dieser Gelegenheit, sondern fortwährend gegen die Uebergriffe und Eingriffe der kirchlichen Gewalt in das staatliche Gebiet. Er will streng scheiden zwischen dem Gebiet der Kirche und dem des Staates; insbesondere soll die erstere die ihr vor allen Dingen gegebene Aufgabe erfüllen, sich mit der Predigt des göttlichen Wortes und mit der geistlichen Pflege der Seelen beschäftigen; je mehr sie sich auf ihr Gebiet beschränke, desto Gedeihlicheres könne sie auch leisten, kein Geistlicher solle ein weltliches Amt bekleiden, kein Prälat und kein Priester solle Kanzler, Schatzmeister oder Siegelbewahrer sein, da es unter den Laien Männer genug gebe, die hierfür tüchtig seien; bliebe die Kirche in ihrem Gebiet, so fielen alle die „Bastardauswüchse, welche den Baum der Kirche entstellen", weg. Der Staat ist nach der ächt reformatorischen Anschauung Wykliffe's eine göttliche Einrichtung neben der Kirche und nicht etwa ein bloßer gehorsamer Diener derselben; er räumt dem Staate der Kirche gegenüber ein großes, manchmal zu großes Recht ein, wovon hier eines weiteren nicht die Rede sein kann.

Bald macht Wykliffe das Haupt der ganzen römischen Hierarchie, den Papst selbst, zum Ziel seiner schärfsten Angriffe.

Dies geschah von der Zeit an, als er den Zustand und das
Treiben des päpstlichen Hofes genauer und zwar aus eigenem
Augenschein hätte kennen lernen. Wykliffe war nämlich bei
den englischen Abgeordneten, die im Jahr 1374 in der nieder=
ländischen Stadt Brügge mit den päpstlichen Gesandten über
Abstellung verschiedener Beschwerden Englands gegen Willkür=
lichkeiten des Papstes verhandelten. In Brügge überzeugte er
sich nun persönlich von der Ränkesucht und Habgier, von dem
durch und durch weltlichen Sinn des Papstes und der päpst=
lichen Partei. Von dieser Zeit an scheut er sich nicht mehr,
dem Papste die ehrenkränkendsten Namen beizulegen. Er nennt
ihn den verwünschtesten Schinder und Beutelschneider, ja geradezu
den Antichristen. Er greift sogar das eigentliche Wesen und
Recht des Papstthums an. Die Kirche bedarf ihm keines sicht=
baren Oberhauptes; „so lange Christus im Himmel ist, sagt er,
hat die Kirche in ihm den besten Papst, zwei Häupter machen
die Kirche zu einem Ungeheuer.“ Wie könne auch ein sündlicher
Mensch, der nicht wisse, ob er verdammt oder selig werden
würde, die Menschen nöthigen, zu glauben, daß er das Haupt
der Kirche sei! Da müßten sie ja zuweilen gezwungen werden,
zu glauben, daß ein Teufel aus der Hölle das Haupt der
Kirche sei; denn oft hätten die Päpste Werke gethan, welche
sie in die Gesellschaft der Teufel bringen müßten. Etwa 4
Jahre nach Wykliffe's Anwesenheit in Brügge brach das soge=
nannte große päpstliche Schisma aus. Die Hierarchie spaltete
sich, zwei Päpste machten den Anspruch, Christi Stellvertreter
zu sein. Da wies unser Reformator auf's Neue auf die Ver=
derbtheit des Papstthums hin in seiner kühnen Schrift: „von
dem Schisma“. Er sagt darin: „Mögen wir vertrauen auf
die Hülfe Christi; denn er hat schon angefangen, uns gnädig
beizustehen darin, daß er das Haupt des Antichristen gespalten
und bewirkt hat, daß die beiden Parteien einander selbst be=
kämpfen.“

Auf solch kühnes Vorgehen nun, wie wir es im Vorher=
gehenden gesehen, konnte Wykliffe unmöglich unangefochten

bleiben. Die Bettelmönche ließen nicht ab, das Feuer zu
schüren. Sie zogen aus seinen akademischen Vorlesungen und
seinen Predigten neunzehn ihnen als ketzerisch erscheinende Sätze
und verklagten ihren Feind auf Grund derselben bei Papst
Gregor XI. Was die Sätze enthielten, können wir uns
nach den bereits geschilderten Anschauungen Wykliffe's denken.
Der Papst erließ sofort drei Bullen und bestimmte in den=
selben, der Angeklagte solle gefangen genommen, verhört und
seine Aussagen nach Rom geschickt werden, oder falls dies
unmöglich sei, sollten die Bischöfe Wykliffe vor ein Gericht
citiren und dafür sorgen, daß er einer Vorladung nach Rom
Folge leiste. Wykliffe sollte nun in der Paulskirche zu London
vor dem Erzbischof von Kanterbury und dem Bischof von
London erscheinen. Am festgesetzten Tag erschien der Citirte in
Begleitung seines Schutzherrn und hohen Gönners, des Herzogs
von Lancaster, welcher damals Regent des Reiches war, und
des Lordmarschalls, dieser beiden mächtigsten Unterthanen des
Reiches. Man kann sich des Eindrucks nicht erwehren, daß
Wykliffe in seinem Handel sich etwas zu sehr auf den Schutz
der weltlichen Macht, der er durch sein Verhalten in der Sache
des Peterspfennigs einen großen Dienst erwiesen und die ihm
darum freundlich gesinnt war, verlassen habe. Als Wykliffe
seinen Richtern gegenüberstand, hieß ihn der Lordmarschall sich
setzen, er hätte auf so manche Dinge zu antworten, daß er
wohl während eines so langen Verhörs dies bedürfte. Der
Bischof widersetzte sich: das wäre ganz unstatthaft für einen
Beklagten. Dagegen meinte der Herzog, es wäre nur billig.
Es entstand ein hitziger Wortwechsel und allgemeiner Tumult,
so daß eine Verhandlung unmöglich gemacht wurde, und der
Prozeß unterbrochen werden mußte. Dafür ließ der Erzbischof
von Kanterbury Wykliffe nach seinem gewöhnlichen Wohnsitz
kommen, und es ist nicht zu läugnen, daß der Angeklagte seine
ihm vorgehaltenen Sätze hier etwas milderte. Von wesentlichen
Folgen war jedoch die ganze Verhandlung nicht. Als aber
Wykliffe einige Jahre später seine Angriffe auch gegen eine

wichtige Le h r e der römischen Kirche, nämlich die Lehre, daß im heiligen Abendmahl Brod und Wein aufhöre, Brod und Wein zu sein und in den Leib und in das Blut des Herrn geradezu verwandelt werde, richtete, wichen, da es sich hier um eine Lehre handelte, deren Gegner schon längst verdammt waren, viele Bundesgenossen Wykliffe's zurück, so auch der Herzog von Lancaster. Wykliffe, von den Mönchen und einigen Professoren als Ketzer hingestellt, appellirte an den König. Der Erzbischof von Kanterbury, der Nachfolger des oben erwähnten, berief eine Kirchenversammlung nach London, und hier wurden einige wykliffe'sche Sätze, besonders die Abendmahlslehre be= treffend, als ketzerisch verdammt, andere als irrig verworfen. Wykliffe mußte nun mit seinen Anhängern die Universität Orford für immer verlassen, in seiner persönlichen Freiheit aber blieb er unangefochten, so daß er sich auf seine Pfarre Lutterworth zurückzog, woselbst er bis zu seinem nicht lange danach erfolgten Ende geblieben ist.

In dieser Zeit war aber Wykliffe durchaus nicht müßig, er konnte gar nicht müßig sein. Sagt er doch selbst: „Wie der Vogel zum Flug, so ist der Mensch zur Arbeit geboren." Seine Arbeit war eine heilige, eine solche für die Kirche, die Wissenschaft, sein Volk und seine ihm befohlene Pfarrgemeinde. Das religiöse Leben des Volkes und seiner Gemeinde lag ihm hart am Herzen. Seelen zu retten, die er „gefangen und ver= loren" sieht unter dem damaligen so bösen kirchlichen Regiment, ist ihm Herzensbedürfniß wie heilige Pflicht; denn „wenn Gottes Gesetz sagt, der stehe außerhalb der Liebe, der seinem Bruder mit leiblichen Almosen nicht hilft, wenn dieser es bedarf; um wie viel mehr steht der außer der Liebe, wer nicht seines Bruders Seele hilft damit, daß er ihr Gottes Gesetz mittheilt, so er doch sieht, wie sie durch Unwissenheit in die Hölle rennt." Dieser Liebeseifer für das Heil der Seelen regiert ihn in seinem Amte, in seiner Seelsorge und seiner Predigt. „Kranke und Bekümmerte besuchen, insbesondere die Gott hülfsbedürftig ge= macht hat durch Alter oder andere Krankheit, Schwache, Blinde,

Lahme, die in Armuth sind, mit den zeitlichen Gütern nach
Kräften und ihrem Bedürfniß, wie das Evangelium das verlangt, unterstützen" sei, sagt er in seiner Auslegung des fünften
Gebots, edelstes Werk des Sonntags, wahre Sonntagsheiligung.
Aber „wahre Liebe", meint er, beginne doch „bei der Seele
des Menschen", und es war ein feines Wort von ihm, wenn
er sagte: „wer die Seele seiner Brüder nicht liebt, hat auch
keine rechte Liebe zu ihrem Leibe."

Die Hauptbeschäftigung Wykliffe's in seiner stillen Zurück-
gezogenheit war aber sein Bibelstudium. Die Schrift, das
„Gesetz Gottes und Christi", wie er sie nannte, war ja der
Grund, auf dem er lebte, von dem aus er wirkte und kämpfte.
Sie war ihm die allerhöchste Regel, für sie eiferte er mit seiner
ganzen Kraft. Und dies Gesetz Gottes war in der damaligen
Kirche so verborgen, dies Licht so unter den Scheffel gestellt.
Wie that das unserem Wykliffe so wehe, wie klagt er darüber!
„O Christus, so ruft er aus, also ist dein Gesetz begraben!
Wann wirst du deinen Engel senden, um den Stein wegzu-
wälzen und die Wahrheit zu offenbaren vor deinem Volke?"
Er fühlt nun in sich selbst den Beruf, seinem Volke diesen
Engelsdienst zu erweisen. „Ich wäre schlechter, als ein Un-
gläubiger, sagt er, wenn ich nicht das Gesetz Christi bis zum
Tode vertheidigte." Allein er will dies Wort Gottes nicht blos
vertheidigen, er will es seinem Volke lesbar und verständlich
machen. Darum beginnt und vollendet er mit etlichen Freunden
in den letzten Jahren seines Lebens das Werk einer vollständigen
Bibelübersetzung, denn eine solche in englischer Sprache
war bis jetzt noch nicht erschienen. Er sendet sie hinaus in
das Volk und behauptet für alle Christen ohne Unterschied das
Recht, in der Schrift zu forschen und sagt es kühn, daß nicht
blos die Geistlichen, sondern wer nur Gerechtigkeit halte, den
wahren Verstand der Schrift finde, und daß alle Lehren, die
nicht mit der Schrift stimmten, ohne Weiteres zu verwerfen
seien. — Der Erfolg dieser Bibelübersetzung war ein gewaltiger,
in unzähligen Abschriften wurde sie vervielfältigt, von denen

sich, ungeachtet der scharfen Nachforschungen der Inquisition, noch eine große Menge bis auf diesen Tag erhalten hat. Von Hoch und Niedrig ward sie aufgenommen und gelesen. Von Seiten der Feinde erlitt sie große Anfechtung. „Dieser Magister Johannes Wykliffe, schreibt ein Chronist ganz charakteristisch, hat das Evangelium, das Christus den Geistlichen und Doktoren der Kirche anvertraut hat, damit sie es den Laien und schwächeren Personen nach deren Bedürfniß und wie es die Zeit verlangt, mittheilen, aus dem Lateinischen in die Sprache der Engländer, ich sage nicht in die der Engel, übersetzt, so daß es nun durch ihn gemein wird, und allen Laien und Weibern, die des Lesens kundig sind, mehr offenbar, als es sonst wohlstudirten und hochverständigen Klerikern zu sein pflegte; und so wird die evangelische Perle auf den Boden geworfen und von den Schweinen getreten, und was den Klerikern und Laien ein Theures zu sein pflegte, bereits zu einem Spiel beider Geschlechter gemacht." Für Wykliffe war es nicht schwer, auf solches Geschrei zu antworten. „Sie sagen, spricht er, eine englische Uebersetzung sei eine Ketzerei, und sie sagen damit nichts anderes, als daß Jesus Christus ein Ketzer gewesen sei; denn er hat geboten, das Evangelium allem Volk zu predigen, und hat es seinen Jüngern in der Sprache verkündigt, in welcher sie es verstanden haben. Das ist die Regel, welche für alle Christen Geltung hat. Die Geistlichen sollten sich freuen, wenn das Volk das göttliche Gesetz kennen lernte; sie sollten auf alle Weise dahin arbeiten, daß das ihnen anvertraute Volk mit der Wahrheit bekannt werde." — Damit Gottes Wort recht reichlich zu den Leuten und in die Häuser gebracht würde, gründete Wykliffe noch eine Art Predigerorden, ein evangelisches Gegenstück zu den römischen Bettelorden. Das waren die sogenannten „armen Priester". In langen Gewändern von grobem rothem Tuch, vielleicht zum Unterschied von der schwarzen grauen und weißen Tracht der Dominikaner und Franziskaner, barfuß, einen Stab in der Hand, zogen diese Reiseprediger umher, von Dorf zu Dorf, von Stadt zu Stadt, predigend,

ermahnend, stets „das Gesetz Gottes" im Munde, in unermüd=
lichem Eifer jede Gelegenheit ergreifend, das Wort der Wahr=
heit dem Volke an's Herz zu legen und die Grundsätze Wykliffe's
auszubreiten.

Einmal noch erschallt Wykliffe's kühne Reformatorstimme
aus seiner Verborgenheit in die Kirche hinein. Dies geschah,
als der eine der in Folge der Spaltung vorhandenen Päpste,
der in Rom residirende Pabst Urban VI. einen Kreuzzug aus=
schrieb gegen den andern Papst, den in Avignon residirenden
Klemens VII., und bei dieser Gelegenheit denen, die unter sein
Banner sich schaaren würden, Ablaß verhieß. Wykliffe predigte
laut und muthig gegen. das Ablaßwesen. Es dürfte wohl
in der Ordnung sein, wenn wir an diesem Orte darnach fragen,
was wir unter dem Ablaßwesen, welches ja in der Zeit vor der
Reformation und während der Entstehung der Reformation uns
so oft vor die Augen kommt, und welches so gewaltige Kämpfe und
Stürme hervorrief, eigentlich zu verstehen haben. Die römische
Kirche legte von Alters her den Sündern kirchliche Strafen
auf, die sogenannten kanonischen Strafen oder Pönitenzen.
Diese wurden seit dem 9. Jahrhundert in bequemere Leistungen,
wie z. B. Almosen, Schenkungen an Kirchen und Klöster, Wall=
fahrten nach Rom oder Palästina oder anderen heiligen Orten
umgetauscht. Diesen Umtausch nannte man Indulgenz oder
Ablaß. Er artete bald in eine förmliche Geldspekulation, einen
Kleinhandel aus, der von den Bischöfen mit den Pönitenzen
getrieben wurde; denn die Ablässe wurden allmählich geradezu
für Geld ausgeboten. Was nun von oben her vielleicht nicht
so böse gemeint war, wurde es, wie immer, unter den Händen
der unteren Werkzeuge, der Ablaßkrämer, die den Jammer
vollendeten. Durch die Schuld dieser Ablaßkrämer verstand
das Volk unter den Ablässen nicht mehr die Erlassung der
kirchlichen Strafen für Sünden; sondern die Erlassung der
Sünden selbst sammt ihren ewigen Strafen, und die Geistlich=
keit hat nicht das ihrige gethan, das Volk in's Klare zu setzen.
— Um das ganze Ablaßwesen zu rechtfertigen und zu begrün=

den, erfand man im dreizehnten Jahrhundert — die Bettelmönche brachten sie auf — die Lehre von dem sogenannten
„Schatz" der Kirche. Christus, so lehrte man, habe durch sein
unendlich werthvolles Leiden und Sterben für die Sünden der
Menschheit nicht nur genug, sondern mehr als genug gethan,
ein Ueberverdienst erworben und diesem schlösse sich ein ähn-
liches, wenn auch geringeres Ueberverdienst der Märtyrer und
Heiligen an. Diese Verdienste dachte man sich als ein Gut-
haben, als eine baare Summe, als einen Schatz, der der
ganzen Kirche angehöre, und welchen das Haupt der Kirche,
der Papst, zu verwalten habe, von welchem er nach seinem
Dafürhalten den Bedürftigen mittheilen könne. Solche Mit-
theilung geschah eben im Ablaß. Da wurden dem Sünder
die kirchlichen Strafen erlassen; indem man diese Strafen als
aufgewogen ansah durch die Strafen, welche Jesus und alle,
die unschuldig gelitten, erduldet, und durch die überverdienstlichen Werke Christi und der Heiligen. —

Wykliffe greift dieses Ablaßwesen scharf an, er nennt den
Ablaß schlechtweg eine Waare der Diener des Antichrists, die zur
Vergrößerung ihrer Macht und Bereicherung der Kirche auf
Kosten der Religion und der menschlichen Seelen dienlich sei.
Von Heiligen im Sinne der Kirche, wie sie im Ablaßwesen
wegen ihrer angeblichen überverdienstlichen Werke eine große
Rolle spielen, will und kann er nun gar nichts hören. Man
finde in der ganzen Bibel keinen Heiligen, der mehr Verdienst
gehabt hätte, als ihm zu seiner Seligkeit nöthig gewesen. „Alles,
was je ein Heiliger that, sagt er einmal, mag keine Seele in
den Himmel bringen, ohne die Gnade und Macht des Leidens
Christi." Wer gäbe überhaupt dem Papste das Recht, den
einen Menschen für heilig zu erklären, den andern nicht; der
Papst sei doch kein Herzenskündiger, und es könne sehr wohl
einmal geschehen, daß er einen Teufel kanonisire d. h. heilig
spreche. So weist denn Wykliffe die menschliche Seele unmittelbar zu ihrem Heiland hin, zu Christo. Der ist ihm der
alleinige Mittler zwischen Gott und dem Menschen, und auch

der allerbeste Mittler. „Ist er doch der beste Mittler und Für=
sprech, so lehrt er, der bereiteste und gütigste, von unbegränzter
Liebe und Barmherzigkeit. Ein Thor wäre daher, wer einen
anderen Fürsprech suchte. Es ist eine Thorheit, die Quelle,
die doch allerwege auch näher zur Hand ist, bei Seite zu lassen
und zu einem trüben und ferner liegenden Bach zu gehn. Wer,
ich frage, möchte wohl einen Hofnarren zu seinem Mittler
machen, um desto bereitwilliger und huldvoller den König zu
einer Unterredung zu finden? Nun sind allerdings die Heiligen
im Himmel keine Hofnarren, sondern Christo einverleibt durch
die Gnade des Erlösers, doch stehen sie niedriger im Vergleich
mit ihm, als ein Hofnarr im Vergleich mit einem irdischen
König.“ Jeder Mensch hat nach Wykliffe geradezu zu seinem
Heiland zu gehen und sich in freier und selbstständiger Weise,
ohne Vermittelung von Heiligen im Himmel oder Priester
auf Erden, das von Christo dargebotene Heil anzueignen. So
steht Wykliffe schon auf dem Boden der evangelischen Lehre
vom allgemeinen Priesterthum.

Wykliffe hatte das sechszigste Lebensjahr erreicht. Zwei Jahre
früher hatte ihn ein Schlagfluß getroffen; seitdem war er zwar
gelähmt, die Kraft und Thätigkeit seines Geistes aber hatte nicht
im mindesten darunter gelitten. Indessen die Anstrengungen und
die mancherlei schmerzlichen Erfahrungen schienen seine leiblichen
Kräfte nachgerade verzehrt zu haben. Am 28. oder 29. December
des Jahres 1384, grade als er in seiner Kirche Gottesdienst
hielt, traf ihn ein neuer Schlaganfall, er ward sprachlos und
gewann auch die Sprache nicht mehr wieder. Zwei oder drei
Tage darauf, am Sylvestertag, verschied er. — Etwa dreißig
Jahre später fing man an, seine Anhänger als Ketzer förmlich
zu verfolgen, und das Koncil von Konstanz strafte sein Auftreten
an seinen irdischen Resten. Auf den Befehl dieser Versammlung
wurden Wykliffe's Gebeine aus dem Chor der Kirche, woselbst
sie geruhet hatten, herausgenommen und zu Asche verbrannt.
Die Asche ward in den Swift geworfen, der führte sie in den
Avon, der Avon in den Sevean, und der Sevean in das

Weltmeer, ein „Bild von Wykliffe's Lehren, die sich verbreiteten all überall."

Die Anschauungen Wykliffe's hatten in England Boden gefaßt, seine Anhänger hießen die Lollarden und sie wurden bald so zahlreich, daß erzählt wird, man könne auf der Straße nicht zweien Menschen begegnen, ohne daß einer von ihnen ein Wykliffite sei. Die Lollarden wurden aber mehr und mehr zurückgedrängt und zogen sich zum Theil in Konventikel zurück, die an geheimen Orten abgehalten wurden, zum Theil erbauten sie sich als einzelne in stiller Zurückgezogenheit an Wykliffe's Bibel und seinen Schriften. Doch hat Wykliffe und sein An-hang der Reformation des sechszehnten Jahrhunderts in Eng-land kräftig vorgearbeitet. Seine Wirksamkeit aber beschränkte sich nicht auf England; durch seine Schriften, deren er eine große Anzahl geschrieben, so daß sie vier bis fünf Foliobände ausmachen würden, wenn sie alle gedruckt wären, reichte sein Einfluß bis nach Teutschland und Böhmen hinein, wie wir in Hussens Geschichte es erkennen. Er hat auch gute Zuversicht, daß die Wahrheit, die er vertritt, endlich den Sieg davon tragen werde. „Ich bin gewiß, betheuert er, daß die Wahr-heit des Evangeliums zwar zeitweilig auf den Straßen und öffentlichen Plätzen verstummen und durch die Drohungen des Antichrists für einmal zum Schweigen gebracht werden kann, aber vertilgt kann sie nicht werden, denn die Wahrheit sagt, daß ihre Worte nicht vergehen werden, auch wenn Himmel und Erde vergingen in einer Verneuerung. Es erhebe sich daher nur der Gläubige in seiner Seele!" Und Wykliffe's merkwürdige Weißagung, es werde aus der Mitte des Mönch-thums selbst eine Erneuerung der rechten Nachfolge Christi ausgehn, und dies werde der Anfang sein einer Erneuerung der von den jüdischen Elementen im Sinne des Paulus ge-reinigten Kirche, war nach 200 Jahren herrlich erfüllt.

Wykliffe verdient unstreitig den Namen eines Reformators und deshalb einen Platz auf dem der Reformation errichteten Denkmal. Er ist in der That ein Reformator oder Kirchenverbefferer. Er hatte eine klare Einsicht in die Schäden und Gebrechen der Kirche, sieht auf den Grund und greift das Uebel an der Wurzel an, wie keiner der anderen vor Luther. Er will aber nicht blos ausraufen, er will auch pflanzen, nicht blos niederreißen, er will auch aufbauen. Und dies will er auf dem allein festen Grund, auf dem Wort des lebendigen Gottes, das da ewiglich währet. Darauf soll sich das Gebäude eines neuen christlichen Lebens, einer gereinigten Lehre, einer segens= reichen Verfassung erheben. Für dies Ziel kämpft er, wir haben's gesehen, mit gewaltigem Geist, und seine Sprache dabei ist kräftig und kühn, freilich auch mitunter leidenschaftlich und herausfordernd.

Wykliffe ist ausgezeichnet durch eine große Gelehrsamkeit, durch schneidende Schärfe des Denkens, durch Freimuth des Geistes. Seine Gemüthsart ist eher hart als weich, es herrscht vor nicht ein tiefes Gemüth, sondern der klare Verstand und der sittliche Ernst. Er erscheint so recht als der Vorgänger Kalvin's, mit dem er merkwürdiger Weise auch leibliche Aehn= lichkeit gehabt hat. Er wird uns von einem Zeitgenossen als „körperlich mager, leib=arm und fast erschöpft an Kräften" geschildert.

Den Schluß unserer Betrachtung bilde ein Wort, worin Wykliffe selbst eine feierliche Erklärung über sich und sein Streben abgibt. „Gott ist mein Zeuge, daß ich vornehmlich die Ehre Gottes gesucht habe, aus Ehrerbietung gegen das Wort Gottes und aus Gehorsam gegen das Gesetz Christi. Wenn aber bei dieser Absicht eine unlautere Sucht nach weltlichem Ruhm, nach niedrigem Gewinn oder boshafter Rache sich mir unbewußt eingeschlichen hat, so bereue ich dies aufrichtig und durch die Gnade Gottes will ich dagegen auf meiner Hut sein."

Auf dem Lutherdenkmal ist Wykliffe dargestellt im Doctor= gewand seiner Zeit. Sein Geist ist tief versenkt in das von ihm mit der linken Hand gehaltene auf dem Knie aufliegende Buch. Wir können in diesem Buche natürlich nur die heilige Schrift erkennen.

Johann Huß.

Auch der slavische Volksstamm lieferte seinen Kämpfer für das göttliche Licht des Evangeliums, er that's in der Person des Johann Huß. — Huß ist der erste unter den Vorläufern der Reformation, soweit sie auf unserem Denkmal bildlich dargestellt sind, der für das Evangelium das Leben gelassen und die Palme des Martyriums davon getragen hat. — Die durch Huß hervorgerufene Bewegung, soweit sie rein blieb, ist der evangelischen Bewegung des 16. Jahrhunderts nahe verwandt, und Hussen's Geist und Streben, ja auch zum Theil sein Leben und Leiden erinnert stark an unsres Luther's Geist und Streben, Leben und Leiden. Nannte sich doch auch die hussische Partei am liebsten und mit Recht „die Evangelischen", und schreibt doch Luther im Jahr 1521 an Spalatin: „Ich habe bisher, mir selbst unwissend, alles gelehrt und gehalten, wie Johann Huß und ebenso hat's auch in gleicher Unwissenheit gethan Johann Staupitz; kurz zu sagen, wir sind alle, ohne unser Wissen, Hussiten."

Johann Huß wurde am 6. Juli des Jahres 1369 in dem Markte Hussinecz im südlichen Böhmen geboren. Von seiner Kindheit und Jugend ist wenig bekannt, nur erfahren wir, daß seine Eltern geringe Leute waren, die sich von Feldarbeit nährten, daß er also, wie auch Luther, aus dem Volke hervorgegangen ist. Der Vater starb ihm frühe weg, doch blieb der Sohn deshalb nicht verlassen. Der Edelmann des Geburts=

ortes nahm sich seiner treulich an und sorgte für seine Er=
ziehung. In einem Alter von sechszehn Jahren sehen wir Huß
auf der großen, weltberühmten Universität zu Prag. Diese
Universität war, noch nicht 50 Jahre her von dem böhmischen
König und deutschen Kaiser Karl IV. gegründet, von ihm als
ein Schooßkind behandelt worden, und hatte sich in dieser kurzen
Zeit so gehoben, daß sie ein Mittelpunkt der Bildung für einen
großen Theil von Europa, besonders für den Osten und Norden
desselben und eine ebenbürtige Schwester der berühmten Uni=
versitäten in Paris und Oxford geworden war. Grade zur
Zeit Hussens erreichte Prag den Höhepunkt seines Glanzes, es
waren damals 200 Doktoren und Magister, 500 Bakkalare
und über 30000 Studenten versammelt. So ward Huß mitten
in das geistige Leben der damaligen Zeit hineingesetzt. Sein
Sinnen und Trachten galt aber nicht blos dem Wissen und
der Wissenschaft; sondern er bemühte sich auch um die Erneuerung
seines von Natur sündigen Herzens, er ließ den heiligen Geist
an seinem Gemüthe wirken, ließ durch diesen sich frei machen
von der Sündenknechtschaft und sich versetzen in das Leben der
geistlichen Freiheit und der heiligen Liebe. Ja es entstand
schon frühe in ihm Lust und Muth, von der Wahrheit und für
seinen Heiland auch bei drohenden Gefahren zu zeugen. Er
fand eine besondere Freude an der Beschäftigung mit den Ge=
schichten der Märtyrer; und es wird erzählt, er habe einst die
Erzählung von dem grausamen Feuertod des heiligen Laurentius
gelesen, da habe er sich so ergriffen gefühlt, daß er aufgesprungen
sei, seine Hand in ein nahe stehendes Kohlenfeuer gestreckt und
dem Freunde, der ihn zurückreißen wollte, zugerufen habe: „So
laß doch sehen, ob ich es dem Manne hier im Buche nicht
gleich thun kann.‟

Huß wurde als junger Mann öffentlicher Lehrer an der
Universität und blieb es auch bis gegen Ende seines Lebens,
zeitweise bekleidete er die Würde eines Vorstehers oder Rektors
der Universität. Doch fügte es der Herr der Kirche in seiner
Weisheit, daß Huß nicht blos ein Lehrer der Wissenschaft,

sondern auch, ähnlich wie Wykliffe, ein Prediger des Wortes
Gottes für das einfache Christenvolk wurde. Ein Prager
Bürger, Johann von Milheim ist sein Name, hatte in Prag
eine neue Kapelle gestiftet, ein andrer Bürger, mit Namen Kreuz,
hatte das Grundstück dazu gegeben. Dies war die sogenannte
Bethlehemskapelle. In welchem Geiste und aus welchem Grunde
die Bürger dies schöne Werk thaten, ersehen wir am beßten
aus der noch vorhandenen Stiftungsurkunde. Darinnen heißt
es, in der Stadt Prag seien zwar „viele für den Gottesdienst
bestimmte Stätten", allein diese seien „vielfach durch andere
gottesdienstliche Handlungen in Anspruch genommen, so daß
der Abwartung jenes vornehmsten Amtes, der Verkündigung
von Gottes Wort, kein Ort insbesondere und ausschließlich
gewidmet sei, sondern die Prediger und namentlich jene, die
sich der (böhmischen) Landessprache bedienten, genöthigt seien,
sich in Häusern und abgelegenen Winkeln herumzutreiben, was
ganz ungebührlich sei." Deshalb habe er, Milheim, „diese
Uebelstände erwägend und sein Seelenheil und die geistliche
Erquickung vieler Christgläubigen von Herzen wünschend, um
die heilige Predigt zu fördern und ihr Raum zu machen, eine
den unschuldigen Kindlein geweihete Kapelle gestiftet, die er
Bethlehem, das heißt Brod des Lebens, nennen zu sollen ge=
glaubt habe, in Betracht, daß daselbst das gemeine
Volk und die Gläubigen mit dem Brod der heiligen
Predigt erquickt werden sollen.".
    An diese Bethlehemskapelle berief nun Milheim den
Johann Huß als Prediger, und Huß nahm den Ruf an. Diese
neue Wirksamkeit war für Hussen's Entwickelung und sein
reformatorisches Auftreten von unendlicher Bedeutung. Nun
wurde er ein Mann des Volkes, im schönsten und reinsten
Sinne des Wortes, er lebte mit dem Volke in stetem und
lebendigem Verkehr, er lernte die religiösen Bedürfnisse des=
selben kennen, er gewann die Liebe des Volkes und hatte eine
Stätte, von wo aus er einen evangelischen Samen weit und
breit ausstreuen konnte. So begann denn Huß in der Bethlehems=

kapelle zu predigen, in dieser hallten zuerst die Worte wieder, von welchen die Mauern Roms erbebten. Sein Amt zierte er mit einem gottseligen Wandel, so daß selbst ein Feind ihm das Zeugniß geben muß: „Seine strengen Sitten, sein ernstes Leben, fern von allem Genusse, gegen welches niemand eine Klage vorbringen konnte, sein trauriges, abgezehrtes Gesicht, sein gegen jeden, auch den Niedrigsten, zuvorkommendes Wohlwollen predigten gewaltiger noch als alle Beredtsamkeit der Zunge.“ Hussen's Predigten fanden offene Ohren und Herzen, bei Hoch und Niedrig. Der König des Landes, Wenzel, war ihm nicht abgeneigt, die Königin Sophie war eine der fleißigsten Zuhörerinnen, hatte ihn auch zu ihrem Beichtvater erwählt, die Massen der Zuhörer fanden in der Kapelle nicht Platz. Und was predigte nun Huß? Nicht Fabeln, Narrentheidinge und Menschenwitz, wie die meisten, sondern das Wort Gottes, das einfache Evangelium; er drang auf wahres Christenthum und wußte immer aus dem Text herauszufinden, was Herz und Leben nährte und stärkte. Bethlehem wurde wirklich zu einem Brodhaus. Huß steht treulich zur Bibel, das hat ihn eben zum Vorreformatoren gemacht, auf sie gründet er Lehre und Predigt, auf sie will er leben und sterben, in ihr gewurzelt ist er erfüllt mit Beharrlichkeit und Todesmuth. Die Bibel will er auch, grade wie die Waldenser und Wykliffe vor ihm, zum Gemeingut des Christenvolkes machen; das ist sein Hauptzweck in seinen Predigten, deßhalb hat er auch eine Durchsicht der Uebersetzung der ganzen Bibel vorgenommen.

Dadurch, daß er sich so entschieden und treu auf die Bibel stellte, war Huß schon weiter von Rom und der römischen Kirche abgekommen, als er selber anfänglich wußte. Einen neuen Anstoß zu weiterem und noch klarerem Fortgehn auf der betretenen Bahn gaben ihm die Schriften Johann von Wykliffe's. Diese wurden gerade jetzt in Prag recht bekannt. Ein böhmischer Ritter, der bekannte Hieronymus von Prag, welcher später Hussen im Martyrium folgen sollte, und zwei junge Engländer waren es besonders, welche dieselbe von

Oxford nach Prag brachten und sie hier verbreiteten und ver=
theidigten. Huß mag diese Schriften anfänglich mit Argwohn
betrachtet haben; denn sie waren für ketzerisch erklärt worden,
und er war seiner Kirche noch sehr ergeben und wollte nichts
weniger als mit ihr brechen. Allein es war in Huß ein tiefer
Zug nach sittlicher und religiöser Wahrheit, und er sagt selbst
von sich: „Von der ersten Zeit meines Studiums hatte ich mir
dies als Regel vorgesetzt, daß, so oft ich in irgend einem
Punkte eine gesundere Ansicht vernähme, von meiner früheren
ich mit Freuden und in Demuth abließ, da ich wohl weiß, daß
das, was wir wissen, weit weniger ist, als das, was wir nicht
wissen." So geht denn Huß mit suchendem Geist und redlicher
Seele an die wykliffischen Schriften heran, er studirt sie mit
großem Fleiß, er gewinnt dadurch mehr Licht über die
evangelische Wahrheit, einen tieferen Blick in die Zustände der
Kirche, er wird aufgefordert zum Kampfe gegen das in der=
selben hausende Verderben. Er erklärt sich öffentlich zu den
wykliffischen Ansichten, wenn er auch nicht in allen Punkten
mit dem englischen Reformatoren zusammengeht.

Huß eröffnet den Kampf mit der verderbten Geistlich=
keit, er greift sie in ihren Sünden mit den schärfsten Waffen
an. „Die da die ersten sind in der Verwaltung des Heilig=
thums, so predigt er, müssen auch vor allen übrigen gestraft
und gewarnt werden, wenn sie irren und sündigen. Darum
soll von der Prälaten Sünden jeder treue Prediger anfangen;
denn so pflegte es Christus unser Heiland zu thun, wie darüber
in den Evangelien vieles berichtet wird." Insbesondere macht
es Huß den Geistlichen zu einem schweren Vorwurf, daß sie
die Bibel und ihren Inhalt vor dem Volke verborgen halten.
Er eifert weiter gegen ihren Hochmuth, ihren Geiz und ihre
Fleischeslust; scheut sich auch nicht, ihnen kühn unter das An=
gesicht zu treten und in Predigten, welche auf Synoden vor
dem versammelten Klerus gehalten wurden, ihre Sünden und
Schanden auf's allerschärffte zu geißeln. „Da kommt uns, sagt
er in einer seiner ersten derartigen Predigten, ein Laie in den

Wurf, er wird uns etwas lästig, er fügt uns etwas wie Un=
recht zu; sofort mißbrauchen wir in anmaßungsvoller Ungeduld
unsere geistlichen Vorrechte: „den Wicht will ich citiren,
veriren, zur Räson bringen, das scharfe Schwert der geistlichen
Macht über seinem Haupte schwingen""; und wenn der arme
Unvorsichtige mit dem Bannfluch getroffen ist, so freuen wir
uns und gloriren darüber. Und so fern von Christenliebe und
Liebe zu der Gerechtigkeit, so ganz aus Zorn und Rachsucht
handeln und herrschen und unterdrücken wir, daß schon das
böse Sprüchwort gegen uns aufgekommen ist: „„wenn du einen
Kleriker beleidigest, so schlag ihn nur gleich todt, denn sonst
wirst du nie mit ihm Frieden haben."" Sehet da, wie die
Geistlichen mit ihrem geistlichen Schwert, welches viel schärfer
ist als das Schwert der weltlichen Könige, so übermüthig mit
den Christen umgehen. In der Schrift steht: Der Größte unter
euch sei wie der Kleinste u. s. w. Saget doch, wie haltet ihr
das? Etwa, daß ihr die ersten Sitze in den Versammlungen,
die ersten Plätze am Tische, die Begrüßungen auf dem Markte
liebt, und Väter, Magister oder Doktoren von den Menschen
gerne geheißen werden wollt? oder dadurch, daß ihr lieber
blutbespritzte, mit dem Schwerte bewaffnete Vasallen als einen
niedrigen Kleriker mit dem Buch hinter euch habt? oder da=
durch, daß ihr euch fast nichts um das geistliche Amt kümmert,
desto eifriger aber nach den Temporalien begehrt? oder daß
ihr Benefizien und kirchliche Aemter suchet, nicht um in ihnen
getreu zu dienen, sondern um durch sie zu herrschen und wohl
zu leben? oder dadurch, daß ihr das euch zukommende demüthige
geistliche Amt verachtet und nach dem euch nicht zukommenden
weltlichen Herrschthum verlanget? oder dadurch, daß ihr euren
Stolz in weitgeschlitzte Kleider, in einen Anzug prächtig und
stolz vom Scheitel bis zu den Sohlen, in stattliches Gefolge,
zahlreiche Pferde, in prunkvolle Palläste, kostbare Geräthe, in
viel Geld, in Brandschatzung der Armen, in Verachtung der
Niedrigen, in Verehrung der Reichen und Stolzen, in Gering=
schätzung derer, die die Wahrheit sagen, in Wohlgefallen an

den Schmeichlern, kurz in alles, was vor der Welt groß und herr=
lich ist, setzet?" In einer anderen Predigt hält Huß dem Klerus
sein rohes weltliches Leben in's Angesicht hinein vor. — „Es sind
unter euch viele, heißt es da, die sich durch Rausch und Trunken=
heit weit mehr als die Laien schändlich beflecken, zur Schenke gehn,
und wenn sie dann heimkehren, kaum mehr gehen können, noch
weniger reden, und am allerwenigsten wissen, was ihre priester=
liche Würde erfordert. Die Reicheren von euch aus dem
Almosen (Kirchengut) laden sich häufig zu Mahlzeiten ein und
besuchen sich gegenseitig, wo dann Speise und Trank aufgestellt
wird in größerer Anzahl und kostbarer und leckerhafter, als bei
den Bürgern, ja den Adligen, und wo Christus in seiner Passion
gleichsam in die Acht erklärt ist. Wenn nun das Fleisch in
Begierde aufschäumt, dann spricht man unzüchtig von Weibern
und geilen Thaten. Und so gibt es viele, die sich dem Müßig=
gang, der Liederlichkeit, dem Spiel, den Schenken und anderen
Ausgelassenheiten ergeben, brechen die Vespern und andere
kanonische Stunden gleichsam übers Knie radebrechen, beschneiden
und verstümmeln sie, und selbst während der feierlichen Messe
erlauben sie sich in ihren Stühlen viele ungewohnte, übermüthige,
ausgelassene, habgierige Gespräche, so daß sie viel eher als die
Hunde von Christus aus dem Gottesdienst hinausgejagt werden
sollten, die in den Herzen der einfältigen Laien solch ein un=
ausstehliches Aergerniß pflanzen. Es gibt unter euch auch
Trödler, Handelsleute und dergleichen, die ihre Waaren, Pferde,
Wein und anderes verkaufen und theurer, und also geiziger
sind als die Laien; es gibt solche, Pfarrer und Mönche, die
Wirthe sind, die Laien mögen es bezeugen, die in ihren
Schenken so vielfach sich beeinträchtigt fühlen; solche, die Wucher
treiben, die Beichten verrathen, mit den Würfeln spielen, auf
die Tänze gehen, auf die Jagd, und vernachlässigen um der
Jagd der Vögel und des Wildes willen das Heil der Seelen,
sind geneigter, das Brod vom Almosen frommer Seelen ihren
Hunden als den Armen zu geben, sind geschickter, die Spuren
der Hasen aufzusuchen, als die Schuld des Sünders. Manche

auch gibt es, die sich von ihren Posten entfernen, um freier in Prag oder sonst wo unzüchtigen Gelüsten zu fröhnen unter dem Vorwand des Studiums." Huß weissagt aber auch, voll heiligen Zornes, diesen gewissenlosen Baalspfaffen, die sich Christi Diener nannten, ein Strafgericht Gottes ähnlich dem, das über die jüdischen Priester gekommen. „Es wird kommen über sie, so droht er, der König und Bischof Christus mit der Geißel und wird sie daraus treiben und sprechen: Mein Haus ist ein Bethaus; ihr aber habt eine Mördergrube daraus gemacht, da ihr darin Simonie treibet, dem Mammon dienet, schlechte Reden führt, alle Zucht mit Füßen tretet und mitunter auch huret. Und er wird sie mit einer schrecklicheren Geißel austreiben, als weiland die Juden = Priester."

Es leuchtet ein, daß nach solchen Worten und Angriffen von Frieden zwischen Huß und der Geistlichkeit nicht mehr die Rede sein konnte. Die Feinde nennen den Huß, freilich nicht ohne Grund, einen Wykliffiten und verklagen ihn als einen solchen bei dem Papste. Alsbald kommt von diesem der Be= fehl, die Schriften Wykliffe's seien auszuliefern, die Anhänger desselben in Untersuchung zu nehmen, und alles Predigen in Privatkapellen abzustellen. Die letzte Bestimmung war natürlich auf Huß und sein nachgerade lästiges Predigen in der Bethlehems= kapelle gerichtet. Huß leistet indessen dem Verbot, in der Bethlehemskapelle zu predigen, keine Folge; sondern predigt ruhig fort in der Ueberzeugung, der Papst dürfe als Gottes Stellvertreter Gottes Wort nicht hindern, und wenn er's thue, so höre er auf, Gottes Stellvertreter zu sein. Nach Bologna, wo damals der Papst sich aufhielt, geladen, leistet er auch diesem Befehl keine Folge und spricht sich öffentlich über die Gründe seines Bleibens aus.

Bald hatte Huß Anlaß, abermals dem Papste offen ent= gegenzutreten. Das geschah in einer Sache, in welcher so mancher Reformator und Vorreformator seine rügende Stimme erhob — nämlich der Sache des Ablaßes. Papst Johann XXIII. hatte den Stuhl Petri bestiegen, einer von denen, die ihn am meisten geschändet haben, ein Mann, der früher Seeräuberei getrieben, Blut in Strömen vergossen, schamlose und ehebrecherische Gräuel verübt hatte. Derselbe gerieth in Kampf mit Ladislaus, König von Neapel. Da er ihn im Krieg bis jetzt nicht überwunden hatte, schrieb er einen Kreuzzug gegen ihn aus und schickte, um Geldmittel zu erlangen, seine Ablaßkrämer in die verführte Christenheit. So kamen die letzteren auch nach Prag. Von den Kanzeln der Pfarrkirchen wurde die päpstliche Ablaßbulle verkündet, die Kreuz= und Ablaßprediger traten unter Trommelschlag auf den öffentlichen Plätzen auf, boten den Ablaß aus und forderten Geld oder Waaren, und für die eingehenden Gelder wurden drei Truhen aufgestellt. Aehnlich ging es auf dem Lande zu. Es ging gut kaufmännisch her. Da schwieg Huß nicht, er erklärte laut und nachdrücklich, daß es wider das Gebot Christi streite, Christen wider Christen zum Kriege zu verhetzen, und zur Vergießung ihres Bluts noch obendrein Vergebung der Sünden für Geld anzubieten. „Es nimmt niemand die Sünden weg als allein Christus", ruft er dem Volke zu im Gegensatz zu dem päpstlichen Ablaß.

Die Antwort Rom's auf das Verhalten Hussens in der Ablaßsache war nichts anderes als der Bann. Ein Kardinal sprach denselben in den furchtbarsten Ausdrücken aus. „Alle gläubigen Christen sollten sofort alle Berührung mit ihm meiden, und so er zwanzig Tage nach Kundmachung dieses Spruches in seinem Ungehorsam verharrte, sollte an jedem Sonn= und Feiertag in allen Kirchen, nachdem die Lichter angezündet, dann ausgelöscht und zu Boden geworfen worden, der Bann über ihn ausgesprochen werden, dann dürfe niemand mehr, unter der Strafe gleichen Bannes, in Speise und Trank, Kauf und Verkauf, Gespräch und Verkehr mit ihm Umgang haben, ihm Unterkunft geben, Feuer oder Wasser verabreichen; in jeder Stadt, Städtchen, Dorf oder Schloß, wo er weile, wohin er komme, und noch am Tage nach seiner Abreise müsse aller öffentliche Gottesdienst, die Verabreichung der Sakramente aufhören; sterbe er, so dürfe er nicht kirchlich begraben werden u. s. w."

Huß appellirt vom Papste an den Herrn Christus. Er setzt eine denkwürdige Appellation auf, welche schließt: „Diese Appellation übergebe ich, Johann Huß, meinem Herrn, Jesu Christo, dem gerechtesten Richter, der die gerechte Sache jedes Menschen kennt, schützt und richtet." Er zieht sich, da auch der König es wünschte, von Prag zurück nach seinem Geburtsort Hussinecz, ist aber jeden Augenblick bereit, wieder auf den Kampfplatz zu treten und auch sein Leben dahinzugeben. Er predigt im Freien und in Kirchen, schreibt Briefe und ist deß guter Zuversicht, daß der Herr der Kirche, wenn auch nicht durch ihn, so doch durch andere und noch gewaltigere Werkzeuge, der guten Sache zum Siege helfen werde. „Hat schon die Gans, so schreibt er — Huß heißt auf deutsch Gans — ein zahmes Thier, ein Hausthier, das mit seinem Fluge sich nicht in die Höhe schwingt, ihre Schlingen durchbrochen, so werden desto mehr noch andere Vögel, welche durch das Wort Gottes und ihr Leben in die Höhe sich aufschwingen, ihre List zu nichte machen."

Die Sache Hussens kam zur endlichen Entscheidung, freilich zu einer schauerlichen, auf dem großen Koncil oder Kirchenversammlung zu Konstanz am Bodensee. Dieses Koncil versammelte sich um Allerheiligen des Jahres 1414; ihm war eine schwere Aufgabe beschieden, nämlich die Verbesserung der Kirche an Haupt und Gliedern. Drei Häupter thronten damals über der Christenheit, sie wollten alle drei Nachfolger St. Petri sein, darunter auch der bereits erwähnte und geschilderte Johann XXIII. Auf diesem Koncil sollte auch die Bewegung in Böhmen besprochen und zur Ruhe gebracht werden. Diese Wirren hatten bereits in der ganzen Christenheit die Aufmerksamkeit auf sich gezogen.

Als die Zeit des Koncils sich näherte, forderte der Kaiser Sigismund Huß auf, vor dieser Versammlung zu erscheinen und daselbst seine Sache zu führen. Sigismund verhieß dem Geladenen völlige Sicherheit seiner Person, versprach ihm Schutz für die Reise von Böhmen nach Konstanz und wieder von Konstanz nach Böhmen zurück, und stellte ihm auch einen Geleitsbrief dieses Inhaltes in aller Ordnung aus. Huß wird von den Seinigen gewarnt, auf der Versammlung zu erscheinen, er aber wünschte nichts sehnlicher, als sich öffentlich wegen seines Glaubens vertheidigen zu können. Er ist ohne Furcht, hat er doch auch ein kaiserliches Wort, er will nur „gleiche Sonne und gleichen Wind wie die Gegner", verlangt nur „offenen Raum." Von düsterer Ahnung freilich, daß er vielleicht in seinen Tod gehe, ist er nicht frei; er will aber, wie St. Paulus Phil. 1, 20, daß Christus hoch gepriesen werde an seinem Leibe, es sei durch Leben oder durch Tod. An seine böhmischen Freunde richtet er ein gar schönes Abschiedsschreiben, worin es heißt: „Fürwahr ein treuer Diener Gottes kann nie verloren gehen, wenn er mit der göttlichen Hülfe ausharrt. Betet, liebe Brüder und Schwestern, betet inbrünstig, daß mir Gott Standhaftigkeit ver= leihe, euch fleckenlos erhalten wolle und daß er, wenn es zu seinem Preis und zu seiner Ehre in den Tod geht, mich ohne böse Furcht sterben lasse. Wohl schwerlich werdet ihr mich vor meinem Ende in Prag mehr sehen. Sollte mich aber Gott dann doch zu euch wieder heimführen, wird das Wiedersehen ein desto freudigeres sein."

Der treue Zeuge Gottes rüstet sich nun zum Ab= schiede. Das Scheiden war ein tief wehmütiges. Ein polnischer Schuster, Andreas — Huß gedenkt dessen noch in den letzten Tagen seiner Gefangenschaft, als er täglich dem Tode entgegensah — sprach zu ihm, als er sich von ihm ver= abschiedete: „Gott sei mit dir, denn kaum, glaube ich, wirst du unversehrt zurückkehren, theuerster und in der Wahrheit stand= haftester Herr Johannes! Es gebe dir der König, nicht von Ungarn (Sigmund), sondern des Himmels alles Gute für deine gute und treue Lehre, die ich von dir empfangen habe." So waren auch Hussens Freunde voll düsterer Ahnung. Doch Huß zog in Gottes Namen. Die Kosten der Reise bestritt er aus eigenen Mitteln, seine zahlreichen Freunde und Verehrer, reiche wie arme, unterstützten ihn durch reichliche Beiträge, was ihm nachmals in der Gefangenschaft zu Konstanz, als er die Un=

möglichkeit sah, jemals wieder Ersatz zu leisten, besonders den
Unbemittelten gegenüber, schwere Stunden gemacht hat. Seine
Reisebegleiter waren edle böhmische Ritter, insbesondere die
treuen Herren Wenzel von Duba und Johannes Chlum, deren
edles Benehmen er nicht genug rühmen kann. „Sie behandeln
mich höchst liebevoll und sind gleichsam die Herolde, oder, besser
zu sagen, die Beschützer der Wahrheit, mit denen, so Gott
will, alles gut geht." Auf der Reise gewann Huß alle Herzen
durch seine Freundlichkeit und durch die Zuversicht zu seiner
Sache, die aus seinem ganzen Wesen sprach; auch benutzte er
jede Gelegenheit, von dem, was sein Herz erfüllte, vor aller
Welt zu zeugen. Allen Wirthen schenkte er bei seinem Abschied
zum Dank für die gute Aufnahme eine Abschrift der zehn
Gebote und klebte sie auch wohl selbst mit Kleister an. Ueberall
fand Huß gute Aufnahme, niemand dachte daran, daß er ein
Gebannter und Verfluchter sei. Am 3. November 1414 kam
er wohlbehalten zu Konstanz an. Als er die Stadt zuerst sah,
überkam seine Seele ein Vorgefühl dessen, was seiner in derselben harrte, allein er sprach: „Ist Gott für uns, wer mag
wider uns sein." Wie er in die Stadt einritt, kam ihm, wie
er selbst berichtet, eine große Menge zu Pferd entgegen und
geleitete ihn in seine Herberge. Diese nahm er bei einer
Wittwe, Namens Fida, einer treuen Seele, die ihm von Herzen
zugethan wurde. Huß nennt sie in einem Briefe „die andere
Wittwe von Sarepta, bei der alle die Unserigen sich aufhalten."

Huß war nun in Konstanz, mitten in der vielleicht glänzendsten
Versammlung der Christenheit. Es lautet fast mährchenhaft,
was uns von der Größe und der Pracht dieses Koncils berichtet wird. Hören wir, wie ein Zeitgenosse, der das Geschäft
hatte, ein Verzeichniß der Ankommenden aufzunehmen, die Anwesenden aufzählt: „Papst Johann mit 1600 Personen, 5
Patriarchen mit 118 Personen, 33 Kardinäle mit 356 Personen,
47 Erzbischöffe mit 400 Personen, 145 Bischöffe mit mehr als
1000 Personen, 500 geistliche Fürsten mit mehr als 3000
Personen, 37 hohe Schulen mit 2000 Personen, 217 Doktores

in Theologia von allen Nationen mit 2400 Personen, 361 Doktoren beider Rechte mit 1260 Personen, 171 Doktores in Medicinis mit 1600 Personen, 1400 Magistri Artium und Lizentiati mit 300 Personen, einfältige Priester und Schüler, etliche selbander, etliche selbdritt, etliche einzig, waren da mit 5300 Personen, 16 Apotheker mit 300 Personen, Goldschmidt mit 72 Personen, Kaufleut, Kürschner, Schuhmacher, Schneider, Krämer, Schmidt, Wirth — alle Handwerker, deren waren ob 1400 Personen ohne ihre Dienstknechte, Posauner, Pfeifer, Flöter und allerlei Spielleut waren 1000 Personen, gemeine Frauen in den Frauenhäusern und sonst Frauen, die Häuser gemiethet hatten, und in den Ställen lagen, das ist in den Silberkammern, da die Sättel hangend, da waren ob die 700, ohne die heimlichen, die laß ich bleiben." Die Zahl der Geist= lichen jeden Ranges mit ihrer Dienerschaft betrug nach zu= verläßigen Berichten an die 18000. Und nun noch die welt= lichen Herrn und ihr Gefolge: „unser Herr, der römisch König, der kam mit einem Gefolge von 1000 Pferden, 2 Königinnen, die kamen mit ihren Damen, 5 gefürstete Frauen, 39 Herzoge, 32 gefürstete Herren, Grafen, der waren 131 Personen, Frei= herrn, der waren 79 Personen, Ritter von allen Nationen, der waren 1500, Edelknecht ohne ihre Diener waren 2000, Bot= schafter von Königen ob 83, von Botschaftern des Reiches Städt 62, von Botschaftern der Herren Städt 352, von anderen Herren, deren war ohne Zahl, die täglich aus= und einritten, ob 5000 Personen." Dieß Verzeichniß faßt wohl die Summe aller in sich, die überhaupt in den 4 Jahren, welche das Koncil dauerte, sich daselbst einfanden. Unser Berichterstatter zählt im Ganzen 50,000 Personen, die beständig während des Koncils auf= und niederwogten; andere geben noch größere Zahlen; manchmal sollen sich über 100,000 Personen und gegen 30,000 Pferde in und um Konstanz befunden haben. Das Koncil war nicht blos eine Kirchenversammlung, es war auch ein europäischer Kongreß, der erste, den die neuere Geschichte kennt, und ein deutscher Reichstag. Und vor diese Versamm=

lung stellte sich der demüthige Diener Gottes, Johannes Huß, um sich zu verantworten.

Huſſens schlimmste und gefährlichste Feinde waren natürlich die Böhmen, darunter besonders zwei Prager Geistliche, Peter Palecz und Michael de Kausis. Diese betrieben mit großem Eifer die Gefangennehmung des verhaßten Gegners und brachten es auch wirklich dahin, daß Huß schon am 28. November nach einem geheimen Verhör vor dem Papst und den Kardinälen festgenommen und in's Gefängniß gesetzt wurde. Huſſens Freunde waren aufs äußerste über diese Treulosigkeit aufgebracht, sie wandten sich an den Kaiser, der ja Schutz und Schirm zugesagt, und dieser befahl wirklich aus der Ferne, — denn er war noch nicht in Konstanz angekommen — den Gefangenen augenblicklich zu befreien, und wenn die Thüren des Gefängnisses sollten erbrochen werden. Der Papst und ·seine Geistlichen folgten aber nicht, und als Sigismund in Person auf das Koncil kam, wußten sie seinen Zorn zu besänftigen und ihm beizubringen, daß er in dieser Angelegenheit die kirchliche Macht sein müsse gewähren lassen. Sigismund hielt sein kaiserliches Wort schlecht, Huß war und blieb gefangen. Man hatte ihn zuerst in einem Dominikanerkloster am Rhein in einen finstern Kerker, hart an der Kloake, geworfen, zeitweise gab man ihm einen besseren Aufenthalt, endlich wurde er in Gottlieben, einem Schloß des Bischofs von Konstanz, verwahrt. Hier lag er in einem einsamen hohen Thurme, seine Füße waren in Fesseln geschlagen, und bei der Nacht selbst die Hände an die Wand angekettet. Huß litt unbeschreiblich im Kerker. „Auf's neue bin ich, so schreibt er einmal, auf schmerzlichste Weise vom Stein geplagt, an dem ich nie früher gelitten habe, auch von schwerem Erbrechen und von Fiebern. Schon fürchteten die Wächter, die mich aus dem Kerker herausgeführt haben, ich möchte sterben." Dann ist er wieder gequält von Zahnweh, Blutspeien, Kopfschmerzen. Er nimmt es aber alles in Geduld hin. „Es sind verdiente Strafen für meine Sünden, spricht er, und Zeichen der Liebe Gottes gegen mich." Er wirft sich mit unbedingtem Vertrauen in die Gnade seines Gottes. „Ich hoffe, so schreibt er, der treue Gott ist immer mit mir in meiner Trübsal", und ein andermal: „jetzt erst kann ich den Psalter recht erkennen, recht beten und die Schmach Christi und die Leiden der Märtyrer verstehen" und dann: „sehr tröstet mich jenes Wort unseres Erlösers: Selig seid ihr, so euch die Menschen hassen und euch absondern und schelten euch und verwerfen euren Namen als einen boshaftigen um des Menschensohnes willen. Freuet euch alsdann und hüpfet; denn siehe euer Lohn ist groß im Himmel."

Es wurden neununddreißig Sätze als von Huß herrührend aufgestellt, diese wurden für ketzerisch erklärt, und er sollte sie widerrufen. Etliche dieser Sätze hatte er allerdings gelehrt, z. B. daß der Statthalter Christi, wenn er anders lehre und lebe, als Christus, vielmehr ein Vorbote des Antichrists und ein Stellvertreter des Judas Ischarioth sei, daß die Kirche sehr wohl ohne einen Papst bestehen könne, daß die Kardinäle und Bischöfe nur dann wahre Nachfolger der Apostel seien, wenn sie ebenso lehrten und lebten, als sie. Andere aber waren ihm mit Unrecht untergeschoben, er hatte sie nie gelehrt.

Es dauerte lange, bis Huß ein öffentliches Verhör erlangte, nämlich bis zum 5. Juni 1415. Als er sein Gefängniß in Gottlieben des Verhörs halber verließ, wurde — wer sieht hier nicht die Hand des vergeltenden Gottes — Papst Johann XXIII., der mittlerweile vom Koncil abgesetzt worden war, in eben dasselbe Schloß als Gefangener abgeführt. Die Versammlung, vor welche nun Huß geführt wurde, hatte ein gar glänzendes Ansehen. Sie bestand aus 34 Kardinälen, 20 Erzbischöfen, 160 Bischöfen, 250 Prälaten, 4 Kurfürsten, 20 Herzogen und 80 Grafen. Der äußeren Würde entsprach aber die innere Würde und die Haltung der Versammlung keineswegs. Als Huß sich verantworten wollte, so schrieen viele zugleich gegen ihn, und er hatte nach allen Seiten hin, nach rechts und links, nach vorne und hinten sich zu wehren. Die einen unterbrachen

ihn, die andern verlachten und verspotteten ihn. Wie er nun
sah, daß seine Worte ihm nichts nützten, so schwieg er, und
da hieß es: „siehe du schweigest jetzt; das ist ein Zeichen, daß
du mit diesen Irrlehren (es sind diejenigen gemeint, die ihm
mit Unrecht aufgebürdet worden waren) übereinstimmst.“ Die
Sitzung mußte wegen der Unruhe und des Tumultes aufge=
hoben werden. Huß ging weg fröhlich, daß er würdig gewesen
war, um Jesu Namens willen Schmach zu leiden. Am 7. und
8. Juni wurden zwei weitere Verhöre und Sitzungen abgehalten.
Hier ging es anständiger und würdiger zu, insbesondere wegen
des nun anwesenden Kaisers, und Huß hatte Gelegenheit, sich
gründlicher zu verantworten. Einmal freilich wurde auch jetzt
die Sitzung so stürmisch, daß derselbe ausrief: „ich dächte, es
würde mit mehr Ehrbarkeit und in besserer Disciplin im Kon=
cil hergehen, als ich hier finde.“ Aus dem zweiten Verhör
ging Huß mit dem Bewußtsein weg, daß der Tag für ihn
siegreich gewesen. „Der allmächtige Gott, schreibt er noch am
gleichen Tage an seine Freunde, hat mir heute ein muthiges
und starkes Herz gegeben.“ Nach dem dritten Verhöre redete
der Kaiser selbst ihm zu, daß er nachgeben solle; als Huß bei
seiner Weigerung dennoch verharrte, verließ jener zornig den
Saal mit der Aeußerung, daß er nun wohl wisse, welch ein
hartnäckiger Ketzer dieser Huß sei. Johann von Chlum aber,
der edle Herr und treue Freund Hussens, drückte ihm die Hand
und geleitete ihn in sein Gefängniß zurück. „O wie stärkt es
mich, schrieb darauf Huß an diesen, daß ihr euch nicht schämt,
mir, dem von der ganzen Welt verabscheuten Ketzer, die Hand
zu reichen!“

Huß soll unbedingt widerrufen, er aber verlangt Belehrung
und Ueberführung aus dem Worte Gottes; freilich vergeblich.
Noch im Gefängniß nach den Verhören werden eine ganze An=
zahl auch gut gemeinter Versuche gemacht, ihn zum Widerruf
zu bewegen, denn sonst ist der Tod sein gewisses Loos; aber
seine letzte Erklärung ist und bleibt die: „Ich, Johannes Huß,
in der Hoffnung ein Priester Christi, aus Furcht, Gott zu be=

leidigen, kann und will nicht abschwören alle und jede Artikel, welche durch Aussagen falscher Zeugen gegen mich vorgebracht worden sind, denn Gott ist mein Zeuge, daß ich sie nie gepredigt, noch behauptet, noch vertheidiget habe, wie jene sagen. Was aber die aus meinen Büchern ausgezogenen Artikel betrifft, so sage ich: welcher von ihnen einen falschen Sinn in sich schließt, den verabscheue ich. Ich würde auf's bereitwilligste jeden falschen Satz und jeden Irrthum, den ich je im Sinne gehabt, um ihn auszusprechen, oder den ich ausgesprochen habe, vor aller Welt widerrufen."

Huß erwartet mit völliger Bestimmtheit sein Todesurtheil, er rüstet sich zum Sterben. So nimmt er denn in rührenden Briefen Abschied von seiner Gemeinde in Prag, seinen Freunden, der Universität, den Lehrern und den Studenten, von der königlichen Familie und von den ihm getreuen polnischen und böhmischen Herrn. Ueber das Koncil läßt er sich in diesen Briefen mit Bitterkeit aus; es ist dies aber — man erlaube das Wort — eine heilige Bitterkeit. „O dieses Koncil, so ruft er aus, voll Stolz, Habsucht und Greuel! Heilig nennt es sich; könntet ihr es aber nur sehen, ihr würdet da einen großen Greuel der Verwüstung erblicken. Ich habe häufig Deutsche sagen hören, daß ihre Stadt Konstanz in dreißig Jahren die Sünden nicht los wird, welche das Koncil in ihren Mauern verübt hat; ja ich versichere euch, daß sie alle Aergerniß genommen ob diesem Koncil und viele haben ausgespuckt, weil sie gar zu schändliche Sachen gesehen." So bitter Huß über das Koncil und seine Sünden sich ausspricht, so mild ist er gegen die einzelnen Personen, gegen seine Feinde, und je näher seinem Tode, desto weicher. Persönlich ausgesöhnt auch mit seinen bittersten Feinden möchte er aus dem Leben scheiden. Auf Hussens Bitten kam sein Todfeind Palecz noch zu ihm in's Gefängniß; es war dies ihre letzte Zusammenkunft für diese Welt. Huß selbst mag davon erzählen. „Als Palecz kam, bat ich ihn, er möchte mir verzeihen, wenn ich irgend ein beleidigendes Wort gegen ihn gesagt; und da fing er an zu weinen, und wir weinten beide mit einander." Huß versichert in seinen Briefen, daß er auch seinem anderen Todfeind Michael de Kausis keine Rache wünsche, daß er diese Gott überlassen habe und für den Mann inständig bete.

Der 6. Juli kam, der zur Ausführung des mittlerweile gefällten Todesurtheils ausersehene Tag. Der 6. Juli war Hussens Geburtstag, er wurde es noch in einem anderen Sinne, in dem Sinn nämlich, in welchem die alten Märtyrer den Tag ihres Todes als den Tag ihrer Geburt zu dem ersehnten himmlischen Leben zu begrüßen· pflegten. An diesem Tage hielt das Koncil seine 15. Generalsitzung. Es war versammelt in der Kathedralkirche zu·Konstanz. Auf einem Throne saß Kaiser Sigmund in seinem kaiserlichen Schmuck, ihn umgaben die ersten Würdenträger des Reiches mit den Reichsinsignien, nämlich dem Reichsapfel, dem Scepter, der Krone und dem Reichsschwerte. Inmitten der Kirche erhob sich ein kleines Gerüst, oben einem Tische ähnlich, und darauf ein mit dem Meßornat behängter Holzstock. Die Sitzung begann mit einer Messe, alsdann predigte ein Bischof über den Text Röm. 6, 6: „auf daß der sündliche Leib aufhöre." Er legte den Text dahin aus, daß der Leib der Sünder, d. i. der Ketzer, müsse zerbrochen werden und redete dabei die kaiserliche Majestät also an: „Zerstöre die Ketzereien und Irrlehren und zumal den verstockten Ketzer·da, durch dessen Bösartigkeit so manche Gegenden der Erde von ketzerischer Pest angesteckt und zu Grunde gerichtet sind; diese heilige Arbeit ist dir, o glorreicher Fürst, gelassen und kommt dir zu, als dem gegeben ist der Prinzipat der·Gerechtigkeit. Und dafür hast du dir aus dem Munde der Kinder und Säuglinge ein Lob zugerichtet, und immerwährendes Lob wird dir gesungen werden, daß du solche Feinde und Rächer des Glaubens zerstörst!" Mittlerweile war Huß, von Bewaffneten umgeben, in die Kirche hereingeführt und vor das Gerüste gestellt worden. Hier sank er sofort auf die Kniee und betete. Dann mußte er auf das für ihn bestimmte Gerüste steigen, daß jeder ihn sehen könnte. Es wurden hierauf jene Sätze verlesen, deren man ihn beschuldigte. Huß wollte reden; allein so oft er das Wort ergriff, hieß man ihn stille sein. Da rief er mit lauter Stimme, die Hände gefaltet: „Um Gottes willen bitte ich euch, höret mich doch, damit wenigstens die, so hier stehen, nicht glauben, ich hätte Irrlehren bekannt. Hernach möget ihr dann machen mit mir, was euch gefällt!" Als auch das nichts half, fiel er auf seine Kniee, Augen und Hände gen Himmel erhebend, seine Sache Gott befehlend. Später unterbrach er noch einmal sein Schweigen, appellirte noch einmal an den Herrn Jesum, als den niemand vom Rechten durch Geschenke abbringen, durch falsche Zeugen täuschen, oder durch List fahen könne, sondern der jedem gebe, wie er es verdiene, bemerkte auch: „überdem bin ich frei auf das Koncil gekommen, nachdem ich vom Kaiser, der hier anwesend ist, sicheres Geleit empfing, in der Absicht, meine Unschuld zu bezeugen und gegen jedermann Rechenschaft von meinem Glauben zu geben." Als er dies sprach, hielt er die Augen scharf auf Sigmund gerichtet, dessen Wangen eine Röthe überflog.

Nach Verlesung der ihm vorgeworfenen Sätze wird über Hussens Bücher das Urtheil gesprochen. Sie werden für ketzerisch erklärt, verdammt und sollen verbrannt werden. Darauf erfolgt der Urtheilsspruch über seine Person, er soll als ein halsstarriger, unverbesserlicher Ketzer seiner priesterlichen Würde und Weihen entsetzt und der weltlichen Macht zum Tode übergeben werden. Huß rief: „Nun, bin ich halsstarrig gewesen, wie ich es immer verlangt habe, so verlange ich auch jetzt nur aus der heiligen Schrift eines besseren belehrt zu werden." Wie die Verlesung des Urtheilsspruches zu Ende war, betete er auf die Kniee sinkend: „Herr Jesus Christus, verzeihe meinen Feinden! Du weißt, daß sie falsch mich angeklagt, falsche Zeugen gegen mich vorgebracht und falsche Artikel gegen mich gestellt haben. Verzeihe ihnen um deiner großen Barmherzigkeit willen!" Ueber diese Worte, so wird erzählt, schauten ihn viele verächtlich an und verlachten ihn,

zumal die Bischöfe. Nun erfolgte die Entkleidung von der priester=
lichen Würde.. Huß mußte zuerst auf dem Gerüste sich vollständig
als Meßpriester anziehen. In den priesterlichen Ornat gekleidet,
ward er nochmals aufgefordert, seine Irrlehren zu widerrufen.
Da sprach er mit Thränen zu dem umstehenden Volk gerichtet:
„Sehet diese Bischöfe verlangen von mir, daß ich widerrufen und
abschwören soll; aber ich fürchte das zu thun, auf daß ich nicht
lüge vor den Augen meines Gottes und auch damit ich nicht
gegen mein Gewissen und die Wahrheit Gottes verstoße.“ Huß
muß nun herunter steigen und wird des priesterlichen Schmuckes
Stück für Stück entkleidet. Die Bischöfe sagen dabei die für
solche Handlungen bestimmten furchtbaren Verwünschungs=
formeln. Zuerst nahm ihm ein Bischof den Kelch aus seiner
Hand mit den Worten: „Verdammter Judas, der du den
Rath des Friedens verlassen und eins mit den Juden geworden
bist, siehe, wir nehmen von dir diesen Kelch des Heils!“ „Aber
ich, entgegnete Huß, vertraue auf den Herrn, den Allmächtigen,
für dessen Namen ich diese Lästerung und Schmach geduldig
trage, daß er den Kelch seines Heiles nicht von mir nehme,
und ich habe die feste Hoffnung, daß ich ihn noch heute in
seinem Reiche trinken werde.“ So oft bei dem Ausziehen der
einzelnen Stücke eine neue Verwünschung gesagt wurde, so oft
bezeugte Huß seinen freudigen Muth, für Christum zu leiden
und seine Hoffnung auf den Herrn. Zuletzt brachten sie eine
ellenhohe, pyramidenförmige Papiermütze, worauf drei Teufel
abgebildet waren, welche an einer Sünderseele zerrten, mit der
Inschrift: „Erzketzer“. Als Huß sie sah,. sprach er: „Mein
Herr Christus hat um meinetwillen eine viel härtere und
schwerere Dornenkrone getragen, warum sollte ich nicht diese viel
leichtere obwohl lästerliche für seinen Namen und seine Wahr=
heit tragen!“ Sie setzten ihm die Mütze auf mit den Worten:
„Nun übergeben wir deine Seele dem Teufel!“ „Ich aber,
entgegnete Huß, indem er seine Augen zum Himmel wandte,
befehle sie in die Hände meines barmherzigsten Jesus Christus.“
Nunmehr wurde Huß der bürgerlichen Gewalt übergeben als

einer, der als Ketzer verbrannt werden sollte, und auf die Verurtheilung folgte unmittelbar die Vollziehung des Urtheils.

Erst mußte der Verurtheilte auf dem bischöflichen Hof die befohlene Verbrennung seiner Bücher mit ansehen, wobei er nur lächelte, dann ging es nach dem Richtplatz. Zahlloses Volk geleitete ihn, er war von mehr als tausend Bewaffneten umgeben. Auf dem ganzen Gange betete Huß. Man hörte die Worte: „Jesu Christe, Sohn des lebendigen Gottes, erbarme dich meiner." Angelangt auf dem Richtplatz vor dem für ihn bereiteten Scheiterhaufen, fiel er zu dreien Malen auf die Knice und betete, die Augen gen Himmel gerichtet, einige Psalmen, besonders den einundfünfzigsten und einunddreißigsten, und laut und mit verklärtem Antlitz die Worte: „Vater in deine Hände befehle ich meinen Geist." Als er auf Befehl des Nachrichters vom Gebet aufstehen mußte, sprach er: „Herr Jesu Christe, diesen grausamen und schmachvollen Tod um deines heiligen Evangeliums und um der Predigt deines Wortes willen will ich gerne und geduldig ertragen. Du aber verzeihe meinen Feinden!" Das umstehende Volk selbst wurde von der Art, wie es ihn zum Tode gehen sah, ergriffen. Huß dankte noch seinen Gefängnißwärtern für alle Freundlichkeit und sprach: „ich danke euch, meine geliebtesten Brüder, für alle Wohlthaten, die ihr mir erwiesen habt. Denn ihr waret mir theure Brüder, nicht Wächter. Wisset, daß ich fest an meinen Heiland glaube, in dessen Namen ich diese Todesart ertragen will, getrost, daß ich noch heute mit' ihm herrschen werde." Nun befahl der Pfalzgraf vom Rhein, der die Ausführung des Urtheils leitete, ihn sofort an den Pfahl zu binden. Da nahm ihn der Nachrichter und band ihn in seinen Kleidern mit nassen Stricken an ein hohes aufrecht stehendes Brett. Am Hals ward er noch mit einer großen. rostigen Kette angekettet, und darauf der Körper mit Holzbündeln und Stroh bis an den Hals umlegt. Ehe aber der Scheiterhaufen angezündet wurde, eilte der Reichsmarschall von Pappenheim herzu und forderte im Beisein des Pfalzgrafen nochmals den treuen Zeugen auf, zur Rettung seines Lebens seine Lehren zu widerrufen. Aber dieser rief, die Augen gen Himmel gerichtet, mit lauter Stimme: „Welche Irrthümer soll ich widerrufen, da ich mir keiner Irrlehre bewußt bin! Das vornehmste Ziel in meiner Predigt und meinen Schriften war, daß ich die Menschen von den Sünden abbrächte; und in dieser Wahrheit des Evangeliums will ich heute fröhlich sterben!" Da schlugen beide Herren die Hände zusammen und ritten davon. Der Nachrichter aber zündete den Holzstoß an. Das Feuer brannte, da sang Huß in der Mitte desselben mit heller Stimme: „Jesus Christus, Sohn des lebendigen Gottes, erbarme dich meiner!" Als er es zum dritten Male rief, trieb ein Windstoß ihm Flamme und Rauch in's Gesicht, daß er verstummte. Doch sah man ihn einige Zeit noch seine Lippen bewegen und mit dem Haupte sich neigen. Als alles zu Asche verbrannt war, wurde die Asche ringsum sorgfältig gesammelt, selbst die Erde einige Schuh tief auf dem Richtplatz ausgegraben, auf einen Karren gebracht und in den vorüberfließenden Rhein geworfen, damit auch nicht ein Stäublein von ihm auf Erden übrig bliebe.

Johann Huß war ein tiefes zartes Gemüth, er war eine redliche Seele, welche die Wahrheit mit ganzem Ernste suchte. Er fand sie in Jesu Christo, dem lebendigen Sohn Gottes, seinem Heilande, und in seinem Wort. Und als er die Wahrheit, als er Christum gefunden, entbrannte er zu dem Gefundenen in heiliger Liebe, der war seiner Seele und seines ganzen Lebens Herr. Er diente ihm mit großer, fast peinlicher Gewissenstreue, einem reinen und ehrbaren Wandel, mit Gebet, Nachtwachen, Fasten, Nüchternheit und Mäßigkeit in Nahrung und Kleidung, mit vollkommener Uneigennützigkeit. Dabei aber war Huß mild und geduldig mit allen Menschen, versöhnlich auch gegen seine bittersten Feinde. Seinen Herrn Christum bekannte er bis in den Tod. Er hat aber niemals vertraut auf seine eigne Frömmigkeit und seine guten Werke; sondern sein letztes Wort aus Rauch und Flammen rief um Erbarmung.

Mit Recht hat der Künstler auf unsrem Denkmal Huß dargestellt mit feinem, edlem Antlitz, als ein Bild der tiefsten innigsten Liebe und Hingabe an Christum. Sein mit dem Barett bedecktes Haupt auf die Brust geneigt, mit dem Auge des Märtyrers schaut er in inbrünstigem Gebet auf das vor ihm liegende mit beiden Händen umfaßte Krucifix.

Hieronymus Savonarola.

Der vierte und letzte unter den Vorläufern der Refor=
mation, welche auf unserem Denkmal abgebildet sind, ist wieder
ein Mann romanischer Abstammung, der ernste strenge Mönch
Hieronymus Savonarola. In ihm ist nun freilich nicht
derselbe klare evangelisch=freie Geist, wie in einem Wykliffe,
Huß oder gar einem Luther; trotz dem aber kann seine Statue
auf dem Lutherdenkmal ihren Platz finden. Davon kann uns
das flüchtige Bild, das wir nun von seinem Leben und Wesen
entwerfen wollen, sattsam überzeugen.

Hieronymus wurde am 21. September 1452 in der italie=
nischen Stadt Ferrara geboren. Seine Eltern, die zu der un=
bemittelten Klasse gehörten, wollten, daß ihr Sohn ein Arzt
würde, und der Großvater, der selbst ein berühmter Arzt war,
leitete anfänglich seine Erziehung. Bei dem Herrn aber war
es anders beschlossen, der wollte den Knaben zu einem Arbeiter
in und an seinem Reich. Um ihn dazu zu bereiten, erfaßte
und lenkte er schon frühe sein jugendliches Herz. Hieronymus
war ernsten Sinnes, sein Wandel streng sittlich, sein ganzes
Auftreten schon frühe mit einer gewissen Würde angethan, sein
Gemüth war besonders erfüllt mit einem redlichen und starken
Verlangen nach der Wahrheit. Was ist Wahrheit? fragte er;
aber nicht in dem Sinne des leichtfertigen Pontius Pilatus;
sondern in dem Sinne einer aufrichtig suchenden Seele. „Dem
Wahren, versichert er selbst, habe ich immer aus allen Kräften

nachgestrebt, daß ich dafür selbst das Leben lassen könnte; und als ich noch ein Knabe war, hatte ich schon solche Gedanken." Die Zeit, in welcher Hieronymus aufwuchs, war eine gar böse und traurige, übel stand es in den Staaten Italiens; denn da herrschte Parteigetriebe, Kriegesgräuel, die wildesten Ausschweifungen; noch übler aber stand es um die Kirche, diese war, wie Savonarola selbst spricht, „auf die Hefe gekommen, Rom's Gestank war bis zum Himmel gestiegen." In dieser bösen Zeit wird es dem ernsten, nach Wahrheit ringenden Geiste Savonarola's, schon in der sonst oft leichtsinnig gestimmten jugendlichen Zeit, angst und bange, seine Seele sehnte sich nach Freiheit, Frieden und Ruhe, er schafft selig zu werden mit Furcht und Zittern. Da erfaßte ihn, wie unsern Luther, der Gedanke, die Welt zu verlassen und in die stillen Mauern des Klosters sich zu flüchten. Der Gedanke reift zur That, und als in seiner Vaterstadt Ferrara ein rauschendes Fest zu Ehren eines Märtyrers gefeiert wurde, verließ er unter dem Tumult dieses Festes heimlich und unbemerkt das elterliche Haus, wanderte nach Bologna und klopfte, Einlaß begehrend, an die Pforte des dortigen Dominikanerklosters an. Nach drei Tagen schon ist er Novize des Klosters und trägt das Klostergewand, hat aber wegen seiner heimlichen Entfernung aus dem Elternhaus als ein guter Sohn nicht eher Ruhe, als bis er an seinen Vater einen gar aufrichtigen und schönen Brief geschrieben, in welchem er auseinandersetzt, was ihn in's Kloster getrieben und ich des Vaters Segen erbittet.

Savonarola fand es im Kloster anders, als er sich vorgestellt. Er dachte, hier ein rechtes Gebetsleben und heiliges Studium zu finden, dafür aber sah er die Mönche elende Narretheidinge treiben und sich mehr um die Weisheit der alten eidnischen Philosophen als um das Wort des lebendigen Gottes kümmern. Bruder Hieronymus hielt es anders, er vertiefte sich mit heiligem Ernst und Gebet in das Studium der Schrift, in ihr fand er was er suchte: Wahrheit, Licht, Liebe und Trost. Ihre Lektüre ward ihm so süß, daß er sie am Ende beinahe ganz auswendig wußte. Sie trieb ihn hin zu dem alleinigen Seligmacher und Mittler, Jesu Christo, und der wurde nun der Grund, auf dem er sich mit seinem ganzen Wesen gründete. Jesus und sein Wort wurde eine Macht über ihm und in ihm, ähnlich wie bei Petrus Waldus, Wykliffe und Huß.

Seine Hauptwirksamkeit entfaltete Savonarola in der großen herrlichen Stadt Florenz. Hier finden wir ihn als Prior, d. h. Vorsteher des Dominikanerklosters San Marko. Was für Prag durch Hussen's Thätigkeit die Bethlehemskapelle war, das wurde für Florenz durch Savonarola's Thätigkeit San Marko. Florenz, eine Stadt von 450,000 Einwohnern, war erfüllt von Reichthum, Pracht und Schmuck; aber die in ihr herrschende Gesinnung war durch und durch weltlich, fleischlich und lüstern. Ueber die im Innern herrschende sittliche Fäulniß war jedoch die Maske äußerlicher Kirchlichkeit gezogen. An der Spitze des Staates und der Stadt, in fürstlichem Ansehen, stand die Familie der Medici, und damals war am Ruder Lorenzo, der Erlauchte genannt. Der war ein Mann von bedeutenden Gaben; aber angesteckt von dem Geiste seiner Zeit und seiner Stadt, weltlich und üppig. Savonarola stellte sich fern zu ihm, wiewohl Lorenzo merken ließ, daß er wünsche, mit ihm in Verbindung zu treten. Er wies auch die seinen Bestechungsversuche, durch welche Lorenzo seine Gunst zu erwerben versuchte, mit Entschiedenheit zurück. Wie aber Lorenzo auf dem Sterbebette liegt, da erscheint der Prior vor ihm, gibt ihm Ermahnungen, die ihm zu einem seligen Sterben helfen sollen, und da Lorenzo alles mit Demuth hinnimmt, empfängt er noch vor dem Tode Savonarola's Segen.

Groß und gewaltig ist Savonarola auf der Kanzel als Prediger. Wenn er auch freilich nicht offenbar mit den Irrlehren der römischen Kirche brach, so verkündigt seine Predigt dennoch im Ganzen das biblische Christenthum und zwar mit mächtiger Gewalt und in Beweisung des Geistes und der Kraft. Die Bibel ist ihm die oberste Regel für Glauben und Leben, auf Grund der Bibel weist er das Christenvolk vor allen Dingen zu Christo, nicht zu den Heiligen, nicht zur Jungfrau Maria, er stellt den Herrn dar als den besten, als den alleinigen Helfer, zeigt, wie derselbe hilft nicht um der Werke willen, sondern aus lauter Gnaden, wie er Wohlge= fallen hat an einem Gewissen, „welches auf sein Erbarmen und sein Blut vertraut.". — Insbesondere faßte Savonarola in seinen Predigten das sittliche Leben ins Auge. Da ist ein Feuereifer, wie der des Elias, gegen alles weltliche und heid= nische Wesen im Haus, in der Gesellschaft, in Staat und Kirche. Das Verderben der Kirche und der Geistlichkeit ist ihm ein Dorn im Auge. „Die erste Christenkirche, so eifert er, war aus lebendigen Steinen aufgebaut, woran Jesus Christus selbst Grund= und Eckstein war, damals war der Himmel auf Erden; aber jetzt — wie hat sich alles verändert, der Teufel hat durch die gottlosen Priester und Prälaten diesen Tempel Gottes zu Grunde gerichtet. Die Kirche ist bis in ihre tiefsten Gründe erschüttert, der Propheten wird nicht mehr gedacht, die Apostel achtet man nicht, die Säulen der Kirche liegen·zertrümmert am Boden, weil die Fundamente zerstört sind — mit andern Worten, weil man die heiligen Evangelisten verworfen hat. Die Lehrer, die das lautere Evangelium dem Volke verkündigen sollten, findet man nicht mehr, die Kirche, einst so hoch geehrt, ist von gottlosen Prälaten und Geistlichen in eine Weltkirche verwandelt, — das ist die Kirche unsrer Tage, sie ist nicht aus lebendigen Steinen auferbaut, in ihr finden·sich keine Christen, gewurzelt in jenem lebendigen Glauben, der in der Liebe thätig ist. An äußerlichen Ceremonien fehlt es nicht, die gottesdienstlichen Gebräuche werden in ihr gefeiert durch glänzende Gewänder, reiche Draperien, goldene Kandelaber und edelsteinbesetzte Abendmahlskelche; da könnt ihr die hohe Geistlichkeit vor den Altären sehen, angethan in´ prunkenden, mit Juwelen besetzten und von Gold strotzenden Gewändern, prächtige Messen singend und von so schönem Gesang, so herrlicher Musik begleitet, daß ihr euch ·verwundern müßt! Mit solchen Träbern will man heutzutage die Kirche Christi weiden! In der ursprünglichen Christengemeinde waren die Abendmahlskelche von Holz, die Bischöfe von Gold, jetzt sind die Prälaten von Holz und die Kelche von Gold. Stehe auf, o Herr, und erlöse deine Kirche aus der Gewalt der Teufel und Tyrannen, aus den Händen der ruchlosen Prälaten! Hast du deine Kirche vergessen? Hast du dein Ohr verschlossen? Noch immer ist die Kirche deine Braut! Komm', o Herr, und erlöse sie! Komm' und strafe diese gottlosen Menschen, mache sie zu Schanden und wirf sie in den Staub!"

Predigten, wie die Savonarola's, insbesondere seine ein=fache, volksthümliche, biblische Predigt des wahren Christenthums, waren in der damaligen Zeit etwas Unerhörtes. Daher fanden sie auch eine an's Wunderbare gränzende Aufnahme. Die Zahl seiner Zuhörer wird durchschnittlich auf dreitausend angegeben. Die Landleute kamen von den Bergen herab, sie wanderten die ganze Nacht durch, um frühmorgens, sobald die Kirchenthüren geöffnet wurden, Einlaß und Raum zu finden. Und die Zu=hörer blieben beim Anhören der Predigt nicht kalt und stumpf; die Worte Savonarola's drangen vielmehr wie scharfe Pfeile in die Herzen derselben, und oft glichen sie einem Blitzstrahl, der alsbald zündet, wo er hinfällt. Eiferte der Prediger gegen Luxus, gegen ungeziemende Kleidung, gegen unrechtmäßig er=worbene Reichthümer, gegen ausschweifende Lustbarkeiten, so ward sein Eifer oft die Ursache, daß alsbald der Luxus auf=hörte, die ungeziemende Kleidung abgelegt, große Summen zurückerstattet wurden und die Ausschweifungen unterblieben.

Aber Savonarola ist nicht blos Prediger, er ist auch Prophet. Das will sagen, er hatte eine seltene prophetische Begabung. Er erinnert uns in seinem Auftreten oft unwill=kürlich an die Propheten der Bibel, an einen Elias, einen Jesaias, einen Johannes in seiner Offenbarung. Umweht uns nicht Luft aus der Offenbarung St. Johannis, wenn er uns eine Vision, ein Gesichte erzählt, wie dieses: „Ich sah zwei Kreuze in der Nacht auf den heiligen Freitag, das eine schwarz, mitten in Rom aufgepflanzt, mit seinem Scheitel bis in den Himmel reichend und die Arme über die ganze Welt ausgestreckt, und standen auf ihm die Worte: das Kreuz des Zornes Gottes. Kaum aber hatte ich es erblickt, so sah ich den Himmel plötzlich sich verfinstern, alles voll Wind, Blitze, Pfeile, Hagel, Feuer und Schwerter und eine unzählige Menge Menschen zu Grunde gehen, so daß nur wenige Ueberreste übrig blieben. Darauf sah ich den Himmel wieder rein und klar werden und ein goldenes Kreuz mitten in Jerusalem, so hoch wie das vorige und ebenso glänzend, daß es die ganze Erde erleuchtete und mit Blumen und Freude erfüllte, und darauf stand: das Kreuz der Barmherzigkeit Gottes. Und bald darauf strömten alle Nationen der Erde beiderlei Geschlechtes von allen Seiten herzu, es zu umfassen und anzubeten." Savonarola besaß unstreitig die Gabe der Ahnung künftiger Dinge in seltenem Maaße, aber darin täuschte er sich selbst, daß er alles, was er von der Zukunft dachte und verkündigte, als eine ganz sichere göttliche Offenbarung darstellte und als eine solche angenommen wissen wollte. Solche sichere göttliche Offenbarungen sind nur die Worte der Propheten in der Schrift. Seine Selbsttäuschung ward für ihn verhängnißvoll, sie trug zu seinem Sturze nicht wenig bei.

„Das Schwert des Herrn über die Erde bald und schnell".— dies Wort kehrte immer wieder in seiner Predigt, dies Wort schien auch bald sich erfüllen zu wollen. Karl VIII., König von Frankreich, kam über die Alpen nach Italien, den leer gewordenen Thron Neapels einzunehmen. Sein Weg führte ihn durch Toskana und das Gebiet von Florenz. Pietro von Medici, der an der Spitze des Staates stand, zeigt zuerst eine feindliche Miene, wird aber bald verzagt und schließt mit dem König einen für ihn und seinen Staat ungünstigen und schimpflichen Vertrag. Die Folge davon ist, daß die Florentiner sich erheben und Pietro mitsammt seiner Familie aus der Stadt verjagen, und daß das Regiment der Medici fällt. Es wird nun eine Gesandtschaft zu Karl geschickt, die denselben günstiger stimmen soll, das bedeutendste Glied derselben ist Savonarola. Er tritt mit einer längeren Anrede vor den König, bezeichnet ihn als den Vollstrecker der göttlichen Gerechtigkeit, ermahnt ihn aber zur Milde und Barmherzigkeit, und durch seine ferneren Bemühungen bringt der Prior es dahin, daß Karl einen günstigeren Vertrag abschließt und den florentinischen Staat sich selbst überläßt. Nun ist große Gefahr vorhanden. Was soll aus dem regimentslosen Staate werden? Savonarola ergreift die Zügel, nicht um selbst zu herrschen, aber um einen Staat, wie er ihn für den rechten hält, einen Staat nach dem Muster Israels im Alten Testament, um einen Gottesstaat zu bilden. Er beruft eine Versammlung in den Dom und begründet die neue Verfassung. Der Staat soll von nun an ein Gottesstaat sein, nicht ein einzelnes sichtbares Haupt soll an seiner Spitze stehen, sondern Gott der Herr. Aeußerlich betrachtet, soll eine Volksherrschaft eingesetzt werden mit einem vom Volk erwählten Rath an der Spitze. Aber darüber soll sich wie eine Kuppel wölben das Königthum des unsichtbaren Königs Jesu Christi. Ueber dem Krucifix in der Kirche wurde die Worte gemalt: „Jesus Christus, König der Stadt Florenz", — und „es lebe Jesus Christus, unser König" wurde die Losung. Die Stellung Savonarola's in diesem neuen Staate war die eines Rathgebers und Wächters. Er war nicht der Herrscher des Staates, aber die Seele der Regierung. Er ermahnte die Obrigkeit zum Erlassen strenger Sittengesetze und zur gewissenhaften Handhabung derselben, forderte sie auf, gegen alle Arten von Unzucht und Wolluft, gegen das öffentliche Spielen, gegen Gotteslästerung, Tanz, Wirthshausleben, Sonntagsentheiligung und dergleichen auf's entschiedenste zu Felde zu ziehen, und großartig sind die Erfolge, die er erzielte. In Florenz geschah eine große Umwandlung, es war eine andere Stadt geworden, in manchem Sinne eine Oase mitten in dem in Sünde und Welt versunkenen Italien.

In Folge seines ganzen Auftretens und Wirkens hatte sich Savonarola aber in einen bedenklichen Kampf eingelassen. Bei einem solchen Auftreten und Wirken, bei einer solchen Predigt namentlich konnte die Feindschaft nicht ausbleiben. Diese regte sich denn auch bald von allen Seiten her. Die vertriebenen Medici, die angegriffene und aufgerüttelte Geistlichkeit, die Mönche, insbesondere die dem Dominikanerorden feindlich gegenüberstehenden Franziskaner, die leichtfertigen Weltmenschen in Florenz, der Papst in Rom — sie alle grollten dem Prior in San Marko. Wie sehr es in Florenz selbst gährte und wie mächtig die Feindschaft hier war, beweist ein Vorfall am Himmelfahrtsfest 1497. Fünfzig leichtfertige Weltmenschen hatten sich zu einem Komplott verbunden, und spät abends vor dem Feste gingen sie in die Domkirche, breiteten die stinkende Haut eines vor zwei Tagen gefallenen Esels auf der Vorderseite der Kanzel aus, legten das Aas unter und bestrichen mit den stinkenden Eingeweiden die Füße des Kruzifixes, welches Savonarola zuweilen mit den Händen berührte, schlugen in das Kanzelbrett Stifte, die Spitzen aufwärts, damit er sich die Hände wund schlage und rissen auch die Aufschrift: „Jesus Christus, König von Florenz" ab. Der Schmutz auf der Kanzel wurde jedoch zeitig entdeckt und entfernt. Savonarola war von dem Vorfall schon vor der Entdeckung in Kenntniß gesetzt und gewarnt worden, zu predigen. Nichtsdestoweniger bestieg er die Kanzel und wandte in der Predigt sich geradezu mit scharfen und doch liebreichen Worten an die Gegner. Da wurde er durch einen Tumult unterbrochen, die Feinde wollten sogar Hand an ihn legen, und nur durch den Schutz der Gutgesinnten, die ihn nach Hause geleiteten, entging Savonarola der Gefahr.

Der gefährlichste Feind war aber der Papst Alexander VI.; der war, ähnlich wie Johann XXIII., der Verfolger Hussens, einer der abscheulichsten, die jemals auf dem Stuhl Petri gesessen. Ehrsucht, Geldgeiz, Treulosigkeit, Ehebruch beschwerten sein Gewissen. Er war von Savonarola an den Pranger gestellt worden und wurde nun von tödtlichem Hasse gegen ihn erfüllt, so daß er ausrief: „Sterben muß er, und wenn er Johannes der Täufer wäre!" Savonarola täuscht sich nicht über die Gefährlichkeit dieses Feindes, er sieht es voraus, daß er sein Leben lassen muß, aber er fürchtet den Tod nicht. „Nur das gib mir, Herr, so betet er, daß ich immer an den Tod denke mit der festen Hoffnung, dich zu erwarten; wenn du mir gibst diese Gewißheit deiner Güte und der Herrlichkeit, die deinen Erwählten bereit ist, so habe ich nicht blos keine Furcht vor den Gefahren dieser Welt, sondern bin freudig inmitten aller Trübsale. Ich habe keine Furcht, hier ist der, der die Kette der Hunde und Löwen in der Hand hat; sie können nichts thun, als soweit er will."

Der Kampf bricht los. Von Rom aus wird der Bannfluch auf das Haupt Savonarolas geschleudert und öffentlich in den vier Hauptkirchen der Stadt unter dem Geläute der Todtenglocke ver= lesen, die Stadt Florenz wird mit dem Interdikt bedroht. Vorerst aber weicht Savonarola nicht; sondern predigt sogar weiter. „Kein Mensch ist über dem andern, sagt er auf der Kanzel, als soweit er ein Instrument Gottes ist; und darum wenn er nicht geführt wird von der Hand des oberen Meisters, thut er nichts gutes und er ist wie die Säge, die von sich operiren will, und die man in solchem Falle unter das alte Eisen thun muß. Von Gott aber ist kein Werkzeug geführt, das das gute Leben hindert und untergräbt." Die Umstände werden jedoch der Art, daß Savonarola das Predigen lassen muß. Auch die Obrigkeit wünscht es, da verläßt er die Kanzel und sein Mund verstummt. In seinen letzten Predigten spricht er noch Worte wie die: „Laßt nur mich antworten, mein Wort soll in ihre Ohren tönen, daß sie mich wohl verstehen werden. Es ist Zeit, den Schrank zu öffnen; wir wollen den Schlüssel drehen; es wird soviel Gestank und Schmutz aus der Stadt Rom aus= gehen, daß er sich über die ganze Christenheit verbreiten und jeder davon verstänkt werden wird. Können wir nicht mehr predigen, so wollen wir das Wort durchs Gebet ersetzen. Herr, ich befehle dir die Guten, schaue nicht auf ihre Nach= lässigkeit, denn die menschliche Schwachheit ist groß. Thue, Herr, Gutes denen, die aufrichtigen Herzens sind. Ich befehle dir auch die Seelen unserer Widersacher, erleuchte sie, Herr, daß sie nicht zur Hölle fahren. Ich befehle dir dies ganze Volk, gib ihm, Herr, deinen Segen!"

Ein unerwartetes Ereigniß beschleunigte die grauenvolle Entscheidung des ganzen Handels. Franzesko, ein Franziskaner, bietet dem Dominikanerprior die Feuerprobe an, er will mit ihm durch die Flammen eines Scheiterhaufens gehen, wer durch ein Wunder Gottes bewahrt wird, soll als der Schütz= ling Gottes erscheinen und als der, der die gute Sache ver= trete. Dominiko, ein feuriger Jünger Savonarola's, hebt den Handschuh auf, er will für seinen Meister durch's Feuer gehn. Savonarola hat keine Freudigkeit zu dem Gottesurtheil der Feuerprobe, denn er denkt mit Recht, ein Gottesurtheil darf nur von Gott ausgehn, darf nicht von Menschen gemacht sein, sonst ist es eine Versuchung Gottes. Aber die Sache war schon weit gediehen, das Volk hatte den Gedanken an die Feuer= probe mit Eifer erfaßt, der Rath willigte darein, ja er über= nahm die Leitung der Angelegenheit, so weicht denn Savonarola und läßt Dominiko seinen Weg gehn. Der erwartete Tag kommt, eine unzählige Menge Volkes hat sich in der größten Spannung auf dem Platz, der zur Feuerprobe ausersehen war, versammelt, die zwei Parteien kommen an, und der furchtbare Gang durch die Flammen soll geschehen. Da schreien die Franziskaner, Dominiko dürfe nicht im priesterlichen Gewand, mit dem er sich geschmückt hatte, den Flammen nahen. Als er nachgegeben, verwehren sie ihm ferner, mit dem Krucifix, das er in der Hand hielt, in's Feuer zu gehn. Auch jetzt weicht Dominiko, aber er will dafür die Hostie mit sich nehmen. Die Feinde erheben ein lautes Geschrei, aber Dominiko und Savonarola beharren diesmal auf ihrem Willen. Ueber die Verhandlungen hin und her verstreicht die Zeit, es wird Abend, dazu kommt ein starker Regen, und der Rath entläßt die streiten= den Parteien. Nun war die Wuth gegen Savonarola groß, er hatte die Kosten des verfehlten Schauspiels zu tragen, mit

Mühe entging er Mißhandlungen, unter lauten Drohungen erreichte er sein Kloster.

Der andere Tag war der Palmsonntag. Am Abend des=selben kam der Sturm zum Ausbruch. Wüthende Massen eilen unter dem Ruf: „nach San Marko, zu den Waffen!" nach dem Kloster. Dort entsteht ein Kampf auf Leben und Tod. Sa=vonarola hat sich in das Chor der Kirche begeben, betet und singt und bietet sich seinem Gott als Opfer dar. Der Kampf nimmt zu, es gibt Todte und Verwundete, da sendet der Rath der Stadt Abgeordnete und verlangt die Auslieferung Savona=rola's. Da nimmt er Abschied von den Seinen, betet und geht. Es ist ein Gang in schmerzliches Leiden und zu bitterem Tod.

Es dauerte nicht lange, so begann die Untersuchung, welche von einer dazu verordneten Kommission geführt wurde. Man wollte bei dieser Untersuchung als Ergebniß erreichen, daß Savonarola als ein Verführer und falscher Prophet erscheine; man wollte sogar ein Geständniß dieses Inhaltes von dem Manne selbst erlangen. Dazu wurden nun die scheußlichsten Folterqualen angewendet, und Savonarola, der nach seiner feinen körperlichen Konstitution die Schmerzen der Folter nicht aushalten konnte, gestand wirklich, was seine Feinde hören wollten, und was er doch nicht gestehen konnte. War die Folter vorüber, so widerrief er seine Geständnisse, was dann freilich keine andere Folge hatte, als die, daß er neuer Qual ausgesetzt wurde. Nachdem päpstliche Abgesandte von Rom gekommen waren, welche die Untersuchung zum Schein und in großer Eile prüften, wurde über Savonarola und zwei mit ihm eingezogene Mönche, deren einer der treue Dominiko war, das Todesurtheil gesprochen. Sie sollten zuerst gehenkt und dann verbrannt werden.

Der einst so gefeierte Mann ist nun gänzlich verlassen; aber nur von den Menschen, nicht von seinem Gott. Zu dem flüchtet er sich auch, legt sich vor ihn als einen armen sündigen Menschen, ruft sein Erbarmen an und wird ruhig und stille in der Gnade seines Erlösers. Er hat in seinem Gefängniß den einunddreißigsten und einundfünfzigsten Psalm ausgelegt, merk= würdiger Weise dieselben Psalmen, welche Huß im Angesicht des Scheiterhaufens betete, und diese Psalmenauslegung, welche Luthern so wohl gefallen hat, läßt uns einen Blick in sein Herz thun und erkennen, wie sehr in demselben eine ächt evangelische Gesinnung wohnte. „Ich Unglücklicher, heißt es da, von aller Hülfe Verlassener, der ich Himmel und Erde beleidigte! Wo soll ich hingehen, wohin mich wenden? Zu wem mich flüchten? Zu dir, treuer Gott, wende ich mich in meiner Trauer und meinem Kummer, denn du bist allein meine Hoffnung. Du bist die Barmherzigkeit selbst, was aber bin ich als Elend selbst! Der Abgrund meines Elendes ruft dem Ab= grund deiner Barmherzigkeit, und größer ist dieser als jener, ach möge dieser jenen verschlingen! Rechtfertige mich, Herr, durch deine Gnade; denn aus eignen Verdiensten und Werken wird keiner gerecht. Ich bin elend geworden und gekrümmt ganz und gar. Stärke mich, Herr, mit deinem freudigen Geist, daß ich mich durch keine Schrecken und Qualen von Christo scheiden lasse."

Am 23. Mai sollen die Verurtheilten sterben. Am Abend vorher wird ihnen noch eine gemeinschaftliche Unterredung ge= stattet, nach welcher der Meister seine beiden Jünger segnet. Am Morgen des Todestages nimmt Savonarola mit den beiden das heilige Abendmahl und bittet den Herrn inbrünstig um Vergebung aller Sünden, auch der von ihm selbst nicht ge= merkten. Nun werden die Verurtheilten zum Richtplatz geführt, ihr Urtheil wird nochmals öffentlich verlesen und dann werden sie dem Henker übergeben. Man hatte auf einem Gerüste einen großen Galgen aufgerichtet und unter denselben Brennmaterialien aufgehäuft. Zuerst gehen die beiden Mönche in den Tod, als= dann besteigt Savonarola selbst mit gesenktem Blick, das apostolische Glaubensbekenntniß betend, das Schaffot und läßt seinen letzten Blick noch über die große Menge seines undank= baren Volkes, welches in Schaaren versammelt ist, hingehen.

Das Todesurtheil wird vollzogen, das Feuer angezündet, und die Leiber verbrennen. Noch sah man, während der Arm Savonarola's brannte, einige Zeit die rechte Hand mit zwei Fingern erhoben, gleichsam als wollte der Märtyrer das Volk noch segnen. Die Asche der Verbrannten wurde auf Karren fortgeführt und in den Arno geworfen. Der hat sie mit seinen Wellen fortgespült. Savonarola starb am 23. Mai 1498, Mittwoch vor Himmelfahrt, 45 Jahre alt.

Dieser herrliche Mann verdient unstreitig seinen Platz unter den Vorreformatoren, auch seinen Platz auf dem Lutherdenkmal. Er ist zwar nicht frei von römischer Befangenheit, auch nicht von Schwärmerei und einiger sittlicher Engherzigkeit; aber seine Erscheinung hat offenbar einen evangelischen Schmelz. Er steht überwiegend auf dem Grunde der heiligen Schrift, will gerecht vor Gott und selig werden blos aus Gnaden durch den Glauben, und kämpft mit kühnem Muth und scharfem Schwert gegen das Verderben der Kirche.

Unser Denkmal stellt Savonarola in seiner Hauptthätigkeit, als einen ernsten Strafprediger und einen mit den Gerichten Gottes drohenden Propheten dar. Sein Haupt ist mit der Kapuze bedeckt, aus der das hagere ächt italienische Gesicht hervorschaut, die rechte Hand hebt er warnend in die Höhe, während er die zusammengeballte Linke fest an die Brust drückt.

Martin Luther.

Die Gestalten eines Waldus und Wykliffe, eines Huß und Savonarola sind an unserem Auge vorübergegangen. Diese Männer sind nicht die einzigen, aber doch wohl die bedeutendsten Vorläufer und Herolde der Reformation. Welche große Verschiedenheit ist nun unter diesen Männern, in Beziehung auf ihr Auftreten, ihre Schicksale und ihr ganzes Wesen? Und doch, wie ist in ihnen mächtig ein und derselbe Geist, der Geist der Wahrheit, der heilige Geist? Wie haben sie im Grunde doch alle dasselbe Ziel, für welches sie leben, kämpfen, leiden und zum Theil auch sterben! Sie zeigen allesammt der Kirche, der Braut des Herrn, ihre Untreue, halten ihr vor, wie sie abgefallen ist von ihrem himmlischen Bräutigam und wie sie ihren Weg verderbt hat. Sie offenbaren den Schmutz und das Verderben, welches in die heilige Gnadenanstalt des Herrn eingedrungen ist. Sie strafen insonderheit den Papst und die Priesterschaft der verweltlichten römischen Kirche. Aber diese Herolde und Vorläufer der Reformation wollen nicht blos strafen, sondern auch bessern, nicht blos verwunden, sondern auch heilen, nicht blos niederreißen, sondern auch aufbauen. Sie kämpfen darob, daß die Kirche sich wiederum stelle auf den festen Heilsgrund, auf das ewige Wort Gottes und auf das Verdienst des Heilandes Jesu Christi. Sie kämpfen, bald mehr, bald weniger entschieden, für die Bibel, für biblisches Christenthum, für biblische Lehre und biblisches Leben, sie kämpfen auch, bald mehr, bald weniger entschieden, für den rechtfertigenden, seligmachenden Glauben und verkünden, bald lau, bald leise, das selige Wort von der freien Gnade Gottes in Christo Jesu.

Die Worte und die Thaten, das Leiden und das Blut dieser Männer brachten nun freilich eine wirkliche Reformation, eine Verbesserung der Kirche im Großen und Ganzen noch nicht zu Stande. Die Zeit war noch nicht erfüllt. Aber verloren war alles das nicht. Die Reformation wurde vorbereitet und angebahnt. Die Sehnsucht nach ihr wurde immer stärker, der Schrei nach Erlösung immer lauter. Licht, wahres ewiges Licht, begehrte die Christenheit und den Frieden Gottes und eine Erneuerung der Herzen, des Lebens, der Kirche. Und der Herr erbarmte sich nach seiner großen Treue. Er erweckte das Werkzeug, durch welches er der Noth abhelfen und das Ersehnte geben wollte. Dies Werkzeug ist Martin Luther.

Was die Herolde und Vorläufer der Reformation anbahnten und vorbereiteten, das hat Luther zum Abschluß gebracht. Was jeder unter ihnen im Besonderen leistete zur Verbesserung und Erneuerung der Kirche, das alles finden wir in Luther vereinigt. Was in den Gemüthern der Vorläufer zum Theil noch Dämmerung war, das war in Luthers Gemüth heller, klarer Tag. Was die ganze Kirche erfahren sollte zu ihrer Genesung und ihrem Segen, das hat Luther vor allen Dingen in sich selbst erfahren. Er hat die Reformation in seinem Inneren erlebt, ehe sie in die Kirche drang. Luther ist das Werkzeug Gottes, durch welches die Reformation zu Stand und Wesen gebracht worden ist. Man kann wohl sagen, Luther ist die Reformation in Person. Martin Luther ist darum auch der Mittelpunkt unsres Denkmals, welches ja nicht blos ein Lutherdenkmal, sondern ein Denkmal der ganzen Reformation sein will. Ihn umgeben, wie Kampfesgefährten und Kampfesgehülfen, die anderen Gestalten, auf ihn hin, als ihr Haupt, weisen sie alle.

Zu der Entwerfung eines Bildes von Luther hätten wir uns nun anzuschicken, und es geschieht dies im lebendigen Gefühl der Schwierigkeit dieser Aufgabe. Es soll nun freilich nicht das Leben Luthers erzählt, es soll keine Lebensbeschreibung geliefert werden. Dazu ist der Mann zu bekannt. Es soll die Persönlichkeit Luthers vorgeführt werden nur zu dem Ende, daß man erkenne, wie er der Vater der Reformation ist, wie durch ihn Licht, der Friede Gottes und ein neues Wesen in die Kirche gekommen ist. Licht aber kommt nur aus dem Worte Gottes, Friede und neues Wesen nur aus dem Glauben. So wäre also darzustellen, wie Luther gekämpft hat um das Wort Gottes und um den Glauben. Er ist nach schweren inneren Kämpfen und Nöthen zum seligmachenden Glauben hindurchgedrungen, von dem gefundenen Heile zeugt er dann und will es der Christenheit mittheilen. Er hat festen Boden für seinen Glauben, sein Leben und Sterben im Worte Gottes gefunden, in dieses versenkt er sich dann und will es der Christenheit geben und sie es lehren. Dieses Kämpfen, dieses Suchen, dieses Finden, dieses Zeugen und Wirken soll denn jetzt in Kürze dargestellt werden.

———

Die erste Unruhe in Luthers ernstes Gemüth kam, soviel wir wissen, in Erfurt um's Jahr 1504. Damals war er ein Jüngling von etwa einundzwanzig Jahren. Sein Geburtstag ist bekanntlich der 10. November 1483. In Erfurt studirte er die Weltweisheit und Rechtsgelehrsamkeit, seine Eltern hofften, er werde in weltlichen Aemtern sein Glück machen. In dem Jüngling wurde der heilige Geist mächtig, er strafte ihn um seiner Sünde willen. Luther ward unruhig über sich selbst und seinen Seelenzustand, und es überkam ihn eine Furcht vor dem heiligen Gott. Gott der Herr erschien ihm als ein un= versöhnter, feindlicher, zorniger Gott, als ein strenger Richter und Rächer, der die Sündhaftigkeit, von der Luther ein lebendiges Gefühl hatte, mit der Qual der Höllenstrafen heim= suche, und sein Gewissen wurde mit Schrecken erfüllt. Diese Schrecken wurden noch erhöht durch erschütternde äußere Er= eignisse. Es starb plötzlich, wahrscheinlich durch Todtschlag, sein vertrauter Freund Alexius, und als Luther im Juli 1505 von einem Besuch im väterlichen Hause zu Mansfeld wieder nach Erfurt zurückging, ereilte ihn auf dem Felde in der Nähe von Stotternheim ein furchtbares Gewitter, und ein Blitz schlug neben ihm nieder. In all diesem sah der Geängstete den Gott des Zornes und der Rache, und diesen zu versöhnen, darnach hungerte und dürstete jetzt seine Seele. Nun war ihm aber in seiner dem Lichte des göttlichen Wortes entfremdeten Zeit stets das Mönchsleben als ein sichrer Weg, zum Frieden Gottes zu gelangen, angepriesen worden. Darum ist sein Entschluß nun schnell gefaßt. In der Nacht des 17. Augusts 1505 klopft er an die Pforte des Augustinerklosters zu Erfurt und begehrt Einlaß und wird ein Mönch. Durch sein Mönchthum und mönchisches Leben will jetzt Luther den heiligen Gott versöhnen. Er war deshalb ein gar gewissenhafter, strenger und eifriger Mönch. „Wahr ist es, sagt er von sich selbst, ein frommer Mönch bin ich gewesen und hab so streng meinen Orden gehalten, daß ich's bekennen darf: ist je ein Mönch gen Himmel kommen durch Möncherei, so wollt ich auch hineinkommen sein, denn ich hätte mich, wo es länger gewähret, zu Tode gemartert mit Beten, Fasten, Wachen, Frieren. Dennoch war ich so traurig und betrübt, daß ich gedachte, Gott wäre mir nicht gnädig." Das innere Elend blieb nach wie vor. Die Ruhe und der Friede wollten nicht kommen. Wenn er die Schrift studirte, stieß er auf Stellen, die ihm Grauen erregten, die Worte von der Gnade glaubte er nicht sich aneignen zu dürfen. Sein Herz blutete, er war nahe daran, an Gott zu verzweifeln. „O meine Sünde, Sünde, Sünde", schrieb er an Dr. Staupitz, der sich dann sehr verwunderte, wenn er kam und dem Mönch zur Beichte saß, und dieser keine Thatsünden zu bekennen hatte. Es kamen Augenblicke über Luther, wo die angstolle Schwermuth ihn ganz darnieder warf. Als er sich einst, wie das zuweilen vorkam, ein paar Tage unsichtbar gemacht hatte, erbrachen Freunde seine Zelle und fanden ihn ohnmächtig und ohne Besinnung ausgestreckt.

Der Erste, der dem Angefochtenen in seinem verzweiflungs=
vollen Zustand etwas Trost gab, war ein alter Klosterbruder.
Der wies ihn in väterlichem Zuspruch auf den Glaubensartikel:
Ich glaube eine Vergebung der Sünden und auf die Lehre
St. Pauli Röm. 3, daß der Mensch gerecht werde vor Gott
ohne des Gesetzes Werke allein durch den Glauben. Diese
Lehre hatte er ja freilich schon früher gefunden; allein sie
hatte ihn so nicht erfaßt. Sein Herz war noch nicht bereitet
gewesen. Jetzt aber fiel St. Pauli Wort in sein Gemüth wie
ein gnädiger Regen auf durstiges Land. Er sann hauptsächlich
dem Spruche nach: Der Gerechte lebt seines Glaubens, und
mehr als auf alle Kasteiungen merkte seine Seele nun auf die
beiden Worte Glaube und Vergebung der Sünden. Er
fing an, inne zu werden, daß der heilige Gott auch ein gnädiger
Gott ist, der die irrende Seele erbarmungsvoll wieder an sich
zieht, ein gnädiger Gott, der die Sünde vergibt allen denen,
die mit zerschlagenem Herzen auf seine Gnade in Christo Jesu
trauen. Und „da ward ich froh", spricht er selbst. Eine weitere
Erquickung ward dem Bekümmerten zu Theil durch Dr. Staupitz.
Der ermahnte ihn, recht fleißig in der Bibel zu lesen, sein
Heil allein in Christo zu suchen, wo er es selbst gefunden, und
indem er wohl erkannte, was in diesem Mönche verborgen war,
sprach er tröstend zu ihm: „Du weißt nicht, lieber Martin,
wie nützlich und nöthig dir solche Anfechtung ist; denn solche
schickt dir Gott nicht vergebens, du wirst sehen, daß er dich zu
großen Dingen brauchen wird." Es währte freilich noch etliche
Jahre, bis Luther gänzlich fest gewurzelt war in dem Wort:
allein durch den Glauben. Nur allmählich drang seine Seele
hindurch zum vollen Frieden und zur edlen evangelischen Frei=
heit, nur allmählich fiel von seinem Christenthum das römische
Wesen wie Schlacken ab.

Durch Staupitz kam Luther nach Wittenberg als Lehrer
an der dortigen Universität, doch blieb er fortwährend ein Glied
des Augustinerordens und wohnte im Kloster. In einer sehr
merkwürdigen Stimmung finden wir ihn, als er im Jahr 1510

in Angelegenheiten seines Ordens von Wittenberg aus eine
Reise nach Rom machte. Er hielt noch gewissenhaft auf die
Formen der römischen Frömmigkeit und ließ sich durch die
Leichtfertigkeit der römischen Priester nicht stören. In Rom
kletterte er als ein Büßender auf den Knieen die Pilatusstiege
hinan, welche vom Gerichtshause zu Jerusalem nach Rom ver-
setzt sein sollte, um den hohen Ablaß zu erlangen, welcher an
diese mühevolle Andacht geknüpft war. Aber dabei empfand
er in jedem Augenblick, wie wenig alles dies stimmte mit
dem, was er in Gottes Wort gefunden, und in seinem Innern
rief unaufhörlich eine widersprechende Stimme: „Der Gerechte
lebt seines Glaubens.“ Auf dem Heimwege erkrankte Luther in
Bologna gefährlich. Tiefe Schwermuth lag wieder auf seinem
Herzen. Da kam das Wort: „Der Gerechte lebt seines
Glaubens“ mit neuer, unwiderstehlicher Gewalt an ihn heran,
und dies Wort überwand ihn und erfüllte ihn mit himmlischer
Freude. Er fühlte sich neu geboren, und der Spruch wurde
ihm „die rechte Pforte des Paradieses.“

Im Jahre 1517 sehen wir Luther'n fest gegründet in dem
seligmachenden Glauben, in dem Glauben, welchen der hessen-
darmstädtische Katechismus also ausspricht: Ich werde vor Gott
gerecht und selig durch kein ander Werk, als durch den ganzen
allerheiligsten Gehorsam meines Herrn und Erlösers Jesu Christi
und durch sein allerbitterstes Leiden und Sterben, das halte
ich mit festem Glauben, und darauf steht all meines Herzens
Vertrauen und Zuversicht. Wir haben das Jahr 1517 genannt, denn dies ist das Jahr, von dem an man die Reformation
beginnen läßt, das Jahr, in welchem Luther seine heilige
Glaubensthat gethan hat. In diesem Jahre trat Luther vor
der ganzen Kirche auf mit dem muthigen Zeugniß von dem,
was er gefunden und worin allein für das einzelne Herz und für
die Kirche das Heil gelegen ist. Veranlassung zu diesem Zeugniß
gab bekanntlich der lästerliche Ablaßhandel des Dominikaner-
mönchs Johann Tezel. Was der Ablaß ursprünglich war,
was er aber im Laufe der Zeit und in der Anschauung des

Volkes geworden war, haben wir in der Geschichte Wykliffes
gesehen. Da schon haben wir erkannt, wie verderblich ein
solcher Handel war, wie seelengefährlich. Wirklich glaubte das
Volk, durch Geld Vergebung der Sünden zu erlangen. Luther
erfuhr das Schädliche des Ablaßhandels im Beichtstuhl. Da
kamen ihm Seelen entgegen, die sich seinen ernsten Zuspruch
nicht zu Herzen nehmen wollten, sie stützten sich auf ihre Ablaßbriefe. Nachdem Luther durch Predigt und durch Schrift
gegen den Ablaß geeifert, that er zuletzt noch einen muthigen
und entscheidenden Schritt. Er schlug am 31. Oktober 1517
seine 95 Thesen wider den Ablaß an der Schloßkirche zu
Wittenberg an. In diesen Thesen sehen wir, wie Luther den
Glauben gefunden hat und um den Glauben kämpft. In diesen
Thesen heißt es zum Exempel: „Ein jeder Christ, so wahre
Reu und Leid hat über seine Sünden, der hat völlige Vergebung von Pein und Schuld, die ihm auch ohne Ablaßbriefe
gebührt." „Ein jeder wahrhaftige Christ, er sei lebendig oder
todt, ist theilhaftig aller Güter Christi und der Kirchen, aus
Gottes Geschenk, auch ohne Ablaßbriefe."

Der rechtfertigende, seligmachende Glaube ist
von nun an bis an's Ende das Lebenselement Luthers, das,
was ihn in seinem ganzen Leben und Wirken bestimmte.
Wollten wir das näher beleuchten, so müßten wir eben sein
ganzes Leben und Wirken schildern, was hier nicht unsre Aufgabe sein kann.

Der rechtfertigende, seligmachende Glaube ist
es, der die Reformation, soweit sie von Menschen ausgegangen,
in's Leben gerufen hat, er ist das innerste Leben, der Kern
und Stern, der Schatz und das Heiligthum der evangelischen Kirche.

Wenn Luther im Glauben seinen Frieden findet, im
Glauben lebt, für den Glauben streitet, so hat er seinen Frieden
und sein Leben nicht auf Sand gebaut, sondern auf einen Grund,
der ewig steht, nämlich auf das Wort des lebendigen

Gottes, von dem geschrieben steht: „Himmel und Erde werden vergehen, aber meine Worte werden nicht vergehen. Das Gras verdorret, die Blume verwelket; aber das Wort unseres Gottes bleibet in Ewigkeit." Sehen wir nun, wie Luther dies Wort findet, in dies Wort sich versenkt und wie er dies Wort der Christenheit gibt und sie es lehrt.

Luther war zwanzig Jahre alt und hatte noch keine Bibel gesehen. Er dachte, wie einstmals Waldus, die Sonntags in der Kirche verlesenen Evangelien und Episteln wären die ganze heilige Schrift. Da er aber in Erfurt auf der Bibliothek der Universität die Schätze durchstöberte, that er den köstlichsten Fund, er fand eine lateinische Bibel. Er schlug sie auf, und das erste, was ihm in die Augen fiel, war die Geschichte von der Hanna und Samuel: 1 Sam. 2. Er las, wie Samuel vom Herrn erbeten, dem Herrn übergeben wurde, und wie der Herr den Samuel rief. Da dünkte es ihn, als ob ein Ruf Gottes an ihn erginge. Und er täuschte sich nicht. Bald erging auch von außen her der Ruf an ihn, als ein Prophet das Wort des lebendigen Gottes zu verkündigen. Nachdem er nach Wittenberg gekommen war, wurde er im Oktober 1512 zu einem Doktor der heiligen Schrift ernannt. Da schwur er denn und gelobte „seiner allerliebsten heiligen Schrift, sie sein Leben lang fleißig zu studiren, treulich und lauter zu predigen und zu lehren, so wahr ihm Gott helfe." Wenn je ein Eid gehalten worden ist, so ist es dieser. Dieser Eid hat Luther'n auch gar manchmal getröstet und aufgerichtet — dann nämlich, wenn die Welt und die römische Kirche nicht wollten leiden, daß er mit Gottes Wort die Sünden und die Menschenlehren und Menschensatzungen strafte. Da tröstete und ermuthigte er sich: ich kann nicht anders, denn ich hab's geschworen.

Zu derselben Zeit, als Luther Doktor der heiligen Schrift wurde, berief der Rath in Wittenberg ihn auch zum Prediger an der Hauptkirche. Nun begann er denn, in urkräftiger und volksthümlicher Weise dem Volke das Evangelium zu predigen. Seine Predigten fanden die rechten Hörer und noch heute erbauen sie die Christenheit. Was von unserm Heiland, dem göttlichen Propheten, erzählt wird, nämlich daß er gewaltig predigte und nicht wie die Schriftgelehrten, das kann man auch von Luther sagen. In seinen Predigten findest du das göttliche Wort in seiner Reinheit, Lauterkeit, Herzlichkeit, Einfalt, Kraft, Gewalt und Salbung wieder, in denselben wird offenbar, wie dies Wort ist wie ein Regen, wie ein Feuer, wie ein Hammer und wie ein Schwert. Der Kern seiner Predigt ist aber immerdar das Wort vom seligmachenden Glauben. Nur die freie Gnade Gottes in Christo Jesu hilft, so lehrt er, und sie wird ergriffen durch den Glauben. An Luthers Predigt sehen wir, wie sehr er sein Augenmerk darauf gerichtet hat, daß die Christenheit wieder erführe, was geschrieben steht. Seine Predigten sind in der Regel Auslegungen des Textes, der Text wird Vers vor Vers vorgenommen, erklärt und angewendet. Christliche Erkenntniß ist es vor allem, was Luther wieder in das Volk bringen will.

Dies ist sein Streben auch bei dem gesegneten Werke seiner Bibelübersetzung. Bibelübersetzungen in's Deutsche gab es schon vor Luther, allein sie waren fehlerhaft und darum unzuverlässig, dazu unbeholfen und unlesbar, sie hatten deshalb keinen Eingang im Volke gefunden. Luther arbeitete nun eine neue Uebersetzung aus. Er begann mit der Arbeit auf der Wartburg, hier übersetzte er das neue Testament, und beschloß das Werk in Wittenberg mit Hülfe seiner Freunde. Im Jahre 1534 war es vollendet. Welch' einen Schatz Luther hiermit der Christenheit und im Besonderen unserm deutschen Volke gegeben hat, darüber brauchen wir nicht viel zu reden, darüber haben nun schon die Jahrhunderte entschieden, und alle Stände haben noch heute für dies Werk Luthers eine begeisterte Verehrung. Luther hat durch dies Werk dem deutschen Volke eine Schriftsprache gegeben, und in der Bibelübersetzung liegt das meiste von dem, was man sonst von der sogenannten nationalen Bedeutung Luthers spricht. Dies Verdienst Luthers ist sehr dankenswerth, noch dankenswerther aber ist es, daß er dem deutschen Volke überhaupt eine Bibel und zwar eine ihm geöffnete Bibel gab. Nun konnte jeder schlichte Christ in dem Buche der Offenbarung lesen, nun konnte jeder selbst an die reine, lautere Quelle gehn und das Wasser des Lebens trinken, nun konnte ein neues Leben in die Herzen und in die Kirche kommen, nun wurden auch die falschen und gefährlichen Lehren Rom's vor aller Welt offenbar.

Das Werk der Bibelübersetzung hat unsern Luther aber auch Mühe und Schweiß genug gekostet. Sagt er doch selbst: „Es ist mir wohl oft begegnet, daß wir vierzehn Tage, drei, vier Wochen lang haben ein einziges Wort gesucht und gefragt, haben's dennoch zuweilen nicht funden. Lieber, wie es verdeutscht und bereit ist, kann's ein jeder lesen und meistern, läuft einer jetzt mit den Augen durch drei oder vier Blätter und stößt nicht einmal an, wird aber nicht gewahr, welche Wacken und Klötze dagelegen sind."

Luther wollte die Kenntniß des göttlichen Wortes so recht tief in das Volksleben hineinpflanzen, das Volk in allen seinen Schichten zu einem christlich erleuchteten machen. Wie traurig es aber um die christliche Erkenntniß des Volkes zu seiner Zeit stand, und wie nöthig es war, der Finsterniß mit aller Macht und den Verwahrlosten mit erbarmender Liebe entgegenzutreten, das erfuhr Luther, als er im Jahre 1528 im Auftrag des Kurfürsten Johann des Beständigen mit Melanchthon im Kurfürstenthum Sachsen eine Kirchenvisitation hielt. Welch traurige Zustände er da gefunden, das möge er uns mit seinen eignen Worten sagen: „Hilf, lieber Gott, wie manchen Jammer habe ich gesehen, daß der gemeine Mann doch so gar nichts weiß von der christlichen Lehre, sonderlich auf den Dörfern, und leider viel Pfarrherrn fast ungeschickt und untüchtig sind zu lehren, und sollen doch alle Christen heißen, getauft sein und der heiligen Sakramente genießen, können weder Vater unser, noch den Glauben oder zehn Gebote, leben dahin wie das liebe Vieh und unvernünftigen Säue." Diese Zustände bewogen Luthern, zwei Büchlein zu schreiben, seinen großen

Katechismus als Anweisung für die Lehrer und seinen kleinen Katechismus als ein Büchlein, welches auch den Kindern in die Hand gegeben werden sollte. Das Lob des kleinen lutherischen Katechismus zu verkünden, ist nicht mehr nöthig. Man braucht das Büchlein nur zu nennen, so ist ein jeder gläubige evangelische Christ seines unvergleichlichen Werthes eingedenk. Er ist die kleine Bibel. Er hat die Tiefe, den Reichthum, die Kraft, die Einfalt der Bibel. Glückselig, wer seine Seele daran nährt, glückselig, wer ihn gläubig betet. — Luther hat eine staunenswerthe Gabe, die Wahrheiten des göttlichen Wortes zu lehren und auf das gemeine Leben anzuwenden. Er hat es sich angelegen sein lassen, die verschiedensten Stände über ihre Pflichten zu unterweisen, wie wir dies insbesondere aus der dem Katechismus angehängten Haustafel und der dem Katechismus vorhergehenden Vorrede erkennen. Er wendet sich an die weltliche Obrigkeit und ihre Unterthanen, er weist die Pfarrer an, wie sie zum Heile des gemeinen Mannes predigen, die Schullehrer, wie sie die Jugend unterrichten, die Hausherrn, wie sie ihr Gesinde zur Gottesfurcht anhalten sollen. Er schreibt einem jeden Sprüche seines Wohlverhaltens vor, den Pfarrern und Gemeinden, den Männern und Frauen, den Aeltern und Kindern, den Knechten und Mägden, Jung und Alt. Er zeigt ihnen eine Formel des Benedicite und des Gratias bei Tische, eine Form des Morgen- und Abendsegens. Wie unzählige male hat wohl das herzliche: „Das walt Gott" den in dem dumpfen Treiben des Werktags dahin lebenden Bürger und Landmann an seinen Gott und an die Ewigkeit erinnert.

Luther's Bemühungen um die Erleuchtung des Volkes sind schon zu seinen Lebzeiten reich gesegnet worden. Schon im Jahr 1530, also zwei Jahre nach jener Visitation, konnte er an seinen Kurfürsten schreiben: „Es wächset jetzund daher die zarte Jugend von Knäblein und Mägdlein, mit dem Katechismus und Schrift wohl zugericht't, daß mir's in meinem Herzen sanft thut, daß ich sehen mag, wie jetzt junge Knäblein und Mägdlein mehr lernen, glauben und reden können von Gott, von

Christo, denn zuvorhin, und noch alle Stifter, Klöster und Schulen gekonnt haben und noch können. Es ist fürwahr solches junge Volk in Ew. K. Gnaden Landen ein schönes Parabieß, desgleichen auch in der Welt nicht ist." — Und was weiterhin Luther's Wort, Lehre und ganz besonders sein Katechismus gewirkt hat, das bezeugen drei Jahrhunderte, das bezeugt manches Herz, manches Haus und manches Land, und die Ewigkeit wird es vollends an's Licht stellen.

Luther lebt und webt im Worte Gottes. Das allein ist seine Weisheit, seine Freude, seine Stärke. Er hat es aufgenommen in sich wie kaum ein anderer. Das Wort sie sollen lassen stahn, das ist seine Losung im Kampf. Erhalt uns Herr bei deinem Wort, das ist sein beständiges Gebet.

Wie treu er zum Worte Gottes steht und auch kein Titelchen nachläßt aus Menschenfurcht oder Menschengefälligkeit, das wird offenbar in allen großen Augenblicken seines Lebens. Wir sehen's an dem Tage, an welchem er die Thesen anschlägt, wir sehen's bei den Religionsgesprächen zu Augsburg, Altenburg und Leipzig, auf welchen die römische Kirche die entstandene Bewegung in der Geburt ersticken wollte, wir sehen's auf dem Reichstag zu Worms, wo Luther verlangt, daß er mit Zeugnissen der heiligen Schrift überwunden und überwiesen werde, und wo er bekennt, daß er mit den Sprüchen der Schrift, so von ihm angezogen und angeführt worden, überzeugt und daß sein Gewissen in Gottes Wort gefangen ist. Luther's Treue gegen das Wort Gottes wird auch offenbar in seinem Kampf mit Zwingli und den Schweizern. Luther hat hier manchmal ein allzu heftiges Wort geredet, allein das ist festzuhalten: in den Streit ist er gezogen, den Kampf hat er aufgenommen und geführt aus keinem andern Grunde, denn aus Treue gegen Gottes Wort. Auf dem Religionsgespräch in Marburg im Jahre 1529, wie verlockend war es, mit den Schweizern sich zu vereinigen und mit ihnen eine Kirchengemeinschaft zu bilden. Zwingli und sein Freund und Gehülfe Oekolampad hatten persönlich einen günstigen und gewinnenden Eindruck auf Luthern gemacht. Der Landgraf von Hessen empfahl die Vereinigung auf's dringendste. Die Vereinigung wäre in politischer Hinsicht ungemein nützlich und vortheilhaft gewesen. Die Evangelischen hätten eine viel größere und ansehnlichere Gemeinschaft gebildet und wären eine zu fürchtende Macht geworden. Luther gibt allen so scheinbaren, in die Augen fallenden Vortheil preis, er reicht die Hand zu einer kirchlichen Gemeinschaft nicht. So hat er gehandelt nicht aus Eigensinn, nicht aus Engherzigkeit, sondern aus Treue gegen Gottes Wort. Er ist gefangen in Gottes Wort, er kann nicht hinaus über das, was geschrieben steht. Lieber läßt er alles fahren und schwinden, als Gottes Wort. In der Lehre vom heiligen Abendmahl, wo ja in Marburg der bedeutendste Streitpunkt lag, bleibt er in groß= artiger Treue und kindlicher Einfalt an dem Worte hangen: Das ist mein Leib. Das Wunder im Sakrament läßt er sich nicht nehmen; denn von diesem Wunder steht geschrieben. Er hatte auch die Kraft und den Segen dieses Wunders geschmeckt, er hatte erfahren, daß das Wunder des Sakramentes hilft im Kampf gegen Satan und Hölle, er hatte aus dem Wunder des Sakramentes den Trost geschöpft, dessen die Seele in ihren schwersten Stürmen bedarf.

***

Luther dachte nicht im entferntesten daran, aus der da= maligen Kirche, so verderbt sie auch war, herauszutreten. Er fühlte sich mit den festesten und heiligsten Banden an sie ge= fesselt. Er betrachtete sie als seine Mutter, und sich als ihr Kind. Eine neue Kirche zu gründen, kam auch nicht von ferne ihm in den Sinn. Ja ein solches Beginnen wäre ihm wie eine Lästerung, wie eine teuflische Hoffarth erschienen. Christus war ihm der Begründer und Herr der Kirche, Christus und sein Wort auch der Grund derselben. Und diesen Grund, außer dem ein anderer nicht gelegt werden kann, umzustürzen, an seine Stelle einen andern zu legen, das war wohl das Beginnen schon manches durch den Hochmuth aufgeblasenen Menschen, aber nicht das Beginnen Luthers. Wenn sich irgend jemand mit ganzer Entschiedenheit und heiliger Treue und festem Muth auf den ewigen Grund der Kirche stellte und zu ihm sich bekannte, so ist es Luther gewesen. In neuerer Zeit hat freilich eine falsche Aufklärung unseren Luther gar manchmal ausgeschrieen als einen Mann, der mit dem Glauben der Kirche gebrochen, als einen Herold des Unglaubens. Aber das heißt nichts anderes, als den Mann Gottes mit Koth bewerfen. Luther's Bemühen war im Gegentheil kein anderes, als den Grund der Kirche zu reinigen von dem dazu gekommenen Unrath und Schutt, das Fundament der Kirche wieder herzustellen in seiner ursprünglichen Reinheit, Festigkeit und Schönheit. Er wollte die Mauern der Kirche nicht einreißen, er wollte vielmehr die gefallenen Mauern wieder aufbauen auf festem Grund. Seine Arbeit konnte freilich ohne Anstürmen und Zerstören nicht geschehen, denn entfernen wollte er alles, was nicht auf dem ächten Fundamente der Kirche erbaut war, aber sein eigentliches Streben war nicht das Anstürmen und Zerstören, sondern das Bauen.

Was Luther selbst gewonnen durch heißen Kampf, was er erfahren hatte als eine Kraft Gottes selig zu machen, das wollte er in die Kirche hineintragen, das sollte in der Kirche zu seinem Rechte kommen, nämlich das reine, lautere Wort des lebendigen Gottes und der rechtfertigende seligmachende Glaube. Und wahrlich wäre das reine lautere Wort und der rechtfertigende seligmachende Glaube in der Kirche zu seinem Rechte gekommen, so wäre Luther in der damaligen Kirche geblieben, es hätte eine lutherische Kirche sich nicht gebildet. Dann war sie nicht vonnöthen, denn das, was die lutherische Kirche eben zur lutherischen Kirche macht, war dann auch in der katholischen Kirche zu finden. Wäre das Wort Gottes und der Glaube zu seinem Rechte gekommen, dann wäre das Fundament der Kirche hergestellt gewesen, und ihre Mauern hätten sich neu erbaut, und die Kirche wäre geworden, was sie sein soll, eine Stadt auf dem Berge, voll göttlichen Segens,

geistlicher Freude, himmlischen Glanzes. Aber es ist anders
geworden. Die damalige Kirche hat sich verschlossen gegen das
Wort und gegen den Glauben, sie hat sich nicht wollen er=
neuern lassen. Sie hat, wie auch früher schon, so auch jetzt,
ihre besten Glieder und Diener, ihre treuesten Kinder wie eine
zürnende Stiefmutter verstoßen. Sie hat Luthern in den Bann
gethan. So hat es nun freilich dem Anscheine nach eine neue und
besondere Kirche, eine l u t h e r i s c h e Kirche gegeben, aber diese
will durchaus nicht eine neue Kirche sein; sondern ihr Ziel ist,
die a l t e a p o s t o l i s c h e, die w a h r h a f t k a t h o l i s c h e,
d. h. a l l g e m e i n e Kirche wieder h e r z u s t e l l e n und
d a r z u s t e l l e n.

Wie wenig Luther im Sinne hatte, den Grund der Kirche
zu stürzen, das beweist sein entschiedenes Vorgehen gegen die=
jenigen, die sich mit solchen Plänen trugen, sein Vorgehen gegen
die Zwickauer Schwärmer in dem Wittenberger Bildersturm und
sein Vorgehen gegen die aufrührerischen Bauern im Bauernkrieg.

Während Luther auf der Wartburg saß, brachen in Witten=
berg die bekannten k i r c h l i c h e n U n r u h e n aus. Die Gefahr
lag nahe, daß die Reformation auf eine falsche Bahn, auf die
schiefe Ebene geriethe, daß sie mit der ganzen Entwicklung der
Kirche und auch mit dem Guten, das in der damaligen Kirche
war, bräche, daß an die Stelle des ewig gültigen Wortes
Gottes menschliches Belieben und Schwärmerei gesetzt würde.
Als Luther Kunde von diesen Bestrebungen und Unruhen er=
hielt, bewegte die Sache ihn auf's tiefste. Er sah Verrath im
eigenen Lager. Er wünschte seinem Fürsten Glück zu dem
Kreuz, das ihm Gott aufgelegt, und meinte, wider das Evan=
gelium müsse nicht blos Hannas und Kaiphas toben, sondern
auch Judas müsse unter den Aposteln sein. Was in Witten=
berg vorgefallen, erschien ihm als ein Schimpf, ihm und dem
Evangelium angethan. Ohne Rücksicht auf des Papstes Bann
und des Kaisers Acht, gegen den Willen und ohne den Schutz
seines Kurfürsten, ja indem er denselben aufforderte, sich nicht
um ihn zu kümmern, brach er von der Wartburg auf, um in

Gottes Namen die Sache Gottes und seines Evangeliums zu schützen. Es mußte sich zeigen, ob Luthers Wort auch das Bestehende, das gut war, erhalten könnte, ob bei ihm auch Kraft wäre, der Macht der Willkür und der Zerstörung entgegen zu treten, ob seine Sache einen festen Grund und Boden habe, ob eine Reformation oder Revolution im Gange wäre. Damals in Wittenberg galt es einen Kampf von der allerernstesten und weitgehendsten Bedeutung. Und die heilige Sache hat sich bewährt. Luther predigte acht Tage lang mit Beweisung des Geistes und der Kraft, mit heiliger Gewalt und gewinnender Milde, und die Empörung verstummte, das Getümmel legte sich, die Ruhe ward wieder hergestellt. Luther hatte seine merkwürdigen, ja wunderbaren Predigten geschlossen: „Das sei davon genug, wollen Gott anrufen um seine Gnade, daß wir auf der rechten Bahn bleiben mögen und davon nicht geführet werden." Und nach diesem Gebete ist's gegangen.

Mit derselben Klarheit, Festigkeit und mit demselben Widerstand gegen alles grundstürzende Wesen verhielt sich Luther im Bauernkrieg. Bekämpfte er in Wittenberg den Aufruhr auf geistlichem und kirchlichem Gebiet, so im Bauernkrieg den Aufruhr auf weltlichem und bürgerlichem Gebiet. Es ist bekannt, wie in den Jahren 1525—1527 ganz Deutschland erzitterte vor den aufrührerischen Bauern. Anfangs ermahnte Luther zum Frieden. Er hielt den Fürsten und Herren ihre Gewaltthätigkeiten vor, mißbilligte aber auch gleich den Aufruhr, weil er wider göttliches und menschliches Recht liefe. Wie die Empörung jedoch mehr und mehr zunahm, wie auch seine alten Gegner, die Zwickauer Schwärmer und Kirchenstürmer sich zu den Bauern schlugen, wie das Gebäude des Staates und der Kirche wankte, und die Gefahr von Tag zu Tag wuchs, da brach ein heiliger Ingrimm in Luther aus. Er wollte an seinem Theile die allgemeine Zerstörung, die er mit klarem Auge kommen sah, verhüten. Das Evangelium, mahnte er, mache die Seelen frei, nicht Leib und Gut, hundertmal solle ein frommer Christ den Tod leiden, ehe er ein Haar breit in die Sache der Bauern willige, die Obrigkeit solle kein Erbarmen haben, die Zeit des Zornes und des Schwertes sei gekommen, sie solle drein schlagen, so lange sie eine Ader regen könne, das sei die göttliche Pflicht, die ihr obliege, wer in diesem Dienst umkomme, der sei ein Märtyrer Christi.

Luther war seiner Sache ganz gewiß. Sein Leben und ganzes Wesen hatte einen festen Grund. Ein hervorleuchtender Zug ist darum bei ihm seine Glaubenszuversicht. Er ist zuversichtlich davon überzeugt, daß seine Sache Gottes Sache ist und daß sie darum nicht untergehen kann. Er verzagt nicht, auch in der allergrößten Gefahr. Er, für seine Person, ist bereit, auch sein Leben für das Wort Gottes und den Glauben dahinzugeben. Er fürchtet den Tod nicht, denn er hat ihn durch das Wort Gottes und den Glauben überwunden. Diese seine Glaubenszuversicht, sein heiliger Muth in Noth und Tod tritt uns entgegen bei seinem Erscheinen auf dem Reichstag zu Worms, bei seinem Abzug von der Wartburg, bei seinem Verhalten während des Reichstages zu Augsburg, in den Zeiten seiner körperlichen Leiden, ferner, als die Pest mit ihren Schrecken in Wittenberg hauste und endlich, als die Todesstunde kam.

Als im Jahre 1521 der Reichstag von Worms vorbereitet wurde, fragte man Luthern, ob er willens sei, auf dem Reichstage zu erscheinen und seine Sache zu führen. Da antwortete er: „Wenn ich berufen werde, will ich, soviel an mir, mich eher krank hinführen lassen, falls ich nicht gesund kommen könnte, denn es ist nicht zu zweifeln, daß ich von Gott berufen werde, so mich der Kaiser beruft. Wollen sie die Sache mit Gewalt handeln, wie es scheint, so ist die Sache Gott zu befehlen. Der lebt und herrschet noch, welcher die drei Männer im feurigen Ofen erhalten. Will er mich aber nicht erhalten, so ist's um meinen Kopf eine gar schlechte Sache, wenn selbiger gegen Christum gehalten wird." Bekannt sind Luther's glaubensmuthige Aeußerungen auf der Reise nach Worms, nämlich das

Wort: „Wenn sie gleich ein Feuer machten zwischen Wittenberg und Worms bis an den Himmel hinan, so will ich doch, weil ich gefordert bin, im Namen des Herrn erscheinen, dem Behemoth in sein Maul zwischen die großen Zähne treten, Christum bekennen und denselbigen walten lassen", und das andere: „Und wenn so viel Teufel zu Worms wären, als Ziegel auf den Dächern, doch wollte ich hinein!" In Worms angekommen, in der Nacht, bevor er öffentlich erscheinen sollte, lag er vor seinem Gotte in gläubigem Gebet. „Ach Gott, ach Gott! betete er, o du mein, du mein Gott! Stehe du mir bei wider aller Welt Vernunft und Weisheit, thue du es, denn wenn ich meine Augen dahin wende, ist's aus mit mir, die Glocke ist schon gegossen und das Urtheil gefället. Stehe du mir bei, du treuer, ewiger Gott! Ich verlasse mich auf keinen Menschen. Es ist umsonst und vergebens, es hinket alles, was Fleisch ist und Fleisch schmeckt. O Gott hörst du nicht? Bist du todt? Nein, du kannst nicht sterben, du verbirgst dich allein. Hast du mich dazu erwählet? Ich frage dich, wie ich es denn gewiß weiß; ja, so wollt' es Gott, denn ich mein Leben lang nie wider solche große Herren gedachte zu sein, darum stehe mir bei in dem Namen deines lieben Sohnes Jesu Christi! Komm, komm, ich bin bereit, auch mein Leben darum zu lassen, geduldig wie ein Lämmlein. Denn gerecht ist die Sache und dein, so will ich mich denn von dir nicht absondern. Das sei beschlossen in deinem Namen ewiglich! Die Welt muß mich über mein Gewissen wohl ungezwungen lassen, und wenn sie noch voller Teufel wäre, und sollte mein Leib auch darüber zu Trümmern gehn." Und wie Luther in der großen Reichsversammlung, wo in höchster Pracht umhersaßen außer dem Kaiser und seinem Bruder sechs Kurfürsten, vierundzwanzig Herzoge, acht Markgrafen, dreißig Bischöfe und Prälaten nebst vielen anderen Fürsten und Grafen, Edelleuten und Gesandten, mit hohem Muthe Rechenschaft von seinem Glauben ablegte und wie er seine Rede mit dem Worte schloß: „Hier stehe ich, ich kann nicht anders, Gott helfe mir!

Amen" — das alles ist jedermann bekannt und braucht hier
nur angedeutet und in's Gedächtniß zurückgerufen zu werden. *

Als ein weiteres Zeugniß für Luther's Glaubenszuversicht
finde hier der Brief eine Stelle, welchen Luther im Jahre
1522 bei seiner Abreise von der Wartburg, im Blick auf die
Unruhen zu Wittenberg, an seinen Kurfürsten schrieb. „Aus
Liebe zu Ew. Kurfürstlichen Gnaden, sagt er hier, habe ich
dies Jahr mich einschließen lassen aus Noth; aber meines
eigenen Gewissens muß ich ein anderes dazu thun und hervor-
brechen. Mich hat der Jammer um das, was zu Wittenberg
geschehen, also zerrieben, daß, wo ich nicht gewiß wäre, daß
lauter Evangelium bei uns ist, hätte ich verzagt an der Sache.
Alles, was bisher mir zu Leibe gethan ist in dieser Sache, ist
Schimpf und nichts gewesen. Ich wollt's auch, wenn es hätte
sein können, mit meinem Leben gern erkauft haben. Denn es
ist also gehandelt, daß wir's weder vor Gott noch vor der Welt
verantworten können, und liegt doch mir auf dem Halse und
zuvor dem Evangelio. Wenn das Unwesen also in Leipzig
vorginge, so wollte ich gewiß auch nach Leipzig kommen, wenn's
gleich neun Tage eitel Herzog Georgen ** regnete, und ein jeglicher
wäre neunfach wüthender, denn dieser. Dies schreibe ich zu
dem Ende, damit Ew. Kurf. Gnaden wissen, ich komme nach
Wittenberg in einem gar viel höhern Schutz, denn des Kurfürsten. Ich hab's auch nicht im Sinn, von Ew. Kurf. Gnaden
Schutz zu begehren. Ja ich sollte, ich wollte Ew. Kurf. Gnaden

---

* Der Ort, wo Luther seine denkwürdigen Worte gesprochen, war der
neben dem Dom befindliche bischöfliche Pallast. Der Bischofssitz ist von der
Erde verschwunden, an seiner Stelle ist jetzt ein schöner Garten, hinter dessen
Baumesgipfeln der Dom emporragt. Dieser Garten wäre für die Auf-
stellung des Lutherdenkmals die geeignetste Stelle, eine schönre läßt sich kaum
denken. Als Rietschel hierherkam, war er in weihevoller Stimmung tief
bewegt. Da es jedoch nicht möglich war, den Platz käuflich zu erwerben,
so hat man einen Ort außerhalb der Stadt in einer städtischen Anlage zur
Stelle des Denkmals ausersehen.
** Herzog Georg von Sachsen war einer der entschiedensten Gegner
Luthers.

mehr schützen, denn Sie mich schützen könnte. Dazu, wenn ich wüßte, daß mich Ew. Kurf. Gnaden könnte und wollte schützen, so wollt' ich nicht kommen. Dieser Sache soll, noch kann kein Schwert rathen oder helfen; Gott muß allhie allein schaffen, ohne alles menschliche Sorgen und Zuthun. Darum, wer hier am meisten glaubt, wird am meisten schützen. Daß nun auch Ew. Kurf. Gnaden begehrt zu wissen, was Sie thun solle in dieser Sache, da Sie meint, Sie habe zu wenig gethan, so antworte ich unterthänigst, Ew. Kurf. Gnaden haben schon all= zuviel gethan und sollten gar nichts thun, denn Gott will es ihm allein gelassen haben. Dieweil ich denn nicht will Ew. Kurf. Gnaden folgen, so ist Ew. Kurf. Gnaden entschuldigt vor Gott, so ich gefangen oder getödtet würde. Und ob sie mich fangen oder tödten, so sollen Ew. Kurf. Gnaden Kaiserlicher Majestät und Oberkeit doch nicht wehren und widerstehen, denn die Gewalt soll niemand wehren noch widerstehen, denn allein der, der sie eingesetzet hat, sonst ist's Empörung und wider Gott. Es ist ein andrer Mann, denn Herzog Georg, mit dem ich handle, der kennet mich fast wohl, und ich kenne ihn nicht übel. Wenn Ew. Kurf. Gnaden glaubte, so würde Sie Gottes Herrlichkeit sehen. Weil Sie aber noch nicht glaubt, so hat Sie noch nichts gesehen. Gott sei Lieb und Lob in Ewigkeit. Amen."

Während des Reichstages von Augsburg vom Jahre 1530 war Luther bekanntlich in Koburg auf der Veste seines Kurfürsten, auf der Grenze Sachsens, weil er als ein Geächteter nicht wohl auf dem Reichstag erscheinen konnte. Es war damals für die Evangelischen eine gar bedenkliche Zeit. Luther aber verzagt nicht. „Einige sind wehmüthig, läßt er sich aus, als habe Gott unser vergessen, da er doch uns nicht vergessen kann, er müßte denn zuvor sein selbst vergessen, unsre Sache müßte nicht seine Sache, unsre Lehre nicht sein Werk sein. Wäre aber Christus nicht mit uns, wo wäre er denn in der Welt? Hätten wir nicht Gottes Wort, wer hätte es dann?" Sein Hauptstärkungsmittel war auch hier in Koburg wie immer und überall neben der Betrachtung der Schrift das Gebet. Und mit welcher Inbrunst und Gewalt hat Luther beten können! Seinem Diener, Veit Dietrich, hat es einmal geglückt, daß er ihn beten hörte. „Hilf Gott, sagte dieser von Luthers Beten, welch ein Geist, welch ein Glaube ist in dieses Mannes Worten! Er betet so andächtig, als einer, der mit Gott, mit solcher Hoffnung und Glauben, als einer, der mit seinem Vater redet. Ich weiß, sprach er, daß du unser lieber Gott und Vater bist, derhalben bin ich gewiß, du wirst die Verfolger deiner Kinder vertilgen.' Thust du's nicht, so ist die Sache dein sowohl, als unser, die ganze Sache ist dein; was wir gethan haben, das haben wir müssen thun, darum magst du, lieber Vater, sie beschützen." Ein ächter Ausdruck des Glaubens Luthers und seiner Zuversicht ist das Lied: „Ein feste Burg ist unser Gott", das wahrscheinlich eben zur Zeit des Augsburger Reichstags entstanden ist. Im Kampfe mit einer Welt voll Feinde verschanzt sich da der Sänger mit den seinigen hinter das Bewußtsein, daß er eine göttliche Sache vertheidige, die nicht untergehen könne. Er streckt die Waffen, aber er gibt sie dem Herrn in die Hand. So stehet er den Feinden gegenüber ohne Waffen, aber unter dem Schutz des mächtigen Herrn und ist, bei dem Gefühl der eigenen Ohnmacht, im Glauben fröhlich und des Sieges gewiß.

Luthers Glaube bewährte sich auch in mancher Zeit körperlichen Leidens, wie er denn auch diese Trübsalsschule gründlich durchleben mußte. So wurde er im Jahre 1537, während der berühmten Versammlung der Evangelischen zu Schmalkalden, von welcher die Bekenntnißschrift der Schmalkaldischen Artikel den Namen hat, bedenklich krank. Das Leiden nahm so zu, daß er Schmalkalden verlassen mußte. Da brach sich auf dem Heimweg in Tambach im Thüringer Wald die Krankheit plötzlich. Doch bald erfolgte ein Rückfall. Luther begab sich seines Lebens und machte sein Testament. Seine Freunde bat er um Vergebung, so er wider sie gesündigt hätte, seine Seele befahl er in die Hände seines treuen Erlösers;

dann aber bezeugte er laut und feierlich: „Ich weiß, Gott sei gelobet, daß ich recht gethan, daß ich das Papstthum gestürmet habe mit Gottes Wort."

Als Glaubensheld erscheint Luther auch zu der Zeit, da in Wittenberg die Pest mit ihren Schrecken hauste. Zweimal zu seiner Zeit, in den Jahren 1527 und 1535, suchte dieser Würge-engel die Stadt heim. Da war denn die Noth groß. Die Universität wanderte auf den Befehl des Kurfürsten nach Jena. Auch Luther'n hatte der Kurfürst ermahnen lassen, sich mit Frau und Kindern dahin zu begeben. Aber er blieb nebst Bugen-hagen und den Diakonen allein in Wittenberg zurück. Er und seine Gefährten wußten jedoch, daß sie dennoch nicht allein waren. Luther schreibt: „Pomeranus (Bugenhagen) und ich sind allein hier mit den Kapellänen. Aber Christus ist auch da, damit wir nicht allein sind." Weiter sagt er: „Will uns Gott darinnen haben und würgen, so wird unser Hüten nichts helfen, auf daß ein jeglicher sein Herz also richte: ist er ge-bunden, daß er muß im Sterben seinem Nächsten zum Dienst, so befehle er sich Gott und spreche: Herr, in deiner Hand bin ich; du hast mich angebunden, dein Wille geschehe." Luther ging umher in den Stätten der Krankheit und des Todes, tröstete durch das Evangelium die Kranken und Sterbenden und stärkte sie durch das Sakrament des Leibes und Blutes Christi. Sein großes Haus, ein Theil des alten Augustiner-klosters, den der Kurfürst Luther'n geschenkt hatte, lag voll Kranker, die Luther aufgenommen, darunter war auch Bugen-hagen und dessen Familie. Da schrieb er an Amsdorf: „Ich bin wie der Apostel, als ein Sterbender und siehe ich lebe." Und ein anderes mal an Justus Jonas: „Wir singen hier nicht: Mitten wir im Leben sind mit dem Tod umfangen, sondern: Mitten von dem Tod umfangen, sind wir doch im Leben." Als die Plage vorüber war, sprach er: „Die Pest ist todt und begraben. — Gott hat sich unser herrlich und wunderbar erbarmt und damit bewiesen, daß ihm unsre

Predigt des Evangeliums sehr wohl gefalle, wiewohl wir Sünder sind." —

In seiner Glaubenszuversicht ist Luther erhalten worden bis ans Ende, bis die Todesstunde kam. Sein Sterbens=gebet war das Glaubenswort: „Vater in beine Hände befehle ich meinen Geist, du hast mich erlöset Herr, du treuer Gott!" Und da der Tod kam, da der Mann Gottes schon dalag als ein Sterbender mit geschlossenem Auge und gefalteten Händen, da fragte ihn Justus Jonas: „Ehrwürdiger Vater, wollet ihr auf Christum und dessen Lehren, die ihr geprebigt habt, sterben?" Luther antwortete mit einem deutlichen „Ja." Dies Wort, ein Wort der Zuversicht, war sein letztes Wort auf Erben. Er zog im Glauben dahin. Sein Todestag ist der 18. Februar 1546.

***

Soviel von Luthers Kämpfen, Suchen und Finden, Zeugen und Wirken. Es dreht sich alles um das reine Wort Gottes und den seligmachenden Glauben, und darum ist er in der Kraft Gottes ein Reformator der Kirche geworden.

. Auf dem Denkmal, welches nach ihm den Namen führt, ist Luther in durchaus angemessener und würdiger Weise dar=gestellt. Seine Gestalt steht in der Höhe und überragt weit alle andern Gestalten, wie sich's gehört. Sein Bild macht den Eindruck, wie die Erscheinung des theueren Glaubenshelden ihn machen soll. Die Gestalt ist gedrungen, die Gesichtszüge kräftig, die Augen geistvoll und scharf. Man erkennt sogleich die feurige Thatkraft des Mannes. Luther legt betheuernd die rechte Hand auf bie in der linken liegende Bibel, die Faust ist locker geballt und drückt auf die Bibel wie besiegelnd, nicht schlagend, nicht zornig, sondern mit heiliger Ruhe und Sicher=heit. Das Auge ist glaubensvoll nach oben gerichtet, zum Herrn. Das Haupt ruht kühn und fest auf den Schultern. Der rechte Fuß ist vorgesetzt, während der Körper auf dem

linken ruht. Es ist eine mit fröhlicher aber demüthiger Glaubens=
zuversicht kämpfende, des Sieges gewisse, heilige Gestalt.

Unter der Statue Luthers, am oberen Würfel des Posta=
mentes, sind, wie bereits in der Einleitung bemerkt, In=
schrifttafeln mit besonders bedeutungsvollen Worten Luthers
angebracht. Diese Inschriften sind folgende. Vorn über der
Darstellung des Reichstags zu Worms auf dem unteren
Würfel steht das Wort Luthers, mit welchem er seine Er=
klärung auf dem Reichstage schloß: „Hier stehe ich, ich kann
nicht anders, Gott helfe mir! Amen." Die Inschrift rechts,
über dem Anschlag der Thesen, lautet: „Die Christum recht
verstehen, die wird keine Menschensatzung gefangen nehmen
können; sie sind frei, nicht nach dem Fleische, sondern nach
dem Gewissen." Die Inschrift links, über der Bibelübersetzung
und dem Predigtamt, lautet: „Das Evangelium, welches der
Herr den Aposteln in den Mund gelegt hat, ist sein Schwert,
damit schlägt er die Welt, als mit Blitz und Donner."
Die Inschrift auf der Rückseite des Denkmals, über dem
Abendmahl unter beiderlei Gestalt und der Priesterehe, ist das
Wort: „Der Glaube ist nichts anderes, denn das rechte wahr=
haftige Leben in Gott selbst. Die Schrift recht zu verstehen,
dazu gehört der Geist Christi." Wie schön die oberen In=
schriften mit den unteren Abbildungen zusammenstimmen, leuchtet,
wenigstens bei den je drei ersten, augenblicklich ein.

So wird also der Mann Gottes, Martin Luther, ein
großartiges Denkmal haben in Worms, der Stadt, wo zum
erstenmale nach langer Finsterniß der ächte und reine Glaube
so öffentlich bekannt wurde. Vergessen wir nur nicht über dem
steinernen Denkmal das noch bessere und werthvollere im Herzen.
Bekennen wir uns treu von ganzem Herzen zu seinem Wort und
seiner Lehre und befolgen wir den Befehl des Herrn: „Welcher
Ende schauet an, und folget ihrem Glauben nach." Hebr. 13, 7.

Johann Reuchlin.

Reuchlin hat um deßwillen seinen Platz auf dem Luther-denkmal gefunden, weil er ein Beförderer der Reformation ge-wesen ist. Er war ein Mann der Gelehrsamkeit und erschien auf dem Kampfplatze der Geister mit den Waffen der Wissen-schaft. Sein Hauptverdienst um die Reformation besteht darin, daß er die Sprachen der Bibel, das Griechische und insbesondere das Hebräische erforschte und lehrte.

Die Wissenschaft hatte in Deutschland und fast im ganzen Abendland seit der zweiten Hälfte des fünfzehnten Jahrhunderts einen neuen Aufschwung genommen. Im Jahre 1453 nämlich war Konstantinopel, diese herrliche, an mancherlei Schätzen reiche Hauptstadt des oströmischen Reiches in die Hände der Türken gefallen. Durch dies Ereigniß vertrieben, flohen viele gelehrte Griechen in's Abendland, und diese Flüchtlinge gaben die Veranlassung zu dem sogenannten „Wiederaufleben der Wissenschaften." Die griechische Sprache wurde wieder getrieben, die Werke der alten griechischen Schriftsteller wurden wieder gelesen, das Schöne und Wahre, was auch in diesen von Heiden verfaßten Büchern zu finden ist, kam wieder zum Vorschein, der Geist des Forschens wurde kräftig angeregt, es regte sich allenthalben ein neues geistiges Leben, und die kümmerliche, zum Theil abgeschmackte Wissenschaft der damaligen römischen Kirche wurde heftig erschüttert. Diese neue Auf-klärung hatte freilich auch ihre schlimmen Folgen, sie leistete

oft dem Unglauben Vorschub. Es kam vor, daß ein dünkel=
haftes Wissen, nachdem es den Aberglauben verlachen gelernt,
auch den Glauben bespöttelte, nachdem es die Fesseln drückender
Menschensatzungen von sich geworfen, auch dem Ansehn des
göttlichen Wortes Hohn sprach. Diese schlimmen Folgen traten be=
sonders in Italien ein. Aber der ernstere Geist der Deutschen
verwandte die Ergebnisse der neu erwachten wissenschaftlichen
Bestrebungen doch vielmehr zum Dienst des Evangeliums, hier
sollte das neue Licht, das neue geistige Leben dazu helfen, daß
das Wort Gottes um so gründlicher erforscht, daß die göttliche
Wahrheit um so heller erkannt werde. Dieser ernstere Geist
trieb eine Anzahl von ausgezeichneten Gelehrten in ein treues
und gründlich wissenschaftliches Studium der heiligen Schrift,
und diese Männer sind denn nun Beförderer der Reformation;
denn die durch die Reformation erneuerte Kirche Gottes steht
auf dem Boden der heiligen Schrift. Zu diesen Gelehrten ge=
hört Johann Reuchlin.

Reuchlin ist geboren zu Pforzheim, am 28. December 1455.
Seine Eltern gehörten dem Mittelstande an, sie ließen ihm eine
fromme Erziehung zu Theil werden. Das äußere Leben
Reuchlins war ein sehr wechselvolles und bewegtes. Wir sehen
ihn auf verschiedenen Universitäten, und zwar nicht blos
Deutschlands, sondern auch Frankreichs. Daselbst ist er bald
Schüler und Zuhörer, bald Lehrer. Die alten Sprachen und
daneben auch Rechtsgelehrsamkeit sind der besondere Gegenstand
seiner Studien. So hält er es in Freiburg im Breisgau, in
Paris, in Basel, in Orleans, in Poitiers, in Ingolstadt. Doch
war seine Thätigkeit nicht immer eine rein wissenschaftliche. Als
Jüngling wurde er seiner schönen Stimme wegen unter die
Hofsänger am baden=burlachischen Hofe aufgenommen, später
war er Reisebegleiter des jungen Markgrafen Friedrich von
Baden, als Mann bekleidete er bedeutende Staatsämter im
Dienste des Grafen von Würtemberg Eberhard im Bart, war
auch Vorsteher des schwäbischen Bundesgerichts, lebte zu Zeiten
ohne bestimmtes Amt im Privatstand und sollte eben eine Lehr=

stelle an der Universität Tübingen übernehmen, als er in Stuttgart in einem Alter von 67 Jahren starb.

Das Hauptverdienst Reuchlins besteht, wie oben angedeutet, neben seiner Wirksamkeit für ein freies geistiges Leben überhaupt in dem Eifer, den er auf die Beförderung der hebräischen Sprachkunde verwandte. Aber gerade dies war es auch, was ihn in einen Kampf mit den Finsterlingen seiner Zeit hineinzog. Dieser Kampf ist wohl das Merkwürdigste in Reuchlins Leben, über ihn sei deshalb in wenigen Worten die Rede.

Das Studium der hebräischen Sprache, welches für eine rechte Gottesgelehrsamkeit so wichtig ist, weil das Alte Testament in derselben geschrieben ist, war von den christlichen Gelehrten des Mittelalters gänzlich vernachlässigt worden. Nur die jüdischen Rabbinen hatten sich noch mit demselben beschäftigt. Wer also jetzt wieder das Hebräische lernen wollte, mußte sich an die Juden wenden. Dies zu thun war aber ein gefährliches Unternehmen, denn die Juden waren der Gegenstand allgemeiner Verachtung, ja zum Theil des unchristlichsten Hasses, und es ist bekannt, mit welcher Härte und Grausamkeit das christliche Volk hin und wieder dieselben verfolgte und ihnen die gräulichsten Verbrechen nachsagte. Der Umgang mit Juden überhaupt, die man nur als das von Gott verstoßene und verworfene Volk ansah, und so auch mit den jüdischen Gelehrten galt damals dem großen Haufen des Volks für nichts anderes, als ein Umgang mit abscheulichen Menschen, mit Hexenmeistern und Zauberern, ja mit dem Teufel und seinen Genossen selbst, und die Beschäftigung mit den hebräischen Schriftzeichen, von denen die Mönche so wenig verstanden, als von ägyptischen Hieroglyphen, galt für Zauberwerk. Welche Gefahr also, eine Sprache von solchen Männern zu lernen! Und doch wagte Reuchlin diese Gefahr, er, der nicht einmal Gottesgelehrter von Beruf war, der aus reinem Trieb zur Wahrheit, aus Ehrfurcht vor dem göttlichen Wort, das er so gerne in der Ursprache gelesen hätte, sich der Arbeit unterzog. Er ließ sich von einem gelehrten Juden, dem Leibarzt des Kaisers, in die hebräische Sprache und ihre Geheimnisse einführen, und durch seinen eisernen Fleiß ward er der Sprache bald so mächtig, daß er im Jahre 1506 seine hebräische Sprachlehre veröffentlichen konnte. Dieses Buch war eine große Hülfe für das Werk der Reformation. Mit ihm hatte Reuchlin der neuen, der evan= gelischen Gottesgelehrsamkeit gleichsam den Schlüssel in die Hand gegeben, die längst verschlossenen Schätze der Bibel auf= zuthun. Er hatte Luther'n die Fackel angesteckt, die ihn weiter in das Heiligthum führen sollte. Dankbar erkannte dies auch Luther an und nannte Reuchlin seinen Vater. Nun regte sich aber die Partei der Finsterlinge, ihnen war Jude und Juden= genosse gleich verhaßt, und beiden wurde der Untergang ge= schworen.

Das Werkzeug dieser Partei war Johann Pfeffer= korn, ein ehemaliger Jude, der aus niederträchtigen Beweg= gründen zum Christenthum übergegangen sein soll und jetzt den Heuchler und Fanatiker spielte. Dieser verfaßte eine Schrift mit dem Titel: „Judenspiegel" und stellte in derselben das Wesen und Treiben, sowie die Lehre seiner ehemaligen Glaubens= genossen im gehäffigsten Lichte dar und rieth endlich sogar, ihre Bücher sämmtlich zu verbrennen. Unter diesen Büchern war nicht das Alte Testament, sondern die den späteren Juden an= gehörenden Bücher verstanden, besonders der Talmud. Die Dominikanermönche schlugen sich auf die Seite dieses „Juden= spiegels" und ruhten nicht, bis sie wirklich von Kaiser Maximilian I. den Befehl ausgewirkt hatten, daß die Bücher verbrannt werden sollten.

Reuchlin, der um seine Meinung befragt wurde, widerrieth den Schritt auf's ernstlichste. Er berief sich auf das allgemeine Gesetz der Billigkeit und Gerechtigkeit, wonach jedem Menschen, sei er Christ oder Jude, erst Verantwortung und Vertheidigung gestattet sein müsse, ehe man ihn verurtheilen könne. Dann zeigte er, wie die angegriffenen Bücher gar nicht so gefährlich seien, als wofür man sie ausgebe; denn, bemerkte er mit

einem feinen Spott, um den Christen gefährlich sein zu können,
müßten sie erst von ihnen verstanden werden, nun aber sei
wohl im ganzen heiligen römischen Reich keine Christenseele zu
finden, die genug hebräisch wisse, um den Talmud zu verstehen.
Das Verbrennen sei auch ein trauriges Hilfsmittel der Un=
wissenheit und Rohheit. Zudem wisse man ja gar nicht, ob
nicht auch viel Gutes in den Büchern stehe, das auch für die
Christen nützlich und erbaulich sein könne; denn „wie die
Biene aus jeder Blume den Honig, so soll der Christ aus allen
Büchern das Beste ziehen. Er soll mitten aus den Dornen
heraus die Rosen pflücken, wo er sie finde." Auch habe ja
Christus befohlen, man solle das Unkraut mit dem Waizen auf=
wachsen lassen, damit man nicht mit jenem auch diesen zugleich
ausraufe. Zuletzt fügte Reuchlin die sehr wahre und treffende
Bemerkung hinzu, daß durch das Verbot solcher Bücher die
Lust nach der verbotenen Speise nur sich mehre, und die Auf=
merksamkeit gerade auf das Gefährliche und Schädliche der=
selben hingelenkt werde. Er, seinerseits, rathe also, vom
Verbrennen abzustehen. Besser dünke es ihn, alle deutsche
Universitäten zu verpflichten, daß sie zehn Jahre lang zwei
Lehrer des Hebräischen unterhielten, wodurch man denn
bald in den Stand gesetzt würde, gründlich mit den Juden
zu verhandeln und sie auf dem Weg der Ueberzeugung zu
belehren.

Diese ruhigen, verständigen, weisen Vorstellungen fanden
aber bei den Dunkelmännern kein Gehör. Sie versuchten alles
Mögliche, diesen Mann, der ihnen an Geist und Gelehrsamkeit
und eben deßhalb auch an Milde des Urtheils so weit über=
legen war, bei dem Kaiser anzuschwärzen, und besonders zeigten
sich hierbei die Theologen von Köln geschäftig, an ihrer Spitze
der berüchtigte Ketzermeister Jakob Hochstraten. Es entwickelte
sich ein weitläufiger Schriftstreit, an dem viele tüchtige Männer
Theil nahmen, den wir jedoch hier nicht verfolgen können.
Das Ende des Streites war, daß Kaiser und Papst, es war
Leo X., endlich zu Gunsten Reuchlins entschieden. Reuchlin

und seine Freunde feierten in mehreren Schriften einen glänzenden Triumph.

Reuchlin erblicken wir auf dem Lutherdenkmal in stolzer Haltung, das heraufgenommene Gewand ist über den linken Arm geschlagen, mit beiden Händen entfaltet er eine Rolle, er offenbart die Schätze seines Geistes und seiner Gelehrsamkeit.

Philipp Melanchthon.

— — —

Der Mann, der mit den Waffen der Wissenschaft die
Sache des Evangeliums am meisten gefördert hat, ist
Melanchthon.

Philipp Melanchthon ist geboren in dem damals zur Kur=
pfalz, jetzt zum Großherzogthum Baden gehörigen Städtchen
Bretten, am 10. Februar 1497. Sein Vater, Georg Schwarz=
erd, war ein kunstreicher Waffenschmied, ein frommer Mann
und treuer Beter, dessen zarte Gewissenhaftigkeit ganz besonders
gerühmt wird. Seine Mutter war gleichfalls eine fromme Seele,
dazu eine kluge, sparsame, wohlthätige Hausfrau, von der man
erzählt, sie habe den Spruch im Munde geführt: „Almosen=
geben armet nicht, Kirchengehen säumet nicht, unrecht Gut faselt
nicht, Gottes Wort trüget nicht.“ —

Der Knabe hatte ein weiches Gemüth, aber einen aufge=
weckten Geist; es zierte ihn Bescheidenheit, Anmuth in seinem
ganzen Benehmen, eine zarte Scheu vor allem Unanständigen;
er war ein frommes Kind und hatte seine Freude an dem
öffentlichen Gottesdienst, die Formen und Gebräuche in dem=
selben ergötzten ihn, wenn er sie auch noch nicht verstand. Es
wird aus seiner Kindheit berichtet, wie er zu Hause einen
Altar errichtete, die Messe nachahmte, und wie die Mutter,
durch die Frömmigkeit des Knaben erfreut, mit den Mägden
kam und Opfer spendete. Doch fiel dem Knaben schon jetzt in
der Kirche manches auf, an dem er Anstoß nahm; es wunderte

ihn einmal, einen Priester auf der Kanzel zu sehen mit goldnen Ringen an den Fingern; er staunte über einen Prediger, der behauptete, die Sandalen des heiligen Franz von Assisi seien vom Holz des Baumes der Erkenntniß im Paradies verfertigt worden. Man sieht hier schon die Keime seines Strebens nach Einfachheit und Wahrheit des Lebens und der Lehre. Philipp war erst zehn Jahre alt, als ihm der Vater starb. Drei Tage vor seinem Tode versammelte dieser noch seine Kinder um sein Sterbebett und sprach zu ihnen: „Da ich nun sterben muß, wünsche ich, daß ihr eins mit der Kirche bleibet, die Erkenntniß Gottes bewahret und selig werdet in der ewigen Seligkeit; ich habe große Veränderungen gesehen, es werden aber noch größere folgen: ich bitte Gott, euch darin zu schützen und ermahne euch, ihn zu fürchten und ein frommes Leben zu führen." Diese Worte des sterbenden Vaters hat Philipp nie vergessen.

Nach dem Tode des Vaters, bis zu welchem Philipp in Bretten geblieben, woselbst er von einem tüchtigen Lehrer unterrichtet worden war, nahm derselbe seinen Aufenthalt in Pforzheim, in dem Hause seiner Großmutter. Diese war eine Schwester Reuchlins. Reuchlin kam mit dem Knaben häufig zusammen und gewann ihn herzlich lieb; er hatte seine Lust an seinem Streben und Talent, feuerte ihn auch an zu immer fleißigeren Studien, schenkte ihm scherzweise seinen eignen Doktorhut und gab ihm Bücher. Um seine Dankbarkeit zu bezeugen, übte Philipp mit einem Freunde und einigen Mitschülern ein von Reuchlin verfaßtes lateinisches Lustspiel ein und spielte dasselbe, als Reuchlin von der Pforzheimer Geistlichkeit zu einem Gastmahl geladen worden war, mit solcher Fertigkeit, daß der große Gelehrte in seiner Freude meinte, ein so unterrichteter junger Mann dürfe nicht mehr den barbarischen Namen Schwarzerd tragen, er müsse von nun an in der feineren Sprache der Griechen Melanchthon heißen. Von da an ist ihm dieser Name geblieben, der nie vergessen werden wird.

In einem Alter von dreizehn Jahren bezog Melanchthon die Universität Heidelberg, zwei Jahre später die von Tübingen.

Hier erneuerte sich der persönliche Umgang mit dem Groß-
onkel Reuchlin, der sich damals in Stuttgart aufhielt. Hier
war es auch, wo Reuchlin seinem Liebling seine beste Gabe
schenkte, nämlich eine lateinische Bibel. Wunderbar ergriff
denselben die nie gesehene heilige Schrift, sie wurde ihm so
lieb und werth, daß er sie überall mit sich herumtrug, auf
Spaziergängen, ja Tag und Nacht darin las, sie auch mit in
die Kirche nahm und sich in sie während der Ceremonien des
Gottesdienstes vertiefte. In den öffentlichen Vorlesungen auf
der Universität gewann Melanchthon nicht viel, viel mehr durch
sein einsames stilles Arbeiten daheim. Gegenstand seines
Studiums waren da neben der Bibel die Schriften der alten
Väter der Kirche, die aus einer Zeit stammten, wo der heilige
Geist noch mächtiger in der Kirche wehte, und das Wort Gottes
in größerer Reinheit und Lauterkeit gelehrt wurde. Bald erkannte er, daß das wahre Christenthum etwas ganz anderes
war, als was in Kirchen und Schulen, hohen und niederen,
gelehrt wurde, und das Licht der evangelischen Wahrheit trat
ihm immer heller vor die Seele. Außerdem beschäftigte er
sich mit unermüdlichem Fleiß mit dem Erlernen der alten
Sprachen, besonders der griechischen, und brachte es in der
Kenntniß derselben schon in Tübingen so weit, daß er als
Jüngling eine griechische Sprachlehre verfaßte. So kam
es denn dahin, daß Melanchthon, siebenzehn Jahre alt, Magister
und Doktor der Philosophie und öffentlicher Lehrer an der
Universität wurde. Sein Ruf erscholl bald weithin, und Erasmus von Rotterdam, der berühmteste Gelehrte in der damaligen
Zeit, rief schon im Jahre 1516 in einem seiner Werke aus:
„Unsterblicher Gott! welche Hoffnung gewährt dieser junge
Mann, ja dieser Knabe! In beiden Literaturen (der lateinischen
und der griechischen) ist er gleich ausgezeichnet; welcher Scharf-
sinn der Erfindung, welche Reinheit der Sprache, welche Schönheit des Ausdrucks, welches Gedächtniß der unbekanntesten
Sachen, welche reiche Belesenheit!" Ein anderer Schriftsteller
seiner Zeit äußert über ihn: „Noch beinahe ein Knabe, steht

er keinem in Gelehrsamkeit nach; je schmächtiger am Körper, desto größer ist er am Geist; alle die ihn sahen, welches Landes und Alters sie auch waren, bezeugten, sie hätten nie einen so jungen und schon mit so mannigfaltigen Kenntnissen ausgestatteten Mann gesehen."

Der Herr der Kirche wollte Melanchthon gebrauchen bei dem heiligen Werke der Kirchenverbesserung, darum bereitete er sich erst dies Werkzeug. Wie er das gethan, das haben wir gesehn. Und als das Werkzeug bereitet war, ergriff er es, da der Arbeiter gerüstet war, berief er ihn. Friedrich der Weise, Kurfürst von Sachsen, suchte einen Lehrer der griechischen Sprache für sein liebes Wittenberg und fragte bei Reuchlin an, wer unter den Gelehrten Deutschlands für diese Stellung zu empfehlen sei. Reuchlin kennt keinen besseren Lehrer der griechischen Sprache als seinen Großneffen, Philipp Melanchthon, ihn empfiehlt er dem Kurfürsten mit der Versicherung, er wisse unter den Deutschen keinen, der über ihm sei, außer Erasmus. Nun beruft der Kurfürst Melanchthon nach Wittenberg, Melanch= thon folgt dem Ruf und begibt sich auf den Weg. Reuchlin, sein väterlicher Freund, entläßt ihn mit den Worten: „Gehe aus deinem Vaterland und deiner Freundschaft und aus deines Vaters Hause in ein Land, das ich dir zeigen will! Und ich will dich zum großen Volk machen, und will dich segnen, und dir einen großen Namen machen, und sollst ein Segen sein. Also 1. Mos. 12. Dies sagt mir der Geist, und diese Hoffnung habe ich von dir, mein Philippus, mein Werk und mein Trost! Komm also frohen und fröhlichen Muthes!"

Melanchthon kommt nach Wittenberg, an den Ort, wo das Feuer des Herrn bereits entbrannt war, an den Ort, wo er nun auch in dem begonnenen Kampf seinen Posten fand. Sein erstes Erscheinen in Wittenberg schien jedoch die Er= wartungen, die man von ihm hatte, zu täuschen. Man erblickte einen sehr jungen, unscheinbaren, schüchternen Mann, von mittlerer Statur, eher klein als groß, wohlgestaltet, aber von zartem Körperbau. Dabei hatte er einige auffallende An=

gewöhnungen, pflegte im Gehen eine Schulter höher zu halten als die andre, bei lebhafter Rede die Augenbrauen zusammen= zuziehen und stark mit den Händen zu gestikuliren, seine Aus= sprache war stotternd, die Stimme jedoch klar und rein. Bald aber erkannte man, was für Gaben der Herr in dies unschein= bare Werkzeug gelegt hatte. Vor allen erkannte dies Luther. Derselbe schrieb gleich nach dem Eintritt Melanchthons in die Universität zu Wittenberg an Spalatin, den Hofprediger des Kurfürsten: „Melanchthon hat am vierten Tage nach seiner Ankunft eine gar gelehrte und geschickte Rede gehalten, mit so großem Beifall und Bewunderung aller, daß er jetzt nicht mehr deiner Empfehlung bei uns bedarf; wir haben alsobald von seiner Statur und Person weggesehen und wünschen uns Glück und freuen uns des Schatzes, den wir an ihm haben.“ Ein anderer Zeitgenosse läßt sich über Melanchthons Person also aus: „Es ist eine kleine, unachtbare Person und er erschien, wenn er neben Luther ging, als ein Knabe; nach Verstand, Gelehrsamkeit und Kunst aber war er ein starker Riese und Held, daß einer sich verwundern möchte, wie in einem so kleinen Leibe so ein großer, unübersehlicher Berg an Kunst und Weis= heit verschlossen liegt.“ Dieses Uebergewicht der Weisheit und Gelehrsamkeit, welches Melanchthon auszeichnete, fand sehr bald nicht blos in Wittenberg, sondern auch anderwärts die ver= diente Anerkennung. Von allen Seiten, aus Frankreich, England, Ungarn und Italien strömten ihm Zuhörer zu, so daß ihre Zahl bis auf zweitausend wuchs.

Luther und Melanchthon verbanden sich in inniger Freund= schaft. Diese Freundschaft ruhete auf dem heiligen Boden des Glaubens.

Als Melanchthon nach Wittenberg kam, war er durch seine wissenschaftlichen Studien, insbesondere durch sein Studium in der heiligen Schrift, auf den wahren seligmachenden Herzens= glauben wohl vorbereitet; aber er stand noch nicht mit ganzer Sicherheit und Klarheit darinnen. Luther war durch seine er= schütternden Herzenserfahrungen bereits zu diesem Glauben ge=

kommen und hatte darinnen Friede gefunden. So schaute denn Melanchthon an Luther empor als an einem über ihm Stehenden, als an einem Stärkeren, er überließ sich in Demuth seinen Einflüssen, und durch Luther drang auch er zum persönlichen rechtfertigenden Glauben hindurch, so daß dieser als der geistliche Vater Melanchthons anzusehen ist.

Einig im Glauben fassen die Beiden die heilige Arbeit nun zusammen an, ein jeglicher wirkt nach Maßgabe der in ihn gelegten Art und der ihm von dem Herrn anvertrauten Gaben. Es ist eine Fügung Gottes, daß die Beiden zusammenstehen, in die Arbeit sich theilen, einander ergänzen. Luther's Gemüth war feurig, ja heftig, das Melanchthons sanft und nachgiebig. In Luther glühete ein Heldenmuth, Melanchthon war eine ängstliche fast schüchterne Seele. Luther's Wort braust dahin wie ein Waldstrom im Sturme, Melanchthons Rede ist wie ein sanft und klar dahin eilender Bach, der das Land befeuchtet und die Umgebung ziert. Es that Luther'n oft, wie er selbst sagt, „herzlich weh, daß seine Schriften so rauschten wie die Platzregen", und er wünschte, „daß er so fein sachte und lieblich könnte regnen, wie Magister Philipp." „Ich muß, schreibt er, die Klötze und Stämme ausreuten, Dornen und Hecken weghauen, die Pfützen ausfüllen, und bin der grobe Waldrichter, der Bahn brechen und zurichten muß; aber Meister Philipp fährt säuberlich und stille daher, baut und pflanzet, säet und begießet mit Lust, nachdem ihm Gott reichlich seine Gaben gegeben hat." Luther, der Bergmannssohn, war bestimmt, mit gewaltigem Hammer das todte Gestein zu zerschlagen, um das darunter verborgene Erz der evangelischen Wahrheit zu Tage zu fördern, Melanchthon, der Sohn des kunstreichen Waffenschmieds, war von Gott ausersehen, dem edlen Metall eine Gestalt zu geben und es zuzurichten zu Schutz und Trutz. Luther war an seinem Ort, wo es galt ein freimüthiges Zeugniß abzulegen, Melanchthon wo es galt zu unterhandeln. Luther war ein Mann des Lebens, der That, Melanchthon ein Mann der Schule, der Wissenschaft. Darum hat er sich den

Namen eines praeceptor Germaniae, des Lehrers von Deutsch=
land, errungen. Luther wirft den Funken in die großen Massen,
namentlich des Volkes, Melanchthon beweist, daß Luther's Wort
und Werk auch vor den Gebildeten und Gelehrten bestehen
könne, daß es das Licht der Prüfung aus Gottes Wort und
das Licht der Wissenschaft nicht zu scheuen brauche. Die 95
Thesen, das Buch an den Abel der deutschen Nation, das von
der Freiheit eines Christenmenschen und von der babylonischen
Gefangenschaft der Kirche schreiben und auf dem Reichstag zu
Worms vor Kaiser und Reich die Wahrheit bekennen konnte nur
Luther; aber die Augsburgische Konfession und die Apologie
und eine evangelische Glaubenslehre verfassen sollte und mußte
Melanchthon; und die Bibel übersetzen konnten und sollten sie
nur miteinander.

Merkwürdig und lieblich ist nun auch, wie beide Männer
einander anerkennen und so treulich an einander hangen. Wie
Luther von Melanchthon dachte und urtheilte, ist bereits gesagt.
Wie Melanchthon von Luther dachte und urtheilte, zeigen uns
folgende Aeußerungen. Er schreibt: „Sterben will ich lieber,
als mich von diesem Manne wegreißen lassen", und ein ander=
mal: „Viel wunderbarer ist Martinus, als daß ich ihn mit
Worten abbilden könnte." Als Luther's Gesundheit einmal
wankte, schrieb er: „Durch ihn ist ein Licht in Israel angezündet
worden; wird das Licht ausgelöscht, welche Hoffnung bleibt
uns? O könnte ich mit dieser meiner armen Seele sein Leben
erkaufen! Der Erdkreis hat jetzt nichts Göttlicheres!" Luther ist
ihm der „Elias", der „Herkules", der Mann voll heiligen Geistes."

Welcher Art die Verdienste sind, welche Melanchthon sich
um die Reformation erworben hat, läßt sich aus dem bisher
Gesagten schon schließen. Seine Verdienste bestehen weniger in
Thaten und mehr in Schriften. Er hat die erste evan=
gelische Glaubenslehre geschrieben, und das ist eines
seiner größten Verdienste. Er gab nämlich in demselben Jahre
noch, in dem Luther in Worms sein heldenmüthiges Zeugniß
ablegte, ein Buch heraus, das den Titel führt: „loci communes"

ober „Hauptartikel chriftlicher Lehre". Mit diefem Buche hat
er die Mauern Zions herrlich gebaut. Die Lehre der heiligen
Schrift und der Reformation war nämlich bis dahin nur in
Bruchstücken dargelegt. In einer Schrift war eine Wahrheit
gelehrt, in einer anderen ein Jrrthum bekämpft worden. Die
Trümmer des alten und die Materialien des neuen Gebäudes
lagen auf einem großen Raume untereinander, aber das Ge=
bäude selbst war noch nicht errichtet. Dies unternahm nun
Melanchthon. Er gab in seinen „Hauptartikeln chriftlicher
Lehre" dem chriftlichen Europa ein Lehrgebäude, dessen Grund=
lage das ewige Felsenwort, und dessen Anordnung und Auf=
führung bewundernswürdig war. Seit 15 Jahrhunderten hatte
die Kirche kein solches Werk gesehen; es war so frisch, lebendig,
klar, durchdacht, so einzig und allein in der Schrift wurzelnd,
daß kein chriftliches Buch von der Apostel Zeiten an bis dahin
damit verglichen werden konnte. Luther bewunderte diese
Schrift sein Leben lang. Die einzelnen Töne, die er in
heftiger Gemüthsbewegung mit stürmischer Hand der Harfe der
Propheten und Apostel entlockt hatte, ordneten sich hier zu einer
herrlichen Harmonie. Die vereinzelten Bausteine, die er aus
dem Steinbruch der heiligen Schrift mit Gewalt abgeschlagen
hatte, waren nun zu einem majestätischen Gebäude verbunden.
Luther sagt: „Wer jetzt ein Theologus will werden, der hat
großen Vortheil; denn erstlich hat er die Bibel; die ist ihm so
klar, daß er sie kann lesen ohne alle Hinderung. Danach lese
er die loci communes Philippi; die lese er fleißig und wohl,
also daß er sie gar im Kopfe habe. Wenn er die zwei Stücke
hat, so ist er ein Theologus, dem weder der Teufel noch ein
Ketzer etwas abbrechen kann, und ihm steht die ganze Theologia
offen, daß er alles, was er will, darnach lesen kann zur Er=
bauung." Dieses Buch war von unbeschreiblicher Bedeutung
für die Sache des Evangeliums, und nach der heiligen Schrift
hat wohl kein Buch soviel zur Wiederherstellung der evangelischen
Lehre beigetragen. Luther hatte durch die Härte und Heftigkeit
seiner Sprache manchen zurückgestoßen; aber da kam nun ein

Mann, der im anmuthigsten Styl, geschmackvoll, klar, voll Ordnung die mächtigen Wahrheiten darlegte, deren plötzlicher Ausbruch die Welt erschüttert hatte. Diese Milde und Be= scheidenheit gewann die Herzen; die höheren Stände, die Ge= lehrten, bis jetzt noch unentschieden, konnten nicht widerstehen und ließen sich erobern. Die Feinde der Wahrheit aber ver= stummten eine Zeit lang vor Melanchthons Schrift. Sie er= kannten, daß es noch einen Mann gäbe, den sie wie Luther fürchten müßten. Einer der Grimmigsten von ihnen, Kochläus, konnte seine Wuth nicht verbergen und rief aus: „Unglückliches Deutschland! Wie wird.bir's gehen auf diese neue Ausgeburt!" Vom Jahre 1521—1595 erlebte das Werk 67 Auflagen, wobei jedoch die überaus vielen Uebersetzungen noch gar nicht mitgerechnet sind. Auch Kalvin hat es in das Französische übersetzt.

Ein weiteres Verdienst Melanchthons ist seine Betheiligung an dem Werke der B i b e l ü b e r s e t z u n g. Da hat er Luther'n treulich zur Seite gestanden mit seiner großen Gelehrsamkeit, besonders durch seine gründliche Kenntniß der alten Sprachen, und Luther hat sich gerne von ihm, dem Gelehrteren, belehren lassen. Dieser ließ keinen Theil der Bibel im Druck ausgehen, ohne daß Melanchthon ihn vorher durchgesehen hätte. Er ver= anstaltete auch wöchentliche Zusammenkünfte mit Melanchthon, Bugenhagen, Cruciger, Jonas und andern; hier wurde jede Stelle genau durchgesprochen, man verglich die alten Ueber= setzungen, um den richtigen Sinn und den angemessensten Aus= druck zu finden.

Neben den eben genannten Verdiensten Melanchthons ist auch noch seine Theilnahme an der durch den Kurfürsten Johann angeordneten V i s i t a t i o n der Schulen und Kirchen in Sachsen zu erwähnen. Der bei dieser Visitation an den Tag kommende Jammer ging ähnlich wie Luther'n, so auch Melanchthon. tief zu Herzen. „Wie kann man es verantworten, schreibt er, daß man die armen Leute bisher in so großer Unwissenheit und Dummheit gelassen hat? Mein Herz blutet, wenn ich diesen

Jammer erblicke. Ich gehe oft bei Seite und weine meiner
Schmerz aus, wenn wir mit der Untersuchung eines Ortes
fertig sind." Nach vollendeter Visitationsreise war Melanchthons
erste Arbeit, daß er im Auftrag seines Kurfürsten Artikel ver=
faßte, nach denen die folgenden Visitationen vorzunehmen seien,
und die zugleich den Pfarrern zugestellt werden sollten, damit
sie genau wüßten, was sie zu lehren und wie sie den Gottes=
dienst und die Schulen einzurichten hätten. Diese Arbeit
Melanchthons wurde reich gesegnet, etliche Jahre später konnte
schon Luther dem Kurfürsten die Versicherung geben: „das Wort
Gottes ist mächtig und fruchtbar im ganzen Lande, denn Ew.
Kurfürstlichen Gnaden die allerbesten und meisten Pfarrer haben,
als sonst kein Land in aller Welt, die so treulich und rein
lehren und so schönen Frieden halten helfen."

Melanchthons herrlichste Schrift ist die Augsburgische
Konfession, sammt ihrer Apologie oder Vertheidigung.
Von diesem Bekenntniß unserer theuren lutherischen Kirche und
seiner Uebergabe und den begleitenden Umständen werden wir
weiter unten etwas mehr zu reden haben. Hier aber darf
die Sache doch nicht unerwähnt bleiben, muß vielmehr, soweit
sie eben Melanchthon angeht, kurz besprochen werden. Es war
ein großes Werk, welches die Evangelischen in Augsburg
Melanchthon anvertrauten. Aber er hat das Vertrauen nicht
zu Schanden gemacht. Er hat ein herrliches Bekenntniß auf=
gestellt und uns damit einen köstlichen, unschätzbaren Schatz
geschenkt. Er hat sich keine Mühe verdrießen lassen, den
Glauben der Evangelischen in ächter und rechter Weise zu=
sammen zu fassen und darzustellen. Er hat den allergrößten
Fleiß und die allertreueste Sorgfalt darauf verwandt, diesen
Glauben als schriftmäßig und als den der alten noch reinen
Kirche darzustellen. Wollte er doch durchaus nicht mit der
Kirche brechen, trug er doch immerdar die Worte seines sterben=
den Vaters im Gedächtniß, wollte er doch nur die apostolische
Lehre wiederherstellen. Dabei verfaßte er das Bekenntniß in
einem gar ruhigen, friedlichen und doch festen und entschiedenen

Ton. Ich bin mit der größten Sorgfalt zu Werke gegangen,
äußerte er sich selbst, und glaube nicht, daß man sich über diese
Dinge milder ausdrücken kann; ich bin sanfter verfahren, als
es der Haß der Gegner verdiente, habe aber nur das zusammen=
stellen wollen, was in der Sache das wichtigste ist." Luther
erkennt Melanchthon's Leistung an und schreibt an den Kur=
fürsten: „Ich hab Magister Philipps Apologie (es ist die
Konfession gemeint) überlesen, die gefällt mir fast wohl, und
weiß nichts dran zu bessern und zu ändern, würde sich auch
nicht schicken, denn ich so sanft und leise nicht treten kann.
Christus unser Herr helfe, daß sie viele und große Frucht
schaffe, wie wir bitten und hoffen. Amen."

Ueber all das Thun und Leben Melanchthons verbreitete
eine herzliche Frömmigkeit ein gar liebliches Licht. Er stand
mit seinem Gott und Heiland in lebendigem Verkehr. Alle
seine Geschäfte begann er im Namen Gottes und vor seinem
Angesichte. Oft hörte man aus seinem Munde den Gebets=
seufzer: „Unser Herr Gott, hilf und sei uns gnädig!" Sein
Grundgedanke war das Wort St. Pauli: „In ihm leben,
weben und sind wir." Seinem Beruf lag er mit der größten
Treue ob, sein Fleiß ist bewundernswerth, morgens um zwei
oder drei Uhr fand man ihn schon in seiner Studirstube und
zwar im Sommer und im Winter. — Herzgewinnend und
liebenswürdig erscheint Melanchthon im Schoße seines häus=
lichen Lebens, er sah in dem Hause ein „Kirchlein Gottes".
Hier fand er die reinsten Freuden und den süßesten Trost.
Seine Zärtlichkeit gegen die eignen, aber auch gegen fremde
Kinder war groß, vielleicht zu groß. Einst fand ihn ein Fremder,
wie er mit der einen Hand die Wiege seines Kindes schaukelte
und in der anderen ein Buch hielt. Deß verwunderte sich der
fremde Mann, aber Melanchthon antwortete: „Ihr sehet, ich
bin ein Vater; der dem Sturm und Meer gebot, daß es stille
ward, nahm auch die Kindlein auf seinen Arm und herzte sie.
Ach könnte ich nur machen, daß meinem Kinde jeder Tag seines
Lebens würde, wie dieses Stündlein süßen Schlafes". — In

Melanchthon's Hause wurde reichlich und ohne Murmeln Gast=
freundschaft und Barmherzigkeit geübt, oft mehr, als seine
Mittel es zu erlauben schienen. Er hatte nämlich durchaus
keinen glänzenden Gehalt, derselbe betrug vielmehr anfänglich
nicht mehr als 100 Gulden und blieb bis an sein Ende ein
geringer und bescheidener.

Der Abend in Melanchthon's Leben ist trübe gewesen.
Sein Luther starb vor ihm. Das war ein harter Schlag für
ihn; denn die Stütze, an welche er sich wie eine Ranke gelehnt
hatte, war nun abgebrochen. Sein Leben schien seinen Halt
verloren zu haben, und die natürliche Friedensliebe des Mannes
artete oft in einen nicht unbedenklichen Wankelmuth aus. Die
Nachricht vom Tode Luther's erschütterte Melanchthon auf's
tieffte. Er empfing sie, als er gerade Vorlesung halten wollte.
Vor Traurigkeit war er nicht im Stande, dies zu thun.
Er sprach zu den versammelten Studenten: „Ach der Wagen
in Israel ist dahin, der die Kirche in diesem letzten Alter der
Welt regiert hat. Denn wahrlich, durch menschliche Klugheit
ist diese Lehre nicht erfunden worden, von Vergebung der
Sünden und vom Glauben an den Sohn Gottes, sondern sie
ist von Gott durch diesen Mann geoffenbaret worden, wie wir
auch selbst gesehen haben, daß er von Gott erweckt ist worden.
Darum lasset uns gerne seiner eingedenk sein und die Lehre,
die er geführt hat, lieb haben! Dich bitte ich, du Sohn Gottes
und Immanuel, der du für uns gekreuziget und wieder auf=
erstanden bist, du wollest deine Kirche regieren und schirmen!
Amen." So sprach und betete Melanchthon unter Thränen.
Seine Zuhörer wurden durch diese Trauerkunde und seinen
Schmerz darüber so ergriffen, daß, wie erzählt wird, es schien,
als ob auch die Wände Thränen weinten, denn alle gaben
ihren Schmerz durch lautes Schluchzen zu erkennen. Ein
ander mal klagt Melanchthon: „Der Schmerz, der in meinem
zerrissenen Herzen wüthet, ist nicht zu beschreiben. Gleichwie
von zwei Reisenden, die einen und denselben Weg gingen, der
eine jammert, wenn der andere todt zur Erde fällt, also jammere

ich um meinen Luther. Ich hoffte, früher zu sterben, als er, und muß ihn noch überleben. Gott weiß, was noch über uns verhängt ist." Und über Melanchthon war noch viel verhängt. Er sah noch die Schrecken des schmalkaldischen Krieges, erlebte die Gefangennehmung seines Kurfürsten, die Auflösung der Universität. Außerdem hatte er von den entschiedenen und zum Theil zu schroffen Anhängern der lutherischen Lehre, zuweilen nicht ganz ohne seine Schuld, harte und verletzende Urtheile zu erdulden, so daß er öfter sagte: „Von den streitsüchtigen Lehrern befreie mich, Herr!"

Melanchthon wurde nachgerade in Folge aller dieser Leiden, wozu noch häusliche Trübsale kamen, von einer starken Sehnsucht nach dem Tode und dem Himmel erfüllt. „Ich werde nicht ungern aus diesem Leben scheiden, schreibt er, sobald Gott dies wollen wird; wie ein Wanderer, welcher bei Nacht seinen Weg macht, die Morgenröthe ersehnt, so harre ich mit großem Verlangen auf das Licht der himmlischen Hochschule." Und seine Stunde kam. In den ersten Tagen des April 1560 nahmen seine Kräfte zusehends ab. „Ich werde auslöschen wie ein Licht", sagte er selbst. Am 19. war sein Todestag angebrochen, Melanchthon erkannte seinen Zustand und ging klaren Geistes dem letzten Stündlein entgegen. Er betete viel für sich und für die Kirche und stärkte sich an Sprüchen der Schrift, besonders an dem Wort Joh. 1, 11. 12: Er kam in sein Eigenthum und die Seinen nahmen ihn nicht auf; wie viele ihn aber aufnahmen, denen gab er Macht, Gottes Kinder zu werden, die an seinen Namen glauben. Als das Ende kam, fragte ihn sein Schwiegersohn, ob er etwas begehre. „Nichts als den Himmel", erwiederte er, „darum laßt mich hinfort mit solchen Fragen zufrieden." Da der Kranke starb, sprach man über ihn den Segen, er schlief ein ohne die geringste Bewegung; sanft und stille, betend feierte er seine Heimfahrt. Sein Leichnam fand eine Ruhestätte in der Schloßkirche zu Wittenberg, neben dem Luther's. Sie haben zusammen gekämpft und geduldet, geweint und gebetet, nun ruhen ihre Leiber nebeneinander auf Hoffnung bis zum großen Tag der Auferstehung.

Das Denkmal zeigt uns Melanchthon gekleidet in den vorn offenen Doktorrock, in der Linken die Bibel, mit der Rechten gestikulirend. Er scheint einen aufgestellten Lehrsatz ruhig ent= wickeln, die Lehren des Evangeliums klar und wissenschaftlich be= gründen zu wollen. Sein Bild macht außerdem den Eindruck christlicher Einfachheit und Demuth.

Friedrich der Weise.

Auf unſerm Denkmal wird auch das Andenken etlicher deutſcher Fürſten durch ihre Statuen oder ihre Porträts ge= feiert. Es ſind ſolche Fürſten, welche ſich zu der gereinigten Lehre des Evangeliums bekannten und bereit waren, dieſe Lehre durch ihre Macht und ihr Schwert zu vertheidigen. Statuen ſind errichtet dem ſächſiſchen Kurfürſten Friedrich dem Weiſen und dem heſſiſchen Landgrafen Philipp dem Großmüthigen.

Friedrich, nachmals der Weiſe genannt, war geboren zu Torgau, am 17. Januar 1463 und beſtieg den kurfürſtlichen Thron von Sachſen nach dem Tode ſeines Vaters in einem Alter von etwa 25 Jahren.

Ehe ihm das Licht des Evangeliums in das Herz leuchtete, war Friedrich ein guter römiſcher Chriſt und hielt die äußerlichen Satzungen Roms mit großer Gewiſſenhaftigkeit und Aengſtlich= keit. Er unternahm im Jahre 1493 eine Wallfahrt nach Jeruſalem, woſelbſt er zum Ritter des heiligen Grabes ge= ſchlagen wurde. Zu Anfang des ſechzehnten Jahrhunderts baute er die Schloßkirche zu Wittenberg und ſammelte für die= ſelbe eine große Menge Reliquien; im Jahre 1509 waren deren ſchon an fünftauſend aufgeſpeichert, es gab faſt keinen Heiligen, von welchem nicht irgend etwas dort vorhanden war. Auch war Friedrich ein großer Verehrer des Papſtthums und des Papſtes und ſetzte in ſeinen früheren Jahren, wie uns erzählt wird, einen großen Werth auf das päpſtliche Ehrengeſchenk der goldnen Rose; er erhielt daſſelbe aber erſt dann, als es für ihn keinen Werth mehr hatte.

Die Frömmigkeit des Fürſten war aber auch zur Zeit dieſer ſeiner Befangenheit keineswegs blos äußerliches Werk, ſondern im tiefſten Grunde ſeines Gemüths war ächte Gottes= furcht und ein lauteres aufrichtiges Streben nach dem Höchſten, und der Mann iſt ein lebendiges Exempel für die Wahrheit des biblischen Wortes: „Der Herr läßt es den Auf= richtigen gelingen." Fleißig las er Gottes Wort und hatte dabei von früh auf die Sitte, alle Sprüche der heiligen Schrift, die beſonderen Eindruck auf ihn gemacht hatten, in ſeinem Zimmer an die Wand zu ſchreiben, um ſie hier immer vor Augen zu haben. Spalatin, ſein Hofprediger, berichtet hier= über: „Mit welch großer Liebe, Fleiß und Andacht dieſer Kurfürſt dem Worte Gottes zugethan war, iſt niemand ver= borgen. Auch ehe noch Gott der Herr nach ſeiner unausſprech= lichen Güte und Barmherzigkeit die Lehre von ſeiner väterlichen Gnade wieder hat predigen laſſen, mißfiel es ihm ſehr, daß man ſo übel mit dem Worte Gottes umging. Da hernach durch göttliche Gnade das Licht des Evangeliums um etwas aufging, ſprach er zu mir: er habe immer gehofft, wir würden noch einen reinen Unterricht vom Glauben empfangen. Er hörte indeſſen die Predigten begierig an, und las ſelbſt mit großen Freuden das Wort Gottes, beſonders die Evangeliſten, woraus er ſich viele tröſtliche Sprüche geſammelt und dieſelben wohl anzubringen gewußt hat."

Dieſer Fürſt war von Gott auserſehen, zum Aufbau einer gereinigten Kirche ein Werkzeug zu werden. Er wurde der Begründer der Univerſität zu Wittenberg, alſo der Erbauer des Heerdes, auf dem das heilige Feuer ſollte zum Ausbruch kommen. Er nahm ſich der Anſtalt mit väterlicher, ja mit wahrhaft zärtlicher Fürſorge an, nannte ſie ſeine Tochter und ſparte keine Mühe und Koſten, um ausgezeichnete Lehrer für ſie zu gewinnen. So berief er Luther'n und Melanchthon zu Lehrern an derſelben. Von der großen ja enormen

Bedeutung Luther's soll der Kurfürst eine Ahnung gehabt haben. Es wird nämlich erzählt, in der Nacht auf Allerheiligen im Jahre 1517, eben als Luther seine Sätze angeschlagen hatte, habe ihm auf seinem Schlosse zu Schweinitz geträumt, er sähe einen Mönch, wie er an das Schloß zu Wittenberg einige Sätze anschrieb mit so starker Schrift, daß man sie in Schweinitz lesen konnte; die Feder wuchs immer mehr, sie reichte endlich bis nach Rom und an die dreifache Krone des Papstes und machte sie wanken. Friedrich wollte den Arm ausstrecken, sie zu halten, da erwachte er.

Luther hatte seine 95 Thesen angeschlagen, die Sache der Reformation griff um sich, wuchs und ward mächtig. Welche Stellung nahm nun Friedrich ihr gegenüber ein? Anfangs schwankte er, und wer kann sich darüber wundern? Es galt ja mit so manchem zu brechen, was ihm von Kindesbeinen an eine Art Heiligthum gewesen. Dazu war auch der Kurfürst ein gar besonnener Herr, vorsichtig und gemäßigt, und hat nicht mit Unrecht den Beinamen des „Weisen" erhalten. Da er aber auch durchaus gerecht war, legte er Luther'n nichts in den Weg, ließ ihn seine Straße ziehen und die Schritte thun, zu denen sein Gewissen ihn trieb; ja bald nahm er Luther'n offen in seinen landesherrlichen Schutz. Als dieser nach dem Anschlag seiner Sätze nach Rom geladen wurde, sich daselbst zu verantworten, setzte Friedrich es durch, daß die Sache auf deutschem Boden, nämlich in Augsburg, zur Verhandlung kam. Er hatte eine Scheu davor, das Werk zu dämpfen und als einer befunden zu werden, der gegen Gott kämpft. „Die Sache ist so weit gediehen, sagte er einmal, daß die Menschen nichts dazu thun können; Gott allein kann es. Deßhalb überlassen wir seiner mächtigen Hand die großen Ereignisse, die zu schwierig für uns sind." Als Dr. Eck im Spätjahr 1519 die Bannbulle gegen Luther von Rom mitbrachte und sie in Sachsen vollzogen wissen wollte, verweigerte Friedrich entschieden, seine Hand dazu zu bieten und bestand auf der Forderung, Luther müsse vorerst von gelehrten und frommen Leuten und Richtern an einem un=

gefährlichen Ort verhört werden. Auch ließ er es ungestraft geschehen, daß Luther die päpstliche Bannbulle öffentlich und feierlich verbrannte. In Worms empfing der Kurfürst von dem gewaltigen Auftreten Luthers in Beweisung des Geistes und der Kraft einen tiefen Eindruck, er rief nach Schluß der Versammlung Spalatin zu sich und sagte: „Wohl hat Dr. Martinus geredet vor dem Herrn Kaiser und allen Fürsten und Ständen des Reiches und ist mir nur zu herzhaft gewesen." Nach dem Reichstag nimmt sich Friedrich seines Luther's, dessen Person in die Acht erklärt und darum in Lebensgefahr war, treulich an, er ließ ihn unterwegs festnehmen und auf die sichere Veste der Wartburg bringen. Der Kurfürst steht allmählich mehr und mehr zum Evangelium und wird durch das Wort Gottes gewonnen. Auf seinem Sterbebette sehen wir Friedrich ganz entschieden auf der Seite der gereinigten Lehre, da nahm er das heilige Abendmahl u n t e r b e i d e r l e i G e s t a l t.

Kurfürst Friedrich war ein bedeutender und viel geltender Herr im deutschen Reich, er stand in großem Ansehen im Kreise der Reichsfürsten und bei dem Kaiser. Dies nicht blos in Folge davon, daß er das kurfürstliche Amt inne hatte, sondern vorzüglich wegen seiner Einsicht und Weisheit in den staatlichen Dingen und wegen seiner seltenen Rechtschaffenheit und Redlichkeit. So äußerte im Jahre 1524 auf dem Reichstag zu Nürnberg der Erzherzog Ferdinand, Kurfürst Friedrich sei doch das einzige Exemplar der alten deutschen Redlichkeit und Treue. Als Kaiser Maximilian I. gestorben war, ward dem Kurfürsten die Kaiserkrone angeboten; allein er lehnte sie ab. Er dachte wohl, er wäre nicht mehr rüstig und stark genug, diese Last zu tragen, denn er war schon nahe an sechszig Jahren alt, meinte auch wohl, er würde die strafende Gewalt nicht gehörig ausüben können. Statt sich selbst wählen zu lassen, gab er den Ausschlag für Kaiser Karl V.

Die volle Blüthe der Reformation sollte der edle Fürst nicht sehen. Vom Anfang des Jahres 1525 an kamen die Vorzeichen seines nahenden Endes. Er sprach in dieser Zeit:

„Der liebe Gott rufe mich, wann er will, so habe ich ein fröhliches Gewissen in dem Herrn Christo, dem ich von ganzem Herzen gedient und das erlebt habe, daß in meinen Kirchen und Schulen die Alten und die Kinder allein auf ihn sind ge= wiesen worden." Als man ihn fragte, was die erste Tugend eines Fürsten wäre, antwortete er: „Das ist die Gottesfurcht!" „Und welches ist die letzte?" — „Wiederum die Gottesfurcht; denn diese begreift alle übrigen Tugenden in sich."

Am Morgen des 5. Mai, es war sein Todestag, empfing er das heilige Abendmahl und zwar mit solcher Andacht, daß alle Anwesenden zum Weinen bewegt wurden. Danach bat er sie alle um Vergebung, wo er einen irgend erzürnt hätte; „denn, sprach er, wir Fürsten thun den armen Leuten allerlei Beschwerung und das nicht taugt." Er tröstete sich an Gottes Wort, besonders an den Sprüchen Joh. 3, 16 und Joh. 6, 40, die er sich mit großen Buchstaben auf eine Tafel schreiben ließ, fühlte sich auch sehr gestärkt durch das Wort des Herrn: „Kommet her zu mir alle, die ihr mühselig und beladen seid, ich will euch erquicken" Matth. 11, 28. Sein Testament, das er jetzt noch machte, beginnt: „Erstlich bitte ich den allmächtigen Gott durch das heilige und einige Verdienst seines Sohnes, daß er mir alle meine Sünden und Gebrechen vergeben wolle; denn ich zweifle nicht, daß ich durch das theure Blut meines allerliebsten Herrn und Heilandes Jesu Christi erlöst bin. Dem= nach befehle ich meine Seele, sie seliglich zu behalten, seiner unerforschlichen, ewigen und unendlichen Gnade und Barmherzig= keit und in seine allmächtigen Hände". — Abends entschlummerte der fromme Herr, und zwar so sanft, daß der Arzt rief: „Er war ein Kind des Friedens, und friedlich ist er verschieden!"

Luther lobt in der Leichenpredigt des Entschlafenen friedlich Regiment, seinen festen Glauben an Christum und seine Liebe zum göttlichen Wort. In einem Trostschreiben an den neuen Kurfürsten Johann lobt Luther ebenfalls des Geschiedenen Friedfertigkeit mit den Worten: „Er hat sein Lebtage ein friedsames, stilles und ruhiges Regiment geführt, daß er billig Friedrich geheißen und seinen Namen mit der That bewiesen hat." —

Auf dem Denkmal ist Friedrich dargestellt in der Kurfürstentracht, er trägt in der Rechten das Reichsschwert, das er schützend über dem evangelischen Glauben gehalten, mit der andern hebt er, wie um in feierlichem Schritte vorwärts zu gehen, das Gewand ein wenig in die Höhe. Aecht und treu, eine fromme und biedere Seele wie er war, so steht er da, zu seinen Füßen die Kaiserkrone, die er verschmäht.

Philipp der Großmüthige.

Ein Seitenbild Friedrich des Weisen, wie in der Geschichte, so auf dem Denkmal, ist Philipp der Großmüthige, Landgraf von Hessen.

Philipp wurde im Jahre 1504 auf dem Schlosse zu Marburg, und zwar als der einzige Sohn des Landgrafen Wilhelm II. und dessen Gemahlin Anna von Mecklenburg geboren. Als der Knabe erst fünf Jahre alt war, starb ihm der Vater, und die Mutter übernahm Vormundschaft und Regierung. Diese aber hatte durch vielfache Streitigkeiten und Kämpfe mit der hessischen Ritterschaft einen schweren Stand. Als der junge Landgraf im fünfzehnten Jahre stand, fand es Kaiser Maximilian I. für gut, denselben für mündig zu erklären, und von nun an regierte Philipp selbst. Er erfaßte seine schwere Stellung — er, der Jüngling, sollte Fürst sein über ein aufgeregtes Land — mit großem Ernst, und das Wort der heiligen Schrift: „Wehe dem Lande, deß König ein Kind ist" versetzte ihn in tiefes Nachdenken. Philipp wurde gar bald seiner Stellung gewachsen; denn er war mit seltenen Gaben von Gott versehen. Er hatte eine außerordentliche Regsamkeit des Geistes, eine ungewöhnliche Thatkraft, einen weiten Blick und hegte große Entwürfe. In seinen Gesichtszügen zeigte sich neben liebenswürdiger Milde ein strenger Ernst, unter der hohen Stirn glänzten feurige Augen.

Die mächtige Bewegung der Reformation durchzog das deutsche Land. Ein Mann und Fürst wie Philipp konnte davon nicht unberührt bleiben. Die Sache des Evangeliums trat in gewaltiger Weise nahe an ihn heran auf dem Reichstag zu Worms, im Jahre 1521. Der heldenmüthige Glaube Luther's blieb nicht ohne tiefen Eindruck auf sein jugendliches Gemüth, und als Luther nach seiner Rede vor Kaiser und Reich in seine Herberge zurückgekehrt war, und viele fürstliche und hohe Personen ihn besuchten, da kam auch der junge, siebzehnjährige Landgraf, reichte ihm die Hand und sagte: „Habt ihr Recht, Herr Doktor, so helfe euch Gott!" Jedoch ließ es Philipp bei diesem frommen Wunsche nicht bewenden; sondern er war auch unter den würdigen Reichsfürsten, welche den verrätherischen Vorschlag, man möge dem kühnen Mönche das versprochene sichere Geleit nicht halten, mit heiligem Unwillen verwarfen, und stellte Luther'n noch einen besonderen Geleitsbrief durch seine hessischen Lande aus.

Einen großen Dienst erwies Philipp der Sache des Evangeliums und der Reformation durch sein Auftreten im Bauern-krieg. Er half kräftiglich, den Beweis zu liefern, daß das Evangelium und die Reformation mit dem Aufruhr nichts zu schaffen hat. Als gegen den Aufruhr der Bauern Worte nichts mehr halfen, auch Luther's Mahnung in dem Wind verhallte, da mußte das Schwert ergriffen werden, denn die Obrigkeit trägt das Schwert nicht umsonst, und Philipp zog es. Der Landgraf wollte vorerst die Ruhe im eigenen Lande herstellen und sammelte ein Heer bei Alsfeld. Als er nach seiner Rede, in welcher er die Für-sorge geschildert, mit der er bisher Land und Leute regiert hatte, diejenigen unter den Versammelten, welche treu bleiben wollten, aufforderte, zwei Finger aufzuheben, da erhoben alle unter Jubelgeschrei die Arme, so daß der Fürst vor Freuden weinte. Darauf schlug er den Aufstand rasch zu Boden, be-sonders durch den Sieg bei Fulda und die Erstürmung des Frauenbergs, und zog nach Thüringen. Hier stand bekanntlich Thomas Münzer, ein Wiedertäufer, an der Spitze der Bewegung. Es kam zur entscheidenden Schlacht bei Frankenhausen, woselbst Philipp mit seinen Verbündeten, insbesondere mit dem Kurfürsten Johann von Sachsen, die Rebellen auf's Haupt schlug. Wie der Landgraf die ganze Bewegung und seine Aufgabe dabei ansah, zeigen uns am deutlichsten die herrlichen Worte, die er vor der Schlacht bei Frankenhausen an sein Kriegsvolk sprach. „Ihr sehet," so lauten dieselben, „die Elenden, deren Frevel ihr strafen sollt, und deren wir uns vergebens erbarmt haben. Sie rüsten sich zur Schlacht und zwingen uns zur Nothwehr. Greifet sie ritterlich an, denn der Teufel hat sie geblendet. Sie klagen wider die Obrigkeit, aber keine Ursache ist auf Erden genugsam, Aufruhr zu predigen wider die Obrigkeit. Denn es ist ein ernstes Gebot Gottes, die Obrigkeit zu ehren und zu fürchten, und nie hat er den Aufruhr unbestraft ge= lassen. Paulus sagt, wer der Obrigkeit widerstrebt, wird be= straft. Denn da die Obrigkeit von Gott geordnet ist, hält er darüber, daß sie keine Kreatur zerreiße. Wie es Gottes Ordnung ist, daß es Tag und Nacht wird, und kein Mensch die Sonne vom Himmel reißen mag, so wird weder der Teufel, noch Münzer, sein Apostel, noch der Münzerische Haufen gegen die Obrigkeit etwas ausrichten. Dies rede ich nicht, weil ich ein Fürst bin und mich schmücken und der Bauern Sache arg machen will, sondern weil es die Wahrheit ist. Ich weiß es, daß wir oft sündigen, denn wir Menschen sind. Aber darum soll man nicht Aufruhr stiften. Denn gerade weil Gott will die Obrigkeit geehrt haben, soll man sie ehren, wenn sie der Ehre am meisten bedürftig ist, und ihre Fehler bedecken, wie Sem Noah's Blöße bedeckte, damit Friede bleibe und Einigkeit. Aber diese Bösewichter machen unsre Fehler noch größer und breiten sie aus. Erlogen ist es, daß wir keinen Landfrieden hielten, keine Gerichte bestellten, Mord und Raub nicht ab= wehrten. Sie verschweigen unsre Sorgen und Mühen, gegen welche ihre Abgaben und Lasten noch gering sind. Aber jeder= mann denkt nur an seine Beschwerden. Für ihre Abgaben erhalten sie Schutz, damit sie sich ernähren und ihre Kinder erziehen können. Ihrer ist der meiste Nutzen. Wahr ist es, daß Regiment der Fürsten kann nicht alles ausrichten, aber dies ist der Welt gemeinsames Unglück, geräth doch das Korn auf dem Felde nicht gleich in jeglichem Jahr. Darum weil die Ehre der Obrigkeit so oft in Gefahr steht, soll man, wie Gott will, sie achten. Die Aufrührer klagen auch, daß man ihnen das Evangelium nicht gestatte. Aber auch dies ist keine Ursache zu Aufruhr. Christus selbst verbot Petro, zu fechten. Was jeder glaubt, soll auch jeder verantworten, aber nicht mit dem Schwerte. Wer das Schwert nimmt, soll mit dem Schwert gerichtet werden, sagt Christus, der sich selbst kreuzigen ließ. Aber dieser falsche Prophet und sein Anhang will nicht das Evangelium, sondern Raub und Mord gegen Obere und Reiche. Solche Schmach des heiligen Wortes und Mißbrauch des göttlichen Namens läßt Gott nicht ungerochen. Darum, da sie keine billige Ursache haben, Gott und ihre Obrigkeit zu lästern, sollt ihr diese Bauern getrost angreifen, als Mörder und Friedensbrecher, allen frommen ehrbaren Menschen und euch selbst zum besten. Daran thut ihr Gottes Willen. Denn obgleich wir, menschlicher Weise zu reden, diesem elenden Haufen stark genug sind, dennoch wollte ich sie nicht angreifen, wenn ich nicht wüßte, daß ich recht thäte. Aber Gott hat mir das Schwert gegeben, dem Morde zu wehren. Deshalb will ich sie strafen mit Gottes Hülfe, der geboten hat: wer der Obrigkeit widerstrebt, der soll gestraft werden."

Mit ähnlicher Thatkraft und ähnlichem Erfolg zog später Philipp gegen die Wiedertäufer in Münster zu Feld. Diese hatten die Obrigkeit der Stadt vertrieben, gaben vor, das Reich Gottes auf Erden aufrichten zu wollen, nannten die Stadt Münster „Zion" und sandten von hier aus Leute, die sie Apostel hießen, in die umliegenden Länder zur Bekehrung der Völker. Dabei verachteten sie Gottes Ordnungen, führten Gütergemeinschaft und Vielweiberei ein und verübten allerlei Greuel. Die benachbarten Fürsten, darunter der Landgraf, konnten und wollten diesen Unfug nicht dulden. Sie brachten

ein Heer auf, erstürmten die Stadt, und ließen die Häupter
der Wiedertäufer hinrichten. Zu den zum Tode Verurtheilten
schickte Philipp vor der Hinrichtung erst noch etliche seiner
Gottesgelehrten, daß diese noch einmal die Bekehrung der Ver=
blendeten versuchten.

Die evangelische Lehre hatte sich mittlerweile auch in den
hessischen Landen verbreitet, und hin und her, wie z. B. in
Alsfeld, Marburg, Bußbach traten Männer auf, welche dem
Volke nach der heiligen Schrift den christlichen Glauben ver=
kündigten. Landgraf Philipp las fleißig die Bibel und trat in
Verkehr mit Männern, welche der Lehre Luther's anhingen, so
auch mit Philipp Melanchthon. Diesem begegnete er einst auf
einer Reise nach Heidelberg. Er ritt an ihn heran, fragte ihn,
ob er Melanchthon sei, bat ihn, als dieser vom Pferde steigen
wollte, sitzen zu bleiben und mit ihm ein Stück Weges um=
zukehren, er habe mit ihm Verschiedenes von Wichtigkeit zu
reden, er möge nur gutes Muthes und furchtlos sein. Melanch=
thon war eilig und konnte jetzt nur kurze Auskunft geben,
schickte aber darnach dem Landgrafen einen kurzen Begriff der
erneuerten christlichen Lehre. Mit in Folge hiervon erklärte
Philipp im Jahre 1525, daß die Predigt des göttlichen Wortes
frei sein und die Mißbräuche abgeschafft werden sollten. Er
wurde der Reformation je mehr und mehr zugethan und wider=
stand entschieden den übel angebrachten Warnungen seiner
Mutter und seines Schwiegervaters, des Herzogs Georg von
Sachsen, welche ihn bei der römischen Kirche festzuhalten
wünschten. Seine Mutter ermahnte er, indem er auf ihre
Warnungen ihr entgegnete, an die Bibel zu gehen und darin
zu forschen.

Bald that Philipp den entscheidenden Schritt und begann
durch die am 21. Oktober 1526 zu Homberg gehaltene
Synode, die Reformation auf geordnetem Wege in seinem
Lande einzuführen. Dazu war er veranlaßt worden durch den
Abschied des Reichstages zu Speier vom Jahre 1526, welcher
dahin lautete, daß bis zur Regelung der streitigen Religions=

sachen durch eine allgemeine Kirchenversammlung jeder Fürst in seinem Lande sich so verhalten solle, wie er es gegen Gott und kaiserliche Majestät zu verantworten sich getraue. Zu dieser Synode waren die weltlichen und geistlichen Stände und alle eingeladen, welche über den Zwiespalt in der Religion etwas vorzubringen hätten. Eröffnet wurde die Synode durch den Kanzler Johannes Feige aus Lichtenau, worauf der Hofprediger Adam Kraft und der französische Flüchtling Lambert von Avignon der Versammlung zeigten, wie die Kirche Gottes eingerichtet werden müsse. Der Landgraf war selbst zugegen und nahm thätigen Antheil an den Verhandlungen. Es erhob sich kein Widerspruch von Bedeutung, und so ging man an die neue Einrichtung der Kirche. Zu diesem Zweck wurde sofort eine Kirchenordnung verfaßt, die aber nicht zur Ausführung kam. Jedoch wurde von nun an das Evangelium in deutscher Sprache gepredigt, die Gemeinde sang deutsche Lieder beim Gottesdienst, und das Abendmahl wurde unter beiderlei Gestalt gefeiert. Die Klöster, deren es fünfzig in Hessen waren, wurden aufgehoben, und das dadurch gewonnene Gut verwandte man zur Gründung der Universität Marburg, zur Verbesserung der Schulen und zur Verpflegung der Kranken und Elenden. Marburg war die erste Universität, die seit Anfang der Reformation von einem evangelischen Fürsten zur Pflege des Evangeliums gegründet wurde, sie war zu den Zeiten Philipp's -eine der berühmtesten in allen Landen.

Wie mit den anderen Klöstern, so war es auch mit dem reichen Kloster Haina gegangen. Hier waren arme, elende, wahnsinnige Kranke, Gebrechliche an Leib und Seele aller Art aufgenommen worden, der oberste Aufseher war ein hessischer Edelmann, dem einige gutgesinnte alte Mönche des Klosters beistanden. Der Kaiser war angegangen worden, den früheren Zustand wieder herstellen zu lassen und schickte seine Bevollmächtigten. Als diese den hessischen Edelmann, dem das Kloster übergeben war, hart anredeten, trat auf seinen Wink die lange Reihe jener Unglücklichen hervor, welche jetzt die Stelle der schwelgerischen Mönche vertraten. Auf diese hinweisend sprach der Edelmann zu den Abgesandten des Kaisers, ob sie es vor Gott und am Tage des Gerichts vor diesen Unglücklichen verantworten könnten, wenn sie diese von neuem in's Elend stoßen und faule zanksüchtige Menschen an ihre Stelle wieder einsetzen wollten. Betroffen antworteten die Abgesandten, sie wollten ihrem Herrn, was sie gesehen, treulich berichten.

Von nun an war Landgraf Philipp neben den verschiedenen Kurfürsten von Sachsen das weltliche Haupt der Evangelischen in Deutschland. Er hatte aber von Anfang an nicht blos die religiöse, sondern auch die p o l i t i s c h e Seite der Reformation in das Auge gefaßt, und sein Streben ging auch dahin, die Evangelischen zu einer mächtigen politischen Partei im deutschen Reich zu machen. Um dies Ziel zu erreichen, war er mit großem Eifer darauf bedacht, die Evangelischen unter sich recht einig und fest verbunden zu machen. Diese Einigkeit fand er nicht vor. Es war nämlich neben der ursprünglichen, deutschen, durch Luther verursachten Reformation mittlerweile noch eine andere, die schweizerische, durch Ulrich Zwingli verursachte Reformation entstanden. Die Lehre Zwingli's war in der Schweiz und in mehreren Städten Süddeutschlands angenommen worden. Zwischen Luther's und Zwingli's Lehre war ein durchgreifender Unterschied, und deßhalb hielten sich die Fürsten, welche sich zu Luther's Lehre bekannten, insbesondere die Kurfürsten von Sachsen, von den Anhängern Zwingli's fern und weigerten sich, ein Bündniß mit denselben einzugehen. Landgraf Philipp wollte gerne ein Bündniß zu Stande bringen, sein Hauptstreben war immer, die Streitigkeiten über Glaubenswahrheiten bei Seite zu lassen und die Evangelischen zu einem gemeinsamen politischen Handeln zu vereinigen. Um nun eine Vereinigung zwischen Lutheranern und Reformirten zu Stande zu bringen, veranstaltete er im Jahre 1529 auf dem Schlosse zu Marburg ein R e l i g i o n s g e s p r ä c h zwischen Luther und Zwingli, welche beide noch von anderen Gottesgelehrten begleitet waren. Mit Luther war auch Melanchihon gekommen. Der Zweck des Religionsgespräches wurde aber nicht erreicht, man konnte in der Hauptsache, nämlich in der Lehre vom heiligen Abendmahl, nicht einig werden. Die Erfolglosigkeit war vorauszusehen; denn es war wirklich, wie Luther in Marburg offen gegen Zwingli aussprach, ein „anderer Geist" in den Anhängern der schweizerischen Lehre. Luther und seine-Anhänger legten auch nicht so großes Gewicht auf Gemeinsamkeit des politischen Handelns und auf weltliche Macht, sie wollten nicht Fleisch für ihren Arm halten, sondern allein auf den Herrn sich verlassen.

Vor und nach diesem Religionsgespräch waren wichtige Reichstage. Vorher, aber in demselben Jahre 1529, der von Speier, nachher, im Jahre 1530, der noch wichtigere von Augsburg. Auf beiden nahm der Landgraf von Hessen eine hervorragende Stellung ein. In Speier ist er unter den „protestirenden",* und in Augsburg unter den bekennenden Fürsten. Hier läßt Philipp sofort Anordnungen treffen wegen der Predigt des Evangeliums, und als Kaiser Karl V. ihm dies verwies und ihm sagte, sein Gewissen gebiete es ihm, die Einstellung der Predigten zu fordern, entgegnete der damals im sechsundzwanzigsten Jahre stehende junge Held: „Kaiserlicher Majestät Gewissen ist kein Herr und Meister über unser Gewissen."

Nach dem Reichstag von Augsburg drohte große Gefahr; der Kaiser dachte Gewalt gegen die Evangelischen anzuwenden. Dadurch wurden diese veranlaßt, im Jahre 1531 zu Schmalkalden einen Bund zu ihrer Vertheidigung, den s. g. schmalkaldischen Bund zu schließen. An der Spitze desselben stand der Kurfürst von Sachsen und der Landgraf von Hessen. Bis jedoch Karl V. feindlich und mit Waffengewalt vorgehen konnte, verstrich noch manches Jahr; denn er hatte viele Kämpfe mit den Türken und Franzosen. Erst im Jahr 1546 sprach er über die Häupter des schmalkaldischen Bundes die

---

* S. den Abschnitt über die Stadt Speier.

Acht. Nun säumte der Bund nicht, ein Heer aufzubringen, und dieses zog unter der Führung der beiden geächteten Fürsten nach Süddeutschland dem Kaiser entgegen. Der Krieg fiel, wie wir das bei der Betrachtung des Lebensbildes des Kurfürsten Johann Friedrich sehen werden, für die Evangelischen unglücklich aus, die Schlacht bei Mühlberg machte ihm ein Ende und brachte den Kurfürsten in die Gefangenschaft des Kaisers. Philipp konnte nicht hoffen, nun noch mit Erfolg gegen den Kaiser streiten zu können. Ueberdies traten viele hessische Ritter mit dem Kaiser in Unterhandlung, und der Landgraf wollte gern seinem Volke das Elend des Krieges ersparen. Er war deshalb bereit, des Kaisers Gnade zu suchen und begab sich, nachdem ihm die Versicherung geworden, daß er weder an Leib und Gut, noch mit Gefängniß und Schmälerung seines Landes beschwert werden solle, nach Halle, wo sich Karl V. grade aufhielt. Hier mußte er vor dem Kaiser, der auf dem Throne saß, niederknieen und Abbitte thun. Als er aufstand, wollte er dem Kaiser, ohne dazu aufgefordert zu sein, die Hand reichen. Der Kaiser aber hielt die seine zurück — er war offenbar noch nicht versöhnt. Am Abend war Philipp bei dem Herzog Alba zur Tafel. Plötzlich traten Bewaffnete herein und nahmen den nichts Arges denkenden Landgrafen gefangen. Die Kurfürsten von Sachsen und Brandenburg, welche als Vermittler zwischen dem Kaiser und dem Landgrafen gedient hatten, traten sofort auf und verlangten Philipp's Freilassung, weil sie ihm ihr Fürstenwort gegeben, daß ihm kein Leid geschehen sollte und weil auch die kaiserliche Zusicherung laute, er solle nach der Abbitte eine Urkunde der Versöhnung erhalten. Es war aber alles vergeblich, Philipp war und blieb gefangen. Der Landgraf wurde nach den Niederlanden gebracht, er hatte eine viel schlimmere Gefangenschaft auszuhalten als sein Leidensbruder Johann Friedrich. Einmal wurde er in ein nur zehn Fuß langes Gewölbe gewiesen, dessen einziges Fenster verriegelt war, dabei wurde er von seinen Wächtern verhöhnt und gequält, einmal sogar drohte man, ihn kreuzweise schließen zu laffen. Während der Zeit seiner Gefangenschaft regierte in Heffen anfangs die Landgräfin, dann der älteste Prinz, Wilhelm. Die Landgräfin starb und wurde in der Martinskirche zu Kaffel begraben. Wohl mochte der Gram um den Gemahl an ihrem Leben gezehrt haben.

Erst im Jahr 1552, nach fünfjähriger Gefangenschaft, wurde Philipp die Freiheit zu Theil. Moriß, der Kurfürst von Sachsen, der bei der Gefangennehmung des Landgrafen schon das Seine that, dieselbe rückgängig zu machen, ein Schwiegerjohn Philipp's, rüstete ein Heer gegen den Kaiser, erzwang die Freilaffung Johann Friedrich's, bewirkte den Paffauer Vertrag, und dieser verschaffte auch dem Landgrafen die Freiheit. Nun kehrte der schwer geprüfte Fürst zu seinem Volk und Land zurück. Die Gefangenschaft, die er anfangs mit großer Bitterkeit und Unmuth getragen, hatte ihn milder und demüthiger gemacht. Die Univerfität Marburg begrüßt den Heimkehrenden auf's herzlichste. Es ist gerade Sonntag, als er vor Kaffel anlangt. Alles strömt dem geliebten Landesherrn entgegen, und die Freude ist unbeschreiblich groß. Er aber begibt sich, ehe er sein Schloß betritt, in die Martinskirche, sinkt am Grabmal seiner Gemahlin auf die Kniee und bleibt auf den Knieen liegen, bis die Predigt zu Ende ist.

Nun regierte der Landgraf noch fünfzehn Jahre, er widmete sich hinfort mit Sorgfalt und Hingebung der inneren Landesverwaltung, deren das durch Krieg und allerlei Leiden heimgesuchte Land gar sehr bedurfte. Fünf Jahre vor seinem Tode, bei heiterem Sinn und mit lauter Stimme, übergab Philipp den berufenen Zeugen seinen letzten Willen, ein das Ganze seines Staates und seiner Familie umfaffendes bewundernswürdiges Denkmal seiner Geistesgröße, in welchem er sein letztes Siegel auf jene Stiftungen drückt, wodurch er der Wohlthäter Heffens ward, und seinen Nachkommen Gottesfurcht, christlichen Wandel, unparteiische Gerechtigkeit, Mildthätigkeit und jede fürstliche Gesinnung empfiehlt. Bei dem Herannahen seiner letzten Stunde blieb er ruhig und gefaßt. Am Gründonnerstag des Jahres 1567 genoß er mit den Seinen im Schloß zu Kassel noch einmal das heilige Abendmahl, am Charfreitag vertheilte er seine Kleinodien, Kleider und Waffen, am Ostersonntage legte er sich mit dem Ausruf, er fühle eine außerordentliche himmlische Freude, zu Bette und am folgenden Tag, dem Ostermontag, Abends zwischen vier und fünf Uhr, in Gegenwart seiner Söhne und des Geistlichen an der Martins= kirche, entschlief er mit den Worten: „Vater, in deine Hände befehle ich meinen Geist", in einem Alter von 63 Jahren, nach einer neununvierzigjährigen wechselvollen Regierung.

Landgraf Philipp war unter den evangelischen, ja unter allen Fürsten Deutschlands zur Zeit der Reformation der be= deutendste und thatkräftigste. Sein Ansehen im Reiche war groß. Auf einem im Jahr 1544 zu Speier gehaltenen Reichstage zeigte er sich zum letzten male in seinem Glanze. In der Berathung über die Türkenhülfe entwickelte er da eine bewunderte Beredtsamkeit, so daß der Bischof von Augsburg meinte, er sei vom heiligen Geiste inspirirt. Er hielt den glänzendsten, gastfreisten Hof; wenn er zur Tafel ging, bliesen Trompeten, damit Arme kommen möchten, sich an seinem Tisch satt zu essen. Der florentinische Gesandte berichtete von ihm: „er ist bei den Deutschen wie ihr Gott angesehen." — Philipp's Charakter war hochherzig, feurig und unerschrocken, dabei aber auch klug, vorsichtig, wachsam. Er war unerschöpflich in Maß= regeln, unermüdlich in deren Ausführung. Er war treu durch und durch und nimmer wankend von einmal gegebener Zusage.* Seinen Geist nährte er mit Wissenschaft, insbesondere aber mit dem Worte Gottes. Dies Wort stand ihm hoch, und es ist

---

* Seine Treue hat besonders erfahren und kennen gelernt sein Schwager Herzog Ulrich von Württemberg, der vom schwäbischen Bund ver= trieben worden und dessen Land an des Kaisers Bruder Ferdinand über= geben worden war. Für diesen hat er einen raschen Zug nach Württemberg unternommen, hat ihm die Schlacht bei Laufen gewonnen, und ihm sein Land zurückgegeben. Von dieser That hat Philipp den Beinamen des Groß= müthigen oder Hochherzigen geerntet.

kennzeichnend für ihn, daß auf dem Reichstag zu Speier vom Jahr 1526 die Seinigen an ihren Kleidern und an ihren Herbergen den Spruch führten: Verbum domini manet in aeternum, b. h. das Wort Gottes bleibet in Ewigkeit.

Das Denkmal stellt den Landgrafen dar in der Herrentracht seiner Zeit. Man erkennt in der Darstellung seinen kecken, feurigen Muth. Er stützt sich, den Blick in die Höhe gerichtet, fest und thatkräftig mit beiden Händen auf sein zuverlässiges Schwert.

Der Reichstag zu Augsburg.

Einen besonderen Bericht über den Reichstag zu Augsburg zu geben, werden wir dadurch veranlaßt, daß auf dem Lutherdenkmal die Wappen der acht Unterzeichner der Augsburgischen Konfession angebracht sind. Wir geben diesen Bericht mit Freuden, weil dieser Reichstag in der Geschichte der Reformation ein Glanzpunkt ist. —

Kaiser Karl V. hätte gern gleich von Anfang an das Schwert gegen die Evangelischen gezogen; allein seine Hand war gehalten, weil er fortwährend in Kriege außerhalb des Reiches verwickelt war. Gegen das Jahr 1530 hin war aber eine ruhigere Zeit für ihn gekommen. Er hatte Frieden mit Frankreich geschlossen. Um dieselbe Zeit vereinigte er sich mit dem Papste Klemens VII. zu einem Bündniß gegen die Evangelischen. Er versprach, die Herbeiziehung der von der römischen Kirche Abgewichenen noch einmal in der Güte zu versuchen und, sollte dieser Versuch ohne Erfolg bleiben, alle seine Macht und Gewalt anzuwenden, um, wie er und seine Partei sich ausdrückten, „die Schmach, die man Christo angethan, zu rächen". Dieser seiner Verpflichtung will der Kaiser nun nachkommen, und zu dem Ende schreibt er für das Frühjahr 1530 einen Reichtag nach Augsburg aus. Obgleich der Protest der evangelischen Stände von dem Reichstag in Speier von 1529 sehr ungnädig von ihm aufgenommen worden war, so lautete das kaiserliche Ausschreiben, worin nach Augsburg eingeladen

wurde, doch ſehr mild und verſöhnlich. Es hieß in demſelben,
es ſollten außer dem Türkenkrieg die ſchwebenden Religions=
ſtreitigkeiten berathen werden, und Kaiſerliche Majeſtät verſprach
darin, eines jeden Theiles Meinung in Liebe und Gütigkeit zu
hören, damit aller Zwieſpalt recht ausgeglichen und die ge=
wünſchte Einigkeit wieder hergeſtellt werde.

Der Kurfürſt von Sachſen beauftragte ſofort nach dem
Empfang der Einladung ſeine Gottesgelehrten, nämlich Luther,
Melanchthon, Juſtus Jonas und Bugenhagen, ſie ſollten kurz
und bündig niederſchreiben, was der evangeliſche Glaube ſei,
und wie derſelbe ſich von dem päpſtlichen unterſcheide, damit
man in Augsburg bei Berathung der Religionsſtreitigkeiten ein
klares Bekenntniß vorlegen könne. Die Gottesgelehrten kamen
dem Auftrag nach und überreichten dem Kurfürſten in Torgau
die abgefaßten Artikel. Dieſe heißen darum die Torgauer
Artikel, und ſie ſind die Grundlage des in Augsburg abgelegten
Glaubensbekenntniſſes.

Im Frühjahr 1530 füllte ſich nun die Stadt Augsburg
mit ſo vielen Fürſten und Herren, geiſtlichen und weltlichen
Standes ſammt ihren glänzenden Gefolgen, daß die Stadt
nimmer ſolche Pracht geſehen hatte. Aber der Kaiſer ließ lange
auf ſich warten. Endlich, am 15. Juni, langte er vor Augs=
burg an. Die anweſenden Fürſten eilten ihm entgegen; ſowie
ſie ſich dem Kaiſer näherten, ſtiegen ſie ſämmtlich von den
Pferden und naheten ſich ihm zu Fuß. Auch der Kaiſer ſtieg
ab, und die Begrüßung war von beiden Seiten herzlich, der
Kaiſer reichte einem jeden freundlich die Hand. Darauf er=
folgte der feierliche Einzug in die Stadt mit vieler Pracht und
Herrlichkeit. Aber gleich an dem Abend dieſes Tages offenbarte
ſich der tiefe Zwieſpalt, der zwiſchen dem Kaiſer und ſeinen
evangeliſch geſinnten Fürſten war. Karl behielt nämlich, nach=
dem er in ſeinem Abſteigequartier angelangt war, die letzteren
zurück, um über zwei Punkte gleich jetzt mit denſelben zu reden.
Der erſte betraf die am nächſten Tage ſtattfinden ſollende
Fronleichnamsprozeſſion, bei welcher unter Trompeten=

schall˙ und Kanonendonner das geweihete Brod zum Anbeten umhergetragen wurde, der andere betraf die **Predigten der evangelischen Geistlichen**, welche von den protestantischen Fürsten in Augsburg waren seither angeordnet worden. Der Kaiser verlangte, die evangelischen Fürsten sollten an der Prozession Antheil nehmen und das Predigen abstellen. In beiden Punkten aber konnten die Fürsten, die sonst ihrem Kaiser die gebührliche Ehre erwiesen, ihm nicht zu Willen sein. In Betreff ihrer Theilnahme an der Fronleichnamsprozession äußerten sie, nicht dazu habe Gott das Sakrament eingesetzt, daß man es anbete. Im Laufe der Verhandlung gerieth der tapfere Markgraf Georg von Brandenburg in solche Bewegung, daß er ausrief: „Ehe ich wollte meinen Gott und sein Evan= gelium verleugnen, eher wollte ich hier vor Ew. Kaiserlicher Majestät niederknieen und mir den Kopf lassen abhauen", und dabei fuhr er mit der Hand an seinem Halse herunter. Der Kaiser, der wohl selbst erschrocken sein mag, erwiderte mit gnädiger Miene in seiner niederländischen Sprache: „Löver Fürst, nit Kop ab, nit Kop ab!" — Die Prozession fand wirklich ohne die Evangelischen statt, fiel aber nichts weniger als glänzend aus. Wie es mit dem Predigen der Evangelischen schließlich gehalten wurde, sehen wir in dem Kapitel, welches von Johann dem Beständigen handelt.

Weil der Kaiser so spät in Augsburg ankam, hatten die evangelischen Gottesgelehrten, welche auf dem Reichstag er= schienen waren, insbesondere Melanchthon, reichlich Muße, sich auf die Ablegung des Glaubensbekenntnisses und auf die Ab= fassung desselben zu rüsten. Melanchthon kaufte die Zeit aus und arbeitete mit großer Treue, mit Gebet und Thränen auf Grund der Torgauer Artikel eine Bekenntnißschrift aus. Dies ist nun die **Augsburgische Konfession**, der „Augapfel" unserer theueren Kirche. Dies Bekenntniß zerfällt in zwei Theile, der eine handelt von dem Glauben, der andere von den Gebräuchen, der erste besteht aus 21, der andere aus 7 Artikeln. Durch das ganze Bekenntniß leuchtet der Grundsatz hindurch, welcher der deutschen Reformation das Leben gegeben, nämlich der, daß der Mensch nicht durch seine natürliche Kraft, nicht durch Verdienst der Werke, noch durch irgend eine menschliche Genugthuung, sondern allein durch Gottes Gnade, um Christi willen und durch den Glauben an diese Gnade die Vergebung der Sünden und das Heil seiner Seele erlangen kann. In dem Bekenntniß wird mit Sorgfalt nachgewiesen, daß der bekannte Glaube kein neuer sei, sondern der durch Gottes Wort gelehrte und auch der in der allgemeinen Kirche des christlichen Alterthums vorhandene, der von den Kirchenvätern, insbesondere dem heiligen Augustin bezeugte. Die Evangelischen wollen nicht als eine neue Sekte erscheinen, wie sie von den Gegnern angesehen und genannt wurden, sondern als die Bekenner des ursprünglichen christlichen apostolischen und urkirchlichen Glaubens. Sie wollen nicht die Kirche Gottes verlassen und preißgeben; sie wollen vielmehr die Kirche Gottes darstellen und sein. Das Bekenntniß ist sehr entschieden und doch gemäßigt, tief und gründlich und doch klar und einfach, und athmet dabei eine aufrichtige Liebe zum Frieden, ein aufrichtiges Verlangen nach Versöhnung. Diese Augsburgische Konfession ist daher unser theueres Kleinod, sie ist, wie ein Schriftsteller neuerer Zeit sich ausspricht, „ein reines, richtiges, unwiderlegliches Bekenntniß der göttlichen Wahrheiten der heiligen Schrift, welche bleiben werden, wenn auch Himmel und Erde vergehen; eine hochragende Standarte, welche die Protestanten in immer dichteren Schaaren um sich versammelte, und welche von den Feinden der evangelischen Wahrheit mit immer erneuter Macht bestürmt, von ihren Freunden mit Gut und Blut vertheidigt, zuletzt immer siegreich oben schweben wird".

Der Tag, da unser Glaube sollte laut und fröhlich bekannt werden, nahete sich. Am 20. Juni nahmen die Verhandlungen des Reichstags ihren Anfang. Eröffnet wurde derselbe durch eine feierliche Messe, bei welcher die evangelischen Stände wohl anwesend waren, die Reverenz aber unterließen. Auf die Messe folgte eine Rede des päpstlichen Abgeordneten,

die eine der Sache des Evangeliums feindselige Richtung ver=
rieth. Alsdann bewegte sich ein imposanter Zug — es waren
allein zweiundvierzig Fürsten in demselben — von der Kirche nach
dem Rathhaus, woselbst die Verhandlungen stattfinden sollten.
Zum Beginn sprach im Auftrag des Kaisers der Pfalzgraf
Friedrich, aber auch nicht in einem so friedfertigen und freund=
lichen Ton, wie man nach dem Einladungsschreiben des Kaisers
hätte erwarten dürfen. Der Horizont begann dunkler zu
werden, aufsteigende Wolken ließen auf ein Gewitter schließen,
welches über die Evangelischen losbrechen sollte.

Am 24. Juni sollten sie ihr Bekenntniß vortragen. Die
Versammlung wurde aber an diesem Tage erst durch andere
Verhandlungen hingehalten, bis endlich die Fürsten Johann
von Sachsen, Georg - von Brandenburg, Ernst von Lüneburg,
Philipp von Hessen und Wolfgang von Anhalt sich von ihren
Sitzen erhoben, und der sächsische Kanzler Brück in ihrem
Namen erklärte, daß sie ihr Bekenntniß vorzulesen bereit wären.
Der Kaiser meinte, zum Vorlesen sei es zu spät, sie sollten es
ihm nur schriftlich einhändigen. Da ließen aber die evangelischen
Stände abermals durch Brück erwidern: weil sie um ihres
Glaubens willen in der ganzen Welt auf das übelste be=
schuldigt würden, so seien sie es der Wahrheit schuldig, nun
einmal öffentlich darzulegen, weß Geistes und weß Glaubens
ihr Bekenntniß sei, sie bäten daher Kaiserliche Majestät um
Gottes willen, dieselben möchten es sich nicht verdrießen lassen,
sie dennoch anzuhören. Als der Kaiser dessen ungeachtet auf
seiner Forderung bestand, trat Dr. Brück abermals auf und
stellte vor, daß Kaiserliche Majestät doch in viel geringeren und
unwichtigeren Händeln niemals gnädiges Gehör versagt habe,
und jetzt wolle sie es in einer so hochwichtigen Sache versagen,
welche ihrer Unterthanen Seelenheil beträfe und wozu sie mit
einem theueren Eid verpflichtet wäre. Da verwilligte endlich
der Kaiser die Vorlesung auf den folgenden Tag.

Der 25. Juni brach an, mit dem Tage von Worms der
größeste in der Geschichte der Reformation, einer der gesegnetsten

in der Geschichte des Christenthums. Der Reichstag war, auf Befehl des Kaisers, diesmal nicht im großen Rathhaussaal versammelt. Man hatte befürchtet, der Zudrang würde allzustark werden, und das wollte man vermeiden. Die Versammlung fand in der Kapelle des Bischofs statt, einem Raume, der nur 200 Personen faßte, weshalb der Kaiser blos die Fürsten und Räthe eintreten ließ, alles Uebrige blieb im Hofe des bischöf= lichen Schlosses. Am Nachmittag zwischen drei und vier Uhr ist der ganze Reichstag versammelt. Unter dem Vorsitze eines Herrschers, dessen Scepter sich über die Grenzen Europa's hinaus weit über das Weltmeer erstreckt, sind die höchsten Würdenträger des ganzen deutschen Volkes hier erschienen; fremde Nationen haben ihre Botschafter, der Papst seine Legaten gesandt, um das Bekenntniß zu vernehmen, welches einige Jahre zuvor ein armer gebannter Mönch angesichts derselben Ver= sammlung ablegte, das aber jetzt die edelsten Fürsten des deutschen Volkes zu dem ihrigen gemacht und als das ihrige auszusprechen im Begriff sind. Alsbald treten in die Mitte der Kapelle die beiden kursächsischen Kanzler Dr. Brück und Dr. Beyer, der erstere mit dem lateinischen, der letztere mit dem deutschen Exemplar der Bekenntnißschrift. Die evangelischen Fürsten erheben sich von ihren Sitzen, stehend wollen sie ihren allerheiligsten Glauben, für den sie zu leben und zu sterben entschlossen sind, bekennen. Nachdem von dem Kaiser noch ver= langt worden war, daß das Bekenntniß nicht in lateinischer, sondern in deutscher Sprache abgelegt werden dürfe, begann Dr. Beyer die Augsburgische Konfession zu lesen. Er that es mit so lauter und vernehmlicher Stimme, daß auch die Menge, welche draußen im Schloßhof zusammengeströmt war, jedes Wort verstehen konnte. Die Vorlesung dauerte zwei Stunden, des Nachmittags von vier bis sechs Uhr. Es herrschte lautlose Stille, kein Wort ging verloren. Die Predigt der Evangelischen in den Kirchen war zwar verstummt; aber hier wurde von Gott dem Herrn die allergewaltigste Predigt ge= halten, eine Predigt, deren Klang ausging in alle Lande. „Seit der Apostel Zeit hat's kein größer und höher Werk gegeben", sagt ein Zeitgenosse, und Luther schrieb: „Ich bin über alle Maßen froh, daß ich bis zu der Stunde gelebt habe, in welcher Christus durch solche Bekenner, vor solcher Versammlung und in einem so herrlichen Bekenntnisse verkündigt worden ist."

Gewaltig und tief war der Eindruck, welchen das verlesene Bekenntniß auf die Versammlung machte. Der Kaiser saß während des Lesens still, den Kopf auf die Hand gestützt. Der gelehrte Bischof von Augsburg bekannte offen, es sei alles, was vorgelesen worden, die lautere und unläugbare Wahrheit. Herzog Wilhelm von Bayern drückte dem Kurfürsten freundlich die Hand und warf dem dabei stehenden Dr. Eck vor, er habe ihm die lutherische Lehre ganz falsch vorgestellt, und als dieser erwiderte, mit den Kirchenvätern getraue er sich wohl, dieselbe zu widerlegen, aber nicht mit der Schrift, meinte der Herzog: „So höre ich wohl, die Lutherischen sitzen in der Schrift, und wir daneben." Wie dem Herzog Wilhelm, so ging es vielen; sie lernten durch das Anhören und später durch das Lesen der Konfession anders und besser von den Evangelischen denken; denn diese waren von den katholischen Priestern als Feinde aller Religion verschrieen worden. — Der Kaiser griff mit beiden Händen nach dem deutschen und lateinischen Exemplar, das erstere wurde dem Kurfürsten Albrecht von Mainz übergeben, das letztere nahm Karl mit sich nach Brüssel; aber beide sind bis jetzt nicht wieder aufgefunden worden.

Etliche der Papisten waren nun freilich der Meinung, der Kaiser möge auf der Stelle zu den Waffen greifen und die sogenannten Ketzer um ihres Abfalles willen strafen; der Erzbischof von Salzburg sprach: „Entweder müssen wir sie haben, oder sie haben uns, welches von beiden kommt uns zu?" Der Kaiser wollte jedoch vorerst eine Widerlegung des evangelischen Bekenntnisses veranlassen. An römischen, päpstlich gesinnten Gelehrten fehlte es nicht, und die Bedeutendsten unter ihnen vereinigten sich sofort zur Abfassung einer solchen Widerlegung oder Konfutation. Schon am 12. Juli übergaben sie dieselbe

dem Kaiser. Sie war jedoch weitschweifig und ungeschickt, dabei
in heftigen und gehässigen Ausdrücken abgefaßt, und mißfiel
dem Kaiser in solchem Maße, daß er sie mit Entrüstung, wie
erzählt wird, „dergestalt geraufet und gerollet hat, daß von
280 Blättern nur 12 ganz geblieben." Auf Befehl des Kaisers
ward eine neue Konfutation deutsch und lateinisch abgefaßt
und in der Reichsversammlung am 3. August öffentlich ver=
lesen. Aber auch hierin wird sich kaum darauf eingelassen, das
evangelische Bekenntniß mit Gründen zu widerlegen, dies wird
vielmehr nur schlechtweg verdammt. Trotzdem erklärte der
Kaiser, daß er auf dieser Konfutation beruhen und stehen wolle,
ermahnte die Evangelischen, sich nun der römischen Kirche
wieder gehorsam zu bezeigen und eröffnete ihnen, er würde, so
sie sich nicht fügten, gegen sie verfahren, wie es einem römischen
Kaiser, Schutzherrn und Vogt der Kirche zukomme.

Die Evangelischen verlangten ein Exemplar der Konfutation,
wurden aber abschläglich beschieden. Fernere Einigungsversuche
zwischen den evangelischen und päpstlichen Gelehrten blieben
ohne Erfolg, und die Rechtfertigung oder Apologie der
Augsburgischen Konfession, welche Melanchthon noch verfaßte,
das zweite Bekenntniß der lutherischen Kirche, wurde nicht mehr
angenommen, es hieß, die Evangelischen seien widerlegt.

Im Herbst des Jahres 1530 erschien der Reichstagsabschied.
Darin wird die Einrichtung und Lehre der Protestanten ver=
dammt, es werden ihnen alle weiteren Schritte verboten und
wird ihnen bis zum 15. April 1531 Bedenkzeit gegeben, ob sie
sich bis dahin mit Papst, Kaiser und gemeiner Christenheit
wieder aussöhnen wollten.

Aeußerlich betrachtet hat der Reichstag von Augsburg den
Bekennern unsers Glaubens keinen Nutzen gebracht, in der
That und Wahrheit aber waren sie gesegnet worden. Denn
das muthige Bekennen des persönlichen Glaubens segnet und
stärkt allemal den Bekennenden. Die Bekenner waren stärker
geworden im Glauben, muthiger alles zu tragen, was nun
kommen sollte. Außerdem hat der Reichstag der lutherischen

Kirche den großen Segen gebracht, daß sie durch seine An-
regung in den Besitz ihrer herrlichsten Bekenntnißschriften gekommen ist.

Luther, der Vater der ganzen evangelischen Bewegung, hat,
wie bereits erzählt, an dem Reichstag zu Augsburg nicht Antheil
genommen. Er mußte in Koburg bleiben. Aber im Geiste war
er in Augsburg, und die Gegner haben diese seine Anwesenheit
wohl gespürt. Es war stets ein lebendiger Verkehr zwischen
Koburg und Augsburg, und man kann wohl sagen, daß Luther
die Seele in allen Handlungen der Evangelischen war. Wie er
zu dem Reichstag stand und wie er durch seinen Glauben, seine
Worte und sein Gebet die Glaubensgenossen zu dem Reichstag
stellte, das offenbart uns sein oben erwähntes Glaubenslied:
Ein feste Burg ist unser Gott.

Unterzeichnet war die Augsburgische Konfession von Johann,
Kurfürst von Sachsen, Georg, Markgraf von Brandenburg,
Ernst und Franz, Herzogen von Braunschweig = Lüneburg,
Philipp, Landgraf von Hessen, Wolfgang, Fürst zu Anhalt, und
von den Abgeordneten der beiden Städte Nürnberg und Reutlingen. Diese acht Bekenner nun werden auf unserm Denkmal
durch die Darstellung ihrer Wappen geehrt. Von dem Kurfürsten und Landgrafen, auch von ihrem Verhalten auf dem
Reichstag ist in diesem Büchlein an seinem Orte ausführlicher
die Rede. Von den übrigen Bekennern mögen hier, soweit uns
solches möglich ist, noch einzelne Züge berichtet werden, damit
uns ihr Andenken um so theurer und ihre Personen uns näher
gebracht werden.

Georg, Markgraf von Brandenburg, bekennt sich
frühe, schon etliche Jahre nach dem Reichstag von Worms,
zur Lehre Luther's, er reist selbst nach Wittenberg, um sich mit
demselben gründlich zu besprechen. In Speier protestirte er
gegen weltliche Macht in geistlichen Dingen, in Augsburg in
der oben erzählten Weise so freimüthig gegen die Zumuthung,
an der Fronleichnamsprozession sich betheiligen zu sollen. Von
ihm wird auch erzählt, wie er sich über den den Anhängern

der Augsburgischen Konfession ursprünglich zum Spott bei-
gelegten Namen „Lutheraner" erklärt habe. „Ich bin auf
Dr. Luther nicht getauft, so sagt er, ich glaube nicht an ihn
und werde durch ihn nicht selig, in solchem Verstande bin ich
nicht lutherisch. Wenn ich aber gefragt werde, ob ich mich zu
solcher Lehre, die uns Gott durch sein heilsames Werkzeug,
Dr. Luther, wiedergegeben, mit Herz und Mund bekenne, da
habe ich kein Bedenken noch Scheu, mich lutherisch zu nennen;
und in diesem Verstande bin und bleibe ich mein Lebenlang
ein Lutheraner."

Auch Ernst, Herzog von Lüneburg, steht frühe zur
Reformation, ist auch in Speier unter den „Protestanten." Wie
der Augsburger Reichstag herankam, hatte er den lebhaften
Wunsch, dort für seinen Glauben einstehen zu können; allein
seine geringen Mittel machten es ihm schwierig, eine so kost-
spielige Reise zu unternehmen. Da war er denn demüthig
genug, er, ein regierender Herr, sich dem Kurfürsten als Diener
anzubieten. Andere mögen in diesem Benehmen eine allzugroße
Erniedrigung der eigenen Person sehen, wir sehen darin seine
Demuth und sein opferwilliges Herz, wenn es galt den Herrn
zu bekennen. Seinen Herrn hat nun auch Ernst in Augsburg
treu bekannt, und von dem Reichstage her trägt er deshalb den
ehrenwerthen Beinamen des Bekenners. Von Augsburg brachte
er den Prediger Urbanus Rhegius, ein bedeutendes Werkzeug
der Reformation, mit in seine Lande. Er meinte, das wäre
das „beste Kleinod", das er den Seinen habe mitbringen
können. Als die Augsburger später Rhegius wieder zurück-
forderten, sprach Ernst der Bekenner: „Weiß ich doch nicht, ob
ich lieber ein Auge missen möchte, oder meinen Doktor, denn
der Augen habe ich zwei, und nur Einen Rhegius." Zu
Rhegius selbst sagte er: „Lieber Urbane, bleibt bei uns, ihr
könnt wohl jemand finden, der euch mehr Geld gebe, als ich,
aber keinen, der eurem Predigen lieber zuhöre."

Wolfgang, Fürst von Anhalt, ist ein hochherziger
Glaubensheld, der Luther unter den Fürsten Deutschland's, wie

ihn ein Neuerer nennt. Dabei war er auch ein muthiger
Kriegsmann, mit gewaltigem, durch Christi Geist geheiligtem
Heldenfeuer. Er ist als Jüngling in Worms auf dem Reichs=
tag und bleibt nicht ohne tiefen Eindruck, er protestirt mit
den Fürsten in Speier und bekennt mit in Augsburg. Als
er die Feder zur Hand nahm, die Konfession zu unterschreiben,
sagte er: „Ich habe manchen schönen Ritt andern zu Gefallen
gethan, warum soll ich denn nicht, wenn es vonnöthen, auch
meinem Herrn und Erlöser Jesu Christo zu Ehren und Ge=
horsam mein Pferd satteln und mit Daransetzung meines Leibes
und Lebens zu dem ewigen Ehrenkränzlein in das himmlische
Leben eilen?" Dr. Eck äußerte in Augsburg ihm gegenüber,
die Sache der Protestanten würde nicht bestehen, sie könnten
nicht gegen den Strom schwimmen. Dem erwiderte er: „Unsere
Sache ist gut und Gottes Sache; dem trauen wir; der wird
sie erhalten. Das sollt ihr aber wissen, Herr Doktor, practicirt
ihr einen Krieg, so werdet ihr auf dieser Seite auch Leute
finden." Später ist Wolfgang ein Glied des schmalkaldischen
Bundes und ergreift das Schwert um des Glaubens willen,
er muß aber flüchten vor dem siegreichen und erzürnten Kaiser.
Da schwingt er sich getrost auf seinen treuen Rappen, reitet in
Bernburg über den Markt und singt, Haus und Hof, Land
und Volk verlassend, mit heller Stimme in die Nacht hinein
das Lutherlied: Ein' feste Burg ist unser Gott. Nach Ausgang
des schmalkaldischen Krieges erhält Wolfgang sein Land zurück
und sorgt väterlich für Kirchen und Schulen, Wittwen und
Waisen. Mit Luther'n ist er eng verbunden, mit ihm hat er
persönlich und schriftlich in Scherz und Ernst so manchesmal
verkehrt, er weint auch an seinem Sterbelager. Wolfgang
blieb bis an's Ende ein treuer Streiter Jesu Christi und be=
kannte sich unverrückt zur Lehre Luther's, sagte auch öffentlich:
„Ich will lieber mit einem Stecken in der Hand mein Land
verlassen, und die niedrigsten Dienste verrichten, als einer
anderen Glaubenslehre huldigen." Er war ein großer, edler

Fürst. Auf sein Grab haben ihm seine Vettern die Worte eingraben lassen:

> Nach dem Himmel sehnlich verlangend, .
> Deines Reiches Genosse, o Jesu,
> Lebenssatt, aber im Glauben,
> Hat er hier seine Wallfahrt beschlossen.

Johann der Beständige.

Von den Fürsten Deutschlands, welche sich zum Evangelium bekannten und bereit waren, dasselbe zu vertheidigen, sind in Porträts dargestellt Johann der Beständige und sein Sohn Johann Friedrich der Großmüthige, beide Kurfürsten von Sachsen. Ihre Porträts finden sich, wie in der Einleitung bemerkt, auf dem oberen Würfel des mittleren Monumentes.

Johann war ein Bruder Friedrichs des Weisen, geboren am 30. Juni 1468, und folgte, da Friedrich keinen Thronerben hinterließ, demselben auf dem Throne. Er übernahm die Regierung im Jahre 1525 in einer bewegten Zeit, mitten unter Unruhen in Kirche und Staat, zur Zeit des unseligen Bauernkrieges. Hatte sein Bruder sich hervorgethan durch Weisheit und Staatsklugheit, durch seinen, durchdringenden Geist, so war Johann mit anderen Vorzügen geschmückt. Er war von Jugend auf gutmüthig, treuherzig, sittenrein, ohne alles Falsch, wie Luther sagt: ohne Galle; der Lehre Luther's widmete er von Anfang an die freudigste Theilnahme, sein ernstes und tief religiöses Gemüth wurde von derselben allmählich ganz durchdrungen. Es war ihm ein Vergnügen, sich die heilige Schrift, die ihm nun erst bekannt wurde, in den Abendstunden vorlesen zu lassen. Die Predigten Luther's schrieb er zuweilen nach, und man hat ein von seiner Hand geschriebenes Exemplar des kleinen Katechismus Luther's. — Johann war berufen, mehr als sein Bruder in die Entwickelung der Reformation und in

10*

ben Gang ber Geſchichte einzugreifen; er that es mit ſicherer
Hand, mit Feſtigkeit und Entſchloſſenheit und hat baburch auch
ben ſchönen Beinamen bes „Beſtändigen" erlangt.

Als ber Bauernkrieg in ben beutſchen Landen wüthete
und alle Grundlagen ber ſtaatlichen und kirchlichen Ordnung
wankten, trat Johann zum erſten mal auf ben Plan und machte
in Gemeinſchaft mit bem hochſinnigen, ritterlichen Landgrafen
von Heſſen bieſem Greuel burch bie Schlacht bei Frankenhauſen
ein Ende. Im Jahr 1526 auf dem Reichstag von Speier, war
er es beſonbers, ber ben für bie Evangeliſchen günſtigen Reichs=
tagsabſchieb erwirkte, baß bis zu einer allgemeinen Kirchenver=
ſammlung ein jeber evangeliſche Fürſt in kirchlichen Dingen es ſo
in ſeinem Lande halten bürfe, wie er es vor Gott und Kaiſerlicher
Majeſtät zu verantworten ſich getraue. In Folge bieſes Be=
ſchluſſes ließ er vom Jahre 1527—1529 in ſeinen Landen
jene berühmte und geſegnete Viſitation ber Kirchen und
Schulen vornehmen, bie von Luther und Melanchthon geleitet
wurde. Im Jahre 1529 auf bem Reichstag in Speier, von
bem her bie Evangeliſchen ben Namen Proteſtanten erhielten,
war Kurfürſt Johann in entſchiebenſter Weiſe bei ber Abfaſſung
ber Proteſtation thätig. Er ließ auch in ſeinem Palaſte
evangeliſche Predigten halten, bie zahlreich beſucht wurden.

Im ſchönſten Lichte erſcheint aber ber Kurfürſt und ſeinem
Beinamen des Beſtändigen macht er am meiſten Ehre zur Zeit
bes Reichstages von Augsburg im Jahre 1530. Hier ſteht
er ſo burch und burch treu und beſtändig, ſo ohne alles Falſch
zu ſeinem Herrn und Heiland, zu beſſen Evangelium und zu
ſeinem perſönlichen allerheiligſten Glauben. Für bieſen ſeinen
Glauben iſt er bereit Ehre und Krone, Leib und Leben in bie
Schanze zu ſchlagen, er ſetzt für benſelben nichts weniger als
alles ein.

Vor dem Beginn des Reichstages läßt ber Kurfürſt in
allen Kirchen ſeines Landes um einen geſegneten Ausgang bes=
ſelben beten, in Augsburg ſelbſt iſt er unter allen Reichs=
fürſten ber erſte auf bem Plan. Johann fühlte in ſeinem

zarten Gewiſſen, wie ſchwer hier ſeine Stellung werden würde.
Er war voll Verehrung gegen ſeinen Kaiſer und ſah in ihm
ſeinen von Gott über ihn geſetzten Herrn, allein er wußte auch,
daß es Dinge gibt, bis zu denen des Kaiſers Macht und Be=
fehl nicht reicht, und wo der Gehorſam gegen die Obrigkeit ein
Ende hat. Er ſah voraus, daß er um Gottes und ſeines Ge=
wiſſens willen nicht in allen Dingen zu ſeinem Kaiſer, der das
Wort Gottes aufhielt, ſtehen könnte, und dieſe Ueberzeugung
verurſachte ſeinem edlen Geiſte und Gewiſſen Kampf und Pein.
Doch ging der Kurfürſt, ſoweit Menſchen urtheilen können,
ohne Verletzung des Gewiſſens aus dieſem Kampfe heraus: er
gab dem Kaiſer alle ſchuldige Ehre, allein er verleugnete auch
ſeinen Glauben nicht, ſondern bekannte ihn fröhlich und auf
das freimüthigſte.

Gleich nach ſeiner Ankunft ließ er durch ſeine Prediger
das Evangelium in ſeiner Wohnung bei offenen Thüren predigen,
und die Bürger von Augsburg ſtrömten in Haufen herzu. Der
Kaiſer verbot dieſes, und Luther und Melanchthon riethen dem
Kurfürſten, zu gehorchen, denn Augsburg ſei des Kaiſers Stadt.
Johann aber ſchüttelte den Kopf über dieſen Rath und ließ
dem Worte Gottes freien Lauf. Dem Kaiſer antwortete er ein=
mal, daß er des reinen Wortes Gottes ebenſowenig entbehren
könnte, als des Eſſens und Trinkens. Endlich aber, nachdem
zugeſtanden worden war, daß die Päpſtlichen auch nicht predigen
dürften, gab er nach, ſagte jedoch ſeufzend: „Unſer Herr Gott
hat den Befehl bekommen, auf dem Augsburger Reichstag zu
ſchweigen.“ Johann war in Augsburg der Leiter und Berather
der Evangeliſchen. Er ließ ſeine Glaubensgenoſſen oft zu ſich
kommen, vermahnte ſie, feſt und ſtandhaft zu bleiben, er ſelbſt
bereitete ſich durch ernſtes Gebet auf die Stunde vor, in der
er mit ſeinen Genoſſen öffentlich vor Kaiſer und Reich ſeinen
Glauben bekennen ſollte. Zwei Tage vor dem Verleſen des
Bekenntniſſes verſammelten ſich noch einmal alle evangeliſchen
Fürſten, Abgeordnete, Räthe und Gottesgelehrten bei Johann.
Das Bekenntniß wurde vorgeleſen und gebilligt. Da ergriff

der Kurfürst die Feder und wollte unterschreiben. Melanchthon hielt ihn zurück und sagte, die Kirche, nicht der Staat sollte auftreten. Der Kurfürst aber sprach: „Gott gebe, daß ihr mich nicht ausschließet! Ich will thun, was recht ist, unbekümmert um meine Krone. Ich will den Herrn auch bekennen! Das Kreuz Christi ist mehr werth, als mein Kurhut und Hermelin. Diese Zeichen meiner Würde bleiben auf der Erde, aber das Kreuz meines Herrn begleitet mich bis zu den Sternen!" . Als es zur öffentlichen Ablegung des Bekenntnisses kam, bestand Johann darauf, daß es in deutscher Sprache gelesen werden sollte, da man auf deutschem Boden sich befinde, und nicht in lateinischer, wie der Kaiser wollte.

Der Kaiser war dem Kurfürsten, der so fest und unerschrocken ihm entgegentrat, nicht gewogen, ja er führte Arges gegen ihn im Sinne. Ein mit dem kaiserlichen Hof sehr vertrauter Fürst erklärte dem Kurfürsten eines Tages, werde er sich nicht fügen, so werde ihn der Kaiser mit gewaffneter Hand angreifen, ihn von Land und Leuten verjagen, und auch seine Person werde nicht sicher sein. Der Kurfürst war in großer Bewegung, er zweifelte nicht im Geringsten an den bösen Absichten des Kaisers und sah daher ein, entweder müsse er die erkannte Wahrheit verleugnen, oder sich mit den Seinen in ein unvermeidliches Verderben stürzen. Da sprach er das herrliche Wort: „Entweder Gott verleugnen oder die Welt — wer kann zweifeln, was das Beste sei? Gott hat mich zu einem Kurfürsten des Reiches gemacht, was ich niemals werth geworden bin: er mache ferner aus mir, was ihm gefällt." Und als die Theologen ihm sagten: „Unserthalben sollt Ihr nicht Eure Kinder, Land und Krone in Gefahr bringen, wir wollen uns lieber den Feinden preisgeben und sie beschwören, mit unserm Blut sich zu begnügen", da wiederholte Johann mit Festigkeit das ihm zum Wahlspruch gewordene Wort: „Ich will auch meinen Heiland bekennen." Als der Kurfürst, im Begriffe abzureisen, an den Kaiser herantrat, um sich von ihm zu beurlauben, sagte dieser: „Oheim, Oheim, das hätte ich mich zu Ew. Liebden nicht verfehn". Der Kurfürst erwiderte nichts darauf, die Augen füllten sich ihm mit hellen Thränen, Worte vermochte er nicht zu finden. So verließ er den Palast und gleich darauf die Stadt.

Der Reichstagsabschied von Augsburg war, wie früher für die Evangelischen durchaus ungünstig, es wurde mit Gewaltmaßregeln gedroht. In Folge davon entstand der schmalkaldische Bund, dessen eines Haupt eben der Kurfürst war. Der im Jahr 1532 geschlossene Religionsfriede zu Nürnberg verlängerte noch einmal die Zeit der Ruhe und schob den Religionskrieg noch hinaus.

Johann sollte den Krieg nicht erleben, der Herr ersparte ihm diese Noth. Er starb im Jahr 1532. Sein letztes Wort war: „Mein Gott, hilf!" Vor seinem Ende trat noch Luther und Melanchthon an sein Lager. Da hob der Kurfürst die Hände empor, konnte aber kein Wort mehr reden, bald darauf verschied er. Seine Leiche wurde neben dem Sarge des Kurfürsten Friedrich, seines Bruders, eingesenkt.

Luther nennt Johann den Beständigen einen „Helden über dem Worte Gottes" und klagt, mit Kurfürst Friedrich sei die Weisheit, mit Kurfürst Johann die Frömmigkeit gestorben. Er hielt dem Letzteren wie dem Ersteren die Leichenpredigt und sagt in der für Kurfürst Johann: „Wir danken Gott für die Gnade, daß er unsern lieben Kurfürsten auch in den Tod Christi begriffen, und in seine Auferstehung gefasset hat. Ihr wisset, was er für einen Tod zu Augsburg auf dem Reichstag gelitten hat. Ich will ihn nicht loben seiner hohen Tugend halben, sondern ihn auch lassen einen Sünder bleiben, wie uns alle, die wir die Straße auch gedenken zu gehen, und unserm Herrn Gott manche starke Sünde überliefern wollen, daß wir bei dem Artikel, der da heißt: „Vergebung der Sünden" bleiben. Darum will ich unsern lieben Landesherrn nicht so gar rein machen, wiewohl er ein sehr frommer, freundlicher Mann gewesen ist, ohne alles Falsch, in dem ich noch nie mein Lebtag einigen Stolz, Zorn oder Neid gespürt habe, der alles leichtlich

tragen und vergeben konnte, und mehr denn zuviel milde ge=
wesen ist. Diese Tugend lasse ich jetzt fallen. Ob er daneben
zuweilen im Regiment gefehlet hat, wie soll man ihm thun?
Ein Fürst ist auch ein Mensch und hat allwege zehn Teufel um
sich her, wo sonst ein Mensch nur einen hat, daß ihn Gott
sonderlich muß führen, und seine Engel zu ihm setzen. Dies
alles lassen wir jetzt fahren, und wollen dabei bleiben, daß
wir ihn loben, wie St. Paulus seine Christen lobt, daß ihn
Gott mit Christo führen wird, und wollen ihn nicht ansehen
nach seinem zeitlichen Sterben, sondern nach Christi Sterben
und seinem geistlichen Sterben, welches er Christo nachgethan
hat. Denn ihr wisset alle, wie er, Christo nach, vor zwei
Jahren zu Augsburg gestorben, und den rechten Tod gelitten
hat, nicht für sich allein, sondern für uns alle, da er alles
Gift hat müssen ausessen, das ihm der Teufel eingeschenkt hat:
dasselbe ist der rechte greuliche Tod, da der Teufel einen mit
aufreibt. Da hat unser lieber Kurfürst Christi Tod und Auf=
erstehung vor der ganzen Welt öffentlich bekannt, und ist darauf
geblieben, hat Land und Leute, ja sein eigen Leib und Leben
darangesetzt. Wie schwer dies Sterben sei, hat er ohne Zweifel
in seinem Herzen wohl gefühlt. Weil nun dasselbe Bekenntniß
öffentlich am Tage ist, so wollen wir ihn darum rühmen als
einen Christen. Ist aber neben diesem etwas Mangels an
seiner Person gewesen, das lassen wir gehn. Denn wir wollen
solche geringe Sünden in so großer Person nicht rechnen,
sondern wollen das dagegen rühmen, daß er Christi Tod und
Auferstehung, damit er Tod und Hölle mit allen Sünden ver=
schlungen hat, bekennet, und fest auf diesem Bekenntniß ge=
blieben ist." —

Johann Friedrich der Großmüthige.

Johann Friedrich ist der eigentliche Märtyrerfürst der Reformationszeit. Er hat für den Glauben die Freiheit hingegeben, es fehlte wenig, so mußte er auch das Leben hingeben. In der Zeit der schwersten Gefahr hat er die Probe der Treue im Bekenntniß des reinen Evangeliums rühmlich bestanden, er hat eine Kraft, eine Entschlossenheit und Geistesstärke gezeigt, welche unsere Bewunderung erregt. Darum hat ihm die Geschichte auch den Beinamen des „Großmüthigen", d. i. Hochherzigen zuerkannt.

Johann Friedrich ist der Sohn des Kurfürsten von Sachsen Johann des Beständigen und somit der Neffe Friedrichs des Weisen. Er wurde geboren zu Torgau am 30. Juni 1503. In das Herz des Knaben wurde schon frühe eine einfache kindliche Frömmigkeit, Lust und Liebe zu Gottes Wort und der evangelischen Lehre eingepflanzt. Als Kurprinz zeugte er von seinem Glauben mit Wort und That. Im Jahre 1525, als zweiundzwanzigjähriger Jüngling schreibt er Worte, die in einer Weise Ernst werden sollten, wie er wohl selbst nicht geahnt. „Wir wollen Leib und Leben, heißt es in einem Briefe, Land und Leute über dem Evangelio zusetzen, und ob solches alles zu Boden gehen sollte, von seinem göttlichen Worte nicht abgehen, oder uns abschrecken lassen." Im Jahr 1529 ist er auf dem Reichstag zu Speier unter den protestirenden Fürsten, 1530 steht er muthig unter denen, die zu Augsburg vor

Kaiser und Reich ihren Glauben bekennen, und wie bald darauf die evangelischen Fürsten zum Schutze dieses ihres Glaubens zum schmalkaldischen Bunde sich vereinigen, da steht auch er treulich und entschieden zur Sache des Evangeliums.

Als sein Vater Johann der Beständige 1532 gestorben war, bestieg er, im Alter von etwa neunundzwanzig Jahren, den Thron seiner Väter. In welchem Sinn er seinen Fürsten=beruf auffaßte, das zeigen uns am besten seine eigenen Worte. „Der höchste Fürstenberuf, so spricht er, das beste Opfer, womit ein Regent Gott, seiner Kirche und seinen Nachkommen dienen kann, besteht darin, daß er dem Evangelio in seinem Lande Bahn zu machen eifrig bemüht ist." In diesem Geiste hat denn auch Johann Friedrich das Regiment geführt. Er erweiterte die Landesuniversität Wittenberg, gründete viele Schulen, erbaute Kirchen, berief tüchtige Gelehrte, Prediger und Lehrer, sorgte für feste und gute Ordnungen im Kirchen= und Schulwesen. Dabei hielt er sich auch für seine eigne Person gar treu zum Worte Gottes, in dem er fleißig forschte und das er fleißig hörte, und zum Gebet in Kirche und Kämmerlein. Gegen seinen Dr. Luther war er von großer Ehrfurcht durchdrungen, er äußerte, ein Blatt von ihm sei ihm lieber als ganze Bogen von anderen, seine Worte dringen ihm durch Mark und Bein. Der Kurfürst zeichnete sich durch streng sittliches Wesen unter allen Zeitgenossen aus, sein Hof war ein Muster guter Zucht und Sittsamkeit, auch in seinem Feldlager wußte er Ordnung zu erhalten. Nie ging ein unzüchtiges Wort aus seinem Munde, eine Unwahrheit hätte er um keinen Preis gesprochen, auf eine jede seiner Zusagen konnte man sich fest verlassen, es war kein Falsch in ihm. Luther rühmt daher von ihm: „Hier ist, Gott Lob, ein züchtiges, ehrbares Leben und Wandel, ein wahrhaftiger Mund, eine milde Hand, Kirchen, Schulen und Armen zu helfen, ein ernstes, beständiges, treues Herz, Gottes Wort zu ehren, die Bösen zu strafen und die Frommen zu schützen."

Es war im Jahr 1545, da schloß Kaiser Karl V. Friede mit seinen auswärtigen Feinden und faßte nun die Evangelischen in's Auge. Er wollte jetzt den Weg der Güte verlassen und mit Waffengewalt gegen sie vorgehen. So rüstete er sich zu entscheidendem Kampfe. Einer seiner mächtigsten Verbündeten war aber ein evangelischer Fürst, Moritz, Herzog von Sachsen, welcher der Treue und Ehre vergaß und den es nach der Kurwürde und den Landen seines Vetters, des Kurfürsten Johann Friedrich, gelüstete. Der Kaiser wollte sich den Schein geben, als zöge er gegen die Evangelischen, insbesondere gegen den Kurfürsten von Sachsen und den Landgrafen von Hessen, nicht wegen ihres Glaubens, sondern wegen ihrer fortgesetzten Hartnäckigkeit gegen ihn, den Kaiser. Aber der Papst verrieth die Sache und den Sinn des Kaisers und den Zweck des ganzen Krieges; er bezeichnete den Krieg offen als einen Kreuzzug zur Ausrottung der Ketzer, und ertheilte allen denen, die da helfen würden, Ablaß, und ebenso war es in einem Briefe aus der Partei des Papstes und des Kaisers zu lesen, die, welche sich aus Petrus nichts mehr machten, werde Paulus (der damalige Papst hieß Paul III.) züchtigen und zwar mit dem Arme des Kaisers, die Sache sei wie ein Kreuzzug anzusehen.

Der Kaiser sprach über Johann Friedrich und Philipp die Reichsacht aus, sie wurden als pflicht- und eidbrüchige Rebellen, aufrührerische Verletzer kaiserlicher Majestät von des heiligen Reiches Frieden ausgeschlossen, alle Stände des Reiches, geistliche und weltliche, alle Herren, Ritter, Knechte, Hauptleute aufgefordert, sich von ihnen abzusondern, ihre Unterthanen von ihrer Erbhuldigung und ihren Pflichten gegen sie entbunden. Nun rüsten sich denn auch die Evangelischen, freilich mit schwerem Herzen, denn es ging gegen ihren Kaiser. Wie unschuldig sich der Kurfürst wußte all den Vorwürfen gegenüber, welche der Kaiser ihm machte, geht aus einem köstlichen Gebete hervor, welches er kurz vor Beginn des Krieges über den 7. Psalm abfaßte. Hierin ist uns ein Spiegelbild seiner reinen Absichten und seiner aufrichtigen Ueberzeugung aufbewahrt. Es heißt darin z. B.: „Herr, mein Gott, habe ich solches gethan, wie Kaiser und Papst mich beschuldigen, ich verfechte unrechte Lehre und wolle den schuldigen Gehorsam nicht leisten, habe ich Böses vergolten denen, die mich zufrieden ließen, und bin zu diesem Vornehmen nicht gedrungen, so verfolge der Feind meine Seele! — — Wagen deßhalb alles, was wir haben und vermögen, auf daß ja der Gnadenschatz, dein liebes Wort und heiliger Name, bei uns bleiben und auf unsere Nachkommen gereichen möge." — In den evangelischen Landen herrschte eine bange Erwartung der Dinge, die da kommen sollten; doch hoffte man auf den treuen Gott, der von Alters her sein Volk geleitet und beschirmt und auch in der tiefsten Drangsal erhalten hat. Hier und da wurden alle Tage um zwölf Uhr die großen Glocken angezogen, dann traten die Hausväter mit Weib und Kind und ihrem Gesinde zusammen, um zu beten, und zwar nicht allein um die Erhaltung des reinen Wortes — sondern auch der deutschen Zucht und Ehrbarkeit; der Arbeiter, der auf offenem Platz an seiner Arbeit war, trat zurück und fiel einen Augenblick auf die Kniee.

Der schmalkaldische Krieg begann. Im Spätsommer des Jahres 1546, desselben Jahres, in dem Luther aus dieser unruhvollen Zeit in die selige Ruhe der Ewigkeit eingegangen war, hatten die Fürsten ein schlagfertiges Heer an der Donau stehen, und dieses war dem kaiserlichen an Stärke weit überlegen; denn die Rüstungen des Kaisers waren noch nicht beendigt. Hätten sie sofort angegriffen, so wäre der Sieg auf ihrer Seite gewesen. Allein sie waren bedenklich, ob sie sich dem Kaiser gegenüber nicht auf die Nothwehr und die Vertheidigung beschränken müßten; auch fehlte es an einer raschen und thatkräftigen Führung. Indessen wurde des Kaisers Heer immer stärker, Italiener und Spanier strömten in Schaaren herzu. Da kam auf einmal an Johann Friedrich die unerwartete Nachricht, sein Vetter Moritz habe die kurfürstlichen Lande als Feind in Besitz genommen. Nun war für den Kurfürsten kein Bleiben mehr, er eilte rasch zum Schutz seiner Lande zurück, schlug

Moritz, vertrieb ihn in kurzer Zeit und griff ihn im eignen Herzogthum an. Das Heer der Verbündeten aber, welches im Süden vor dem Kaiser stand, ging aus einander und letzterem war es ein Leichtes, die evangelischen Städte Oberdeutschlands zu bezwingen. Nachdem dies geschehen war, eilte er mit seiner ganzen Heeresmacht, die nicht den geringsten Widerstand erfuhr, dem Kurfürsten nach Sachsen nach, und im Frühjahr 1547 hatte er denselben erreicht.

Am 24. April, es war der Sonntag Misericordias Domini, stand er an der Elbe, auf dem linken Ufer, Mühlberg und dem Kurfürsten gegenüber. Die Heere waren an Kräften sehr ungleich, und zwar war diesmal die Uebermacht auf Seiten des Kaisers. Er hatte 17,000 Mann zu Fuß und 10,000 Mann zu Pferd, während um den Kurfürsten nur 4000 Mann zu Fuß und 2000 zu Pferd versammelt waren. Dieser war grade im Gottesdienst, als er die Nähe des Kaisers erfuhr, er befahl die Sache dem Herrn, seinem Gotte, dachte aber, sich nach Wittenberg zurückzuziehen und dort hinter Schanzen und Mauern seinen Feind zu erwarten. Er meinte, Zeit dazu wäre vorhanden, da die Elbe noch zwischen ihm und dem Kaiser war und keine Brücke über dieselbe führte. Allein ein Müllerbursche zeigte den Kaiserlichen eine Furth, das Heer setzte rasch, mit Windeseile, über, und der Kurfürst wurde zur Schlacht gezwungen. Johann Friedrich hätte für seine Person der Gefahr wohl entgehen können. Er hätte seinem Fußvolk den Auftrag geben können, sich den Kaiserlichen entgegen zu stellen und derweil an der Elbe hinab nach Wittenberg in die Festung eilen können. Dies zu thun wurde ihm vorgeschlagen, allein darauf einzugehen, dazu war sein Herz zu ehrlich und zu treu. „Wo sollte mein getreues Fußvolk bleiben?" gab er zur Antwort. So kam es denn zur Schlacht, zu der unglücklichen Schlacht bei Mühlberg. Die Kaiserlichen stürmen heran, und die schwächeren Evangelischen werden alsbald geworfen. Johann Friedrich, der sich selbst auf's tapferste an dem Kampfe betheiligte, sieht sich plötzlich von den Seinen allein gelassen, in einem Wäldchen mit einem feindlichen Husaren im Zweikampf. Er wehrt sich männlich, und schon meint der Husar ihn entleiben zu müssen, als ein Edelmann aus dem Gesinde des Herzogs Moritz herbeikommt. Diesem, weil er ein Deutscher ist, übergibt sich der Fürst als gefangen. „Nun bin ich hier, nun erbarme dich meiner, du getreuer Gott", so betete er stille für sich hin. Inzwischen näherte er sich dem Kaiser; er wollte absteigen, der Kaiser aber winkte ihm, er möge sitzen bleiben; es war ihm genug, daß er seinen Feind sah mit Blut bespritzt, verwundet, den Kopf geneigt, mit dem Ausdruck der Demuth. „Erkennt ihr mich nun", rief er ihm entgegen, „für euren römischen Kaiser?" „Ich bin auf diesen Tag ein armer Gefangener", entgegnete der Kurfürst, „Kaiserliche Majestät wolle sich gegen mich als einen geborenen Fürsten halten." Der Kaiser erwiderte: „Ich will mich so gegen Euch halten, wie Ihr Euch gegen mich gehalten."

So war denn der Kurfürst in der Gefangenschaft; allein es drohte ihm noch Schlimmeres. Er wurde zum Tode verurtheilt. Ruhig und gelassen hörte er das Urtheil an, ja man erzählt folgendes. Das Urtheil sei ihm verkündigt worden, als er mit dem Herzog Ernst von Braunschweig, der mit ihm gefangen worden, Schach spielte. Er war längst darauf gefaßt und nicht einmal in seinem Spiel ließ er sich dadurch stören. „Vetter", sagte er, nachdem er das Urtheil wie ein anderes Papier neben sich gelegt, „gebt acht auf euer Spiel, ihr seid matt!" Es sollte zur Ausführung des Todesurtheils aber nicht kommen. Etliche Fürsten drangen in den Kaiser, es zurückzunehmen, und der Kaiser gab nach. Allein Johann Friedrich mußte der Kurwürde entsagen, mußte alle Länder, außer einigen Besitzungen in Thüringen abtreten und sich dem Kaiser auf eine beliebige Zeit zum Gefangenen übergeben. Die Kurwürde und das Kurfürstenthum erhielt der treulose Moritz als Lohn.

Ein tiefer Schmerz durchzog das treue Sachsenland und die Kurfürstin Sibylla, Johann Friedrich's treues, gottseliges Weib, legte Trauerkleider an. Sie vereinigte sich mit dem Volke zum Gebet und ließ wöchentlich dreimal durch die Schulkinder die Litanei singen und dazu das Liedlein:

Ach Gott laß dir befohlen sein
Unsern Landesherrn, den Diener dein,
Im festen Glauben ihn erhalt,
Und rett ihn aus der Feind Gewalt.

Dies Gebet wurde denn auch erhört; allein vorerst noch sollte der treue Held gründlich geläutert werden in dem Ofen der Trübsal. Der Gefangene mußte dem Kaiser auf seinen Reisen folgen hin und her. Später wurde seine Haft auch noch ge= schärft, es wurden ihm sogar seine Bücher weggenommen. Ruhig sah er zu, als man ihm seine Bibel und die Schriften Luther's wegtrug, er sagte, er werde schon behalten, was er daraus gelernt, nämlich Jesum Christum. Fortwährend war er von vier und zwanzig Spaniern bewacht, welche des Nachts mit ihren Waffen in seinem Gemach auf den Bänken und Polstern lagen. Der Kurfürst blieb standhaft, jetzt im Leiden offen= barte er seine ganze Seelengröße und Hochherzigkeit.

Im Jahr 1548, da der Kaiser auf dem Gipfel seiner Macht stand, erließ er das sogenannte Augsburger Interim. Es war dies ein Religionsvergleich, welcher bestimmte, wie es mit den Sachen des Glaubens bis zu einer endgiltigen Ent= scheidung sollte gehalten werden. In diesem aber wurden die hauptsächlichsten römischen Irrlehren beibehalten und den Evangelischen nur wenige Zugeständnisse gemacht. Der Kaiser legte dies Interim dem Kurfürsten vor, ermahnte ihn zur An= nahme desselben und versprach ihm, er wolle ihm, falls er ein= willige, seine kaiserliche Gnade schenken, ihn frei lassen und für alles Entrissene reichlich entschädigen. Aber da antwortete der Märtyrer: „Allergnädigster Kaiser! Ich stehe hier vor Ew. Kaiserlichen Majestät wie ein armer, gefangener Mann, leugne auch nicht, daß ich habe die Wahrheit bekannt, und darob Hab und Gut, Weib und Kind, Land und Leute, kurzum alles, was mir Gott in dieser Welt gegeben und verliehen hat, verlassen,

und habe nicht mehr, denn diesen gefangenen Leib, der doch
nicht in meiner, sondern in Ew. Kaiserlichen Macht und Ge=
walt steht; und dieweil ich vor aller Welt bloß stehe, und soll
dazu das Ewige auch verlassen durch meinen Widerruf, dafür
wolle mich Gott behüten. Denn ich habe meinen höchsten Trost
darin gesetzet, daß ich gewiß weiß, ob ich schon diesen armen
Leib sammt dem Leben darob verlieren muß, daß mir Gott
Besseres darum geben wird. Mir stände auch übel an, daß ich
durch meinen freventlichen Widerruf viel tausend Menschen in
groß Aergerniß führen sollte. Derhalben, Allergnädigster
Kaiser, Ew. Kaiserliche Majestät hat mich in ihrer Gewalt,
mögen mit mir handeln, wie mit einem Gefangenen! Bei der
bekannten Wahrheit will ich bleiben, und den andern zu einem
Exempel darob leiden, was mir Gott und Ew. Kaiserliche
Majestät auferlegt."

In Folge des Interims wurden allein in Süddeutschland
etwa vierhundert Prediger ihrer Stellen entsetzt, und diese irrten
nun heimathlos umher. Unter ihnen befanden sich auch die
von Augsburg. Bevor sie die Stadt verließen, kamen sie zum
Kurfürsten, der damals grade hier verwahrt wurde. Sie er=
zählten ihm, daß der Kaiser ihnen das ganze römische Reich
verboten hätte. Da stand der Kurfürst in heftiger Bewegung
auf, trat an das Fenster und vergoß Thränen des Mitleids.
Aber bald war er wieder gefaßt und fragte die Prediger: „Hat
euch denn der Kaiser auch den Himmel verboten?" — „Nein",
lautete die Antwort. Darauf rief er: „Ei, so hat's keine
Noth! Seid getrost! Der Himmel wird euch doch bleiben. Gott
wird wohl noch ein Land finden, wo ihr sein Wort predigen
dürft!" Darauf griff er nach seiner Satteltasche und sagte:
„Hierin ist alles, was ich jetzt auf Erden habe, ich will euch
daraus einen Zehrpfennig verehren, den theilet mit euren
Kreuzbrüdern! Ich bin zwar auch ein Gefangener, aber mein
Gott wird mir wohl wieder etwas bescheeren!"

Welcher Glaubensmuth den gefangenen Kurfürsten in
dieser seiner schweren Zeit beseelte, das zeigen uns die Briefe,

die er aus seinem Gewahrsam an seine Angehörigen, besonders an seine Gemahlin schrieb. Sie sind voll himmlischen Friedens, ruhiger Ergebung in Gottes Willen, fröhlicher Zuversicht und fester Hoffnung. Eine Probe seines Glaubensmuthes ist auch das von ihm im Gefängniß verfaßte „Trostlied", von dem wenigstens einige Verse hier Platz finden mögen.

> Wie's Gott gefällt, so g'fällt mir's auch
> Und laß mich gar nicht irren.
> Ob mich zu Zeiten beißt der Rauch,
> Und wenn sich schon verwirren
>   All Sachen gar,
>   Weiß ich fürwahr,
> Gott wird's zuletzt wohl richten.
>   Wie er's will han,
>   So muß es gahn:
> Soll's sein, so sei's ohn' Tichten.

> Wie's Gott gefällt, so soll's ergahn
> In Lieb und auch im Leibe!
> Dahin mein Sach' ich g'stellt will han,
> Daß sie mir sollen beide
>   Gefallen wohl;
>   Darum mich soll
> Ja oder Nein nicht schrecken.
>   Schwarz oder Weiß:
>   Soll's sein, so sei's!
> Gott wird wohl Gnad' erwecken.

> Wie's Gott gefällt, so nehm' ich's an;
> Will um Geduld ihn bitten.
> Er ist allein, der helfen kann,
> Und wenn ich schon wär mitten
>   In Angst und Noth,
>   Läg gar am Tod,
> Kann er mich wohl erretten
>   Gewalt'ger Weis'!
>   Soll's sein, so sei's!
> Ich g'winn's, wer nur will wetten!

Auch aus seinen Banden heraus sorgte Johann Friedrich
für die ihm gebliebenen Lande in der alten treuen Weise. So
gründete er in dieser Zeit als eine Pflanzstätte der reinen
lutherischen Lehre die Universität Jena. Wittenberg war unter
Moritzen's Herrschaft gekommen.

Endlich, nach fünf langen Jahren, schlug für den treuen
Dulder die Stunde der Befreiung. Derselbe Moritz, welcher
früher ihn so treulos verrathen hatte, sollte zu dieser Befreiung
das Werkzeug werden. Ihm mag wohl manchmal sein Gewissen geschlagen haben; außerdem aber war er auf's äußerste
unzufrieden und aufgebracht, daß der Kaiser seinen Schwieger-
vater, den Landgrafen von Hessen, fortwährend, seitdem er in
Halle damals Abbitte gethan, in Haft hielt und daß er überhaupt die Rechte der Reichsfürsten mit Füßen trat. Moritz
führt ein Heer wider den Kaiser und wirft sich zum Retter der
evangelischen Sache auf. Er zieht rasch nach Tyrol und steht
bald in der Nähe von Innsbruck, woselbst der Kaiser an der
Gicht erkrankt lag und noch kein Heer um sich gesammelt hatte.
Karl muß die Flucht ergreifen und verkündigt jetzt dem gefangenen Kurfürsten die Freiheit, macht ihm freilich zur Bedingung, daß er noch eine Zeit lang freiwillig dem Hofe folgen
solle. Nun ist Johann Friedrich zum ersten mal seit fünf
Jahren von der lästigen Wache der Spanier befreit, und da
stimmt er denn mit fröhlichem Herzen auf seinem Wagen ein
geistliches Danklied an. Nachdem jedoch zwischen Moritz und
dem Kaiser der Passauer Vertrag* abgeschlossen worden
war, erhielt der Kurfürst seine volle Freiheit wieder zurück.
Zu Augsburg wird er vom Kaiser entlassen. Dieser legt ihm
freilich auch hier wieder zwei Bedingungen vor. Erstens soll
er den Beschlüssen einer künftigen Kirchenversammlung oder
eines Reichstages in Sachen der Religion Folge leisten, und

---

* Drei Jahre später, im Jahr 1555, kam es in Augsburg endlich
zum Religionsfrieden. Durch ihn wurde die evangelische Kirche
Deutschlands in ihrer Unabhängigkeit vom Papste anerkannt und ihren
Gliedern wurden gleiche Rechte mit denen der römischen Kirche zugesichert.

zweitens die mit Moritz abgeschlossenen Verträge beobachten und denselben nicht mit Krieg überziehen. Das letztere verspricht Johann Friedrich ohne Bedenken, das erstere nicht. In aller Demuth erwiderte er dem Kaiser, er sei entschlossen, bei der Lehre, die in der augsburgischen Konfession enthalten, bis an seine Grube zu verbleiben. Der Kaiser mußte nachgeben und entließ seinen Gefangenen am 1. September 1552 mit der Erklärung, „er habe an seinem Verhalten ein gnädiges Gefallen gehabt, und hoffe auch künftig zu allen Gnaden Veranlassung zu haben".

Und nun geht's denn in die heimischen Lande. Der Zug ist ein wahrer Triumphzug. Der Befreite zieht mit Friedensgedanken heim, dem Worte getreu, das er seinem Kaiser gegeben. Er will gegen Moritz nicht als Feind auftreten. Einem, der ihn aus der Heimath mit Glückwünschen begrüßt, trägt er auf: „Geh' hin und sage zu Hause, daß ich ohne Waffen komme und keinen Krieg mehr führen will." Je näher er seinem Stammland Koburg kommt, desto größer wird der Jubel. Von Koburg aus kam ihm sein Halbbruder Johann Ernst entgegen, der nun seinen Wahlspruch: „Ich trau Gott" erfüllt sah. Auch seine Gemahlin kommt dem lange Ersehnten entgegen und vertauscht jetzt die Wittwenkleider mit dem herrlichsten Festschmuck. Vor den Städten weit draußen stellten sich die Rathsherrn in den schwarzen Mänteln ihrer Amtstracht auf, um den angestammten Herrn zu bewillkommnen, die Bürger in ihren Rüstungen oder ihren besten Kleidern bildeten ein Spalier, auf dem Markte warteten die Geistlichen mit der männlichen Jugend auf der einen Seite, auf der anderen Seite die ältesten, eisgrauen Bürger mit den jungen Mädchen, die in fliegenden Haaren mit dem Rautenkranz erschienen. Die Knaben stimmten das Tedeum lateinisch an, die jungen Mädchen antworteten deutsch: Herr Gott dich loben wir. In Koburg löste man die Kanonen, in Jena brachte die neu gegründete Universität ihren Dank dar, in Eisenach sangen die Kinder den Vers:

. Ihr Bürger, freut euch insgemein,
Und laßt uns fröhlich springen!
Ihr zarten Weiber all' in ein,
Laßt uns mit Freuden singen,
Daß Gott durch seine Wunderthat
Dem Kurfürsten geholfen hat,
Daß er ist lebig worden.

Johann Friedrich erschien wie ein Märtyrer, wie ein Heiliger. Aber er zeigte bei all der Ehre, die ihm erwiesen wurde, ächt christliche Demuth. Entblößten Hauptes und dankbaren Blickes zog er an den Reihen der Bewillkommnenden vorüber; neben ihm saß sein lieber Freund und treuer Gefährte, der Maler Lukas Kranach, der die Leiden seiner Gefangenschaft freiwillig mit ihm getheilt hatte.

Nicht lange mehr sollte der Heimgekehrte in dieser seiner irdischen Heimath verbleiben. Am 2. März 1554, nachdem zehn Tage vorher sein treues Weib in die Ewigkeit vorangegangen war, merkte er, daß sein Ende nicht mehr ferne sei. Da beschied er seine vier Söhne vor sein Krankenbett und ermahnte sie zu Gottesfurcht und brüderlicher Liebe, sowie zu einem friedfertigen und milden Regimente. Am 3. März sprach er zu seinen Leibärzten: „Saget mir's nur, ob's gefährlich mit mir ist. Denn ich fürchte mich auch, Gott Lob, vor dem Tode gar nicht." Als er nun vernahm, daß das Lebenslicht bald verlöschen werde, da rüstete er sich zum Abschied. „Ich habe alles unserm lieben Herrn Gott befohlen", sprach er nun, „und bin mit ihm versöhnt. Er fordere mich, wann es ihm gefällig ist!" An demselben Tage entschlief er im Frieden des Herrn. Zwei Tage darauf wurde seine Leiche in der Stadtkirche zu Weimar neben der seiner Gemahlin beigesetzt. Die Inschrift seines Grabsteins lautet: „Johann Friedrich, von Gottes Gnaden erwählter Zeuge und Märtyrer Jesu Christi, ein Fürst der Betrübten, ein Herzog der Bekenner des Glaubens, Graf der Wahrheit, Bannerträger des heiligen Kreuzes, ein Muster und Vorbild der Geduld und Standhaftigkeit, ein Erbe des ewigen Lebens, — ist in Christo selig entschlafen, aus diesem trübsalsreichen Leben in's himmlische Vaterland eingegangen zu Weimar am 3. März im Jahre 1554, im 51. Jahre seines Alters."

Johannes Bugenhagen.

Links an die Porträts der sächsischen Kurfürsten reihen
sich diejenigen zweier Beförderer der Reformation aus dem Stande
der Kirchendiener und Gelehrten an. Die beiden sind Johannes
Bugenhagen und Justus Jonas.

Bugenhagen war ein treuer Gefährte Luther's und sein
rüstiger Mitarbeiter im Werke der Reformation. Es war ihm
aber in diesem Werke von Gott seine besondere Thätigkeit an-
gewiesen. Während nämlich Luther vor uns steht als der gewaltige Prophet der Reformation, der mit seiner gotteskräftigen
Predigt das entweihte Heiligthum des Herrn wieder reinigt,
während Melanchthon als „Lehrer Teutschland's" die evangelische Wahrheit gründlich, fein, scharf und klar darlegt, so
hat Bugenhagen Gabe und Beruf zum Hirten- und Regenten-
amt erhalten. Luther hat ihn den „Pfarrherrn" und „Pastoren"
genannt und ihn als solchen hoch geehrt. Er ist der ächte und
rechte Kirchen- und Schulrath der Reformation gewesen.
Die Milde und Festigkeit seines Charakters, sein ernstes und
sicheres und doch gar freundliches und leutseliges Auftreten,
seine reiche Erfahrung und Menschenkenntniß, sein freier, frischer
und fröhlicher Sinn für die Verhältnisse und Bedürfnisse des
wirklichen Lebens befähigten ihn, eine derartige Thätigkeit zu
üben. — Eine kirchliche Handlung, welche seitdem unserm
Herzen theuer geworden ist, verdankt Bugenhagen ihre Ein-

führung, das ist die heilige Konfirmation. Es gilt nun, einen flüchtigen Blick auf sein Leben und Wirken zu werfen.

Bugenhagen, zu seinen Lebzeiten meist nach seinem Vater= land Dr. Pommer oder Pomeranus genannt, wurde am 24. Juni 1485, also etwa zwei Jahre später als Luther, zu Wollin, in einem Städtchen auf der pommerischen Insel gleichen Namens, wo sein Vater ein angesehener Rathsherr war, ge= boren. Da sein Geburtstag auf den Tag St. Johannis des Täufers fiel, erhielt er nach damaliger frommer Sitte den Taufnamen Johannes. In seinem elterlichen Haus herrschte christlich frommer Ernst und strenge Kinderzucht. Seine erste Jugend= und Schulbildung war gering, doch erzählt er selbst, daß er „von Kindes Jugend an" die heilige Schrift lieb ge= habt, und außerdem zog ihn sein heiterer Sinn und sein lebendiges Gefühl zur Musik. Auf der Universität Greifswalde erlangt Bugenhagen eine gründliche Bildung in den alten Sprachen, so daß Melanchthon ihn später als tüchtigen „Grammatikus" rühmen kann. In seinem zwanzigsten Lebens= jahre finden wir ihn als Rektor an der Stadtschule zu Treptow an der Rega, einer Schule, welche durch seine Leistungen weit= hin berühmt wurde, so daß sie aus fernen Ländern, wie z. B. Westphalen, Schüler heranzog. Hier läßt er es sich angelegen sein, unter seinen Schülern die Liebe zur heiligen Schrift zu verbreiten, und neben seinen Lehrstunden hält er, erst im Hör= saale der Schule, alsdann, weil der Raum zu klein ist, in der Kirche noch besondere Vorträge über Bücher des Alten und Neuen Testamentes, und diese werden nicht blos von seinen Schülern, sondern auch von den Bürgern, von Mönchen und Priestern, denen das Heil ihrer Seele am Herzen lag, gerne gehört.

In Bugenhagen entstand, besonders in Folge seines Bibel= studiums, die Ueberzeugung, daß die Kirche einer gründlichen Besserung bedürfe; allein, wo die Besserung zu beginnen habe, wo der eigentliche wunde Fleck war, das war ihm noch ver= borgen. Es war ihm, wie so vielen mit ihm nach Wahrheit

ringenden Männern, das, was sie in ihres Herzens Drange für
sich und ihre Zeit eigentlich bedurften und suchten, noch ein
Räthsel. Er suchte und hatte noch nicht gefunden, das Wort
von der Rechtfertigung aus dem Glauben allein war noch nicht
als ein Licht in seine Finsterniß oder doch sein Halbdunkel ge=
kommen. Er selbst stand noch nicht auf dem Fels des Heiles,
in zuversichtlichem fröhlichem Glauben, er war noch in der
eigenen Gerechtigkeit versunken. Er äußert sich selbst: „Der
Herr zeigte mir oft die Sünde durch ihre Frucht, die bösen
Werke, in die ich fiel, auf daß er mich mir selbst zu erkennen
gäbe, und der Wahrheit berichtete. Es war aber alles umsonst;
denn mit Beichten und Genugthun vermeinte ich, es alles zu
bezahlen, hing weit mehr an meinen eigenen Werken, denn an
dem Worte Gottes. In dieser Blindheit bin ich nun gewesen,
bis Gott sich aus der Höhe über den menschlichen Irrthum
erbarmet, und durch den Geist Christi die apostolische Zeit und
Predigt des heiligen Evangeliums wiedergebracht hat. Da hat
er auch mich begnadigt.“

Diese seine Begnadigung ging seltsam zu. Im Jahr
1520 geschah es, daß ein Exemplar der Schrift Luther's:
„von der babylonischen Gefangenschaft der Kirche“
bald nach ihrem Erscheinen in die Hände Bugenhagen's kam.
In dieser gewaltigen Schrift greift Luther mit der vollen Gluth
seines Feuereifers die Irrlehren der römischen Kirche an. Das
Büchlein war einem Geistlichen in Treptow von einem Freunde
zugeschickt worden, und jener hatte es seinen Tischgenossen, zu
welchen auch Bugenhagen gehörte, vorgelegt. Dieser durchblätterte
die Schrift während der Mahlzeit, erschrack über die Kühnheit
der darin ausgesprochenen Gedanken und rief heftig aus, schon
viele Ketzer hätten seit Christi Kreuzigung die Kirche beunruhigt
und hart mitgenommen, aber so wäre doch noch keiner auf=
gestanden, der es so arg gemacht hätte und der der Kirche so
gefährlich sein würde, wie dieser Luther. Dennoch zog es unsern
Bugenhagen mit Gewalt zu dieser Schrift hin, und siehe da,
als er sie zu Hause mit ernster Aufmerksamkeit gelesen hatte,

wurde sein ehrliches, für die Wahrheit offenes Herz so davon
ergriffen, daß sein Urtheil über das Buch ein ganz anderes
wurde. Als einige Tage später seine Tischgenossen ihn um
sein weiteres Urtheil über das Buch befragten, rief er aus:
„Was soll ich euch viel sagen: die ganze Welt ist blind und
tappt in einer kimmerischen* Finsterniß; dieser Mann einzig
und allein sieht die Wahrheit." Von nun an steht Bugenhagen
auf dem Boden des Evangeliums, er steht im rechfertigenden
Glauben, er dient der Reformation. Jesus Christus ist nun
sein Trost, er ganz allein, er ist auch seines ganzen Lebens
Mittelpunkt, und sein Wahlspruch lautet:

Si Jesum bene scis, satis est, si cetera nescis,
Si Jesum nescis, nil est, quod cetera discis.**

Bugenhagen ist mit starker Sehnsucht erfüllt, dem Manne Gottes
Luther selbst in's Auge zu schauen und sich im neuen Leben
des Evangeliums fester zu gründen. Er macht sich auf,
verläßt die Heimath und eilt nach Wittenberg; er konnte
Pommern um so eher verlassen, da er merkte, daß für dies
sein Vaterland die Gnadenstunde noch nicht geschlagen, der
Herzog und der Bischof standen dem Evangelium noch feindlich
entgegen und verwehrten die Predigt desselben.

Im Jahr 1521 kommt Johann Bugenhagen an dem Ziel
seiner Sehnsucht, in Wittenberg, an, und Luther empfängt ihn
mit offenen Armen. Er war gekommen, um zu lernen, aber
bald muß er lehren, er erklärt die Psalmen, gibt auch ihre
Erklärung, die erste evangelische Schrift eines Pommern, heraus,
und Luther begrüßt das Buch mit Dank gegen Gott. „Dieser
Pommer", sagt er, „ist der erste, der ein Ausleger der Psalmen
Davids dürfe genannt werden". Wittenberg wurde Bugen=
hagen's zweite Heimath: er lebte hier noch sechsunddreißig

---

* d. i. äußersten.

** Kennst du Jesum recht, so hast du das nöthige Wissen,
Kennst du Jesum nicht, ist all dein Wissen dir unnütz.

Jahre, und zwar als öffentlicher Lehrer der Gottesgelehr=
samkeit und bald auch als Pfarrer an der dasigen Stadt=
kirche. Das Pfarramt war ihm durch Betreiben Luther's über=
geben worden. Er gewann sein Wittenberg, als den Mittelpunkt
der Reformation, welcher er all seine Kräfte widmete, und sein
Amt daselbst so lieb, daß er die ehrenvollsten Berufungen, wie die
auf den Bischofsstuhl von Schleswig, Dänemark und Pommern,
ohne langes Besinnen ablehnte. Er nahm an allen wichtigen
Arbeiten für die Reformation thätigen Antheil, so auch an dem
Werk der Bibelübersetzung. Die Vollendung dieses
Werkes war ihm so werth und wichtig, daß er jährlich am
21. September mit seinen Kindern und Freunden ein Fest zum
Dank für diesen theuren Schatz der verdeutschten Bibel in
seinem Hause feierte. — Treu nahm sich Bugenhagen der ihm
anvertrauten Gemeinde an, er war ein rechter Pastor, d. i. ein
Hirte, er verließ seine Heerde auch in der äußersten Gefahr
nicht. Als die Pest in Wittenberg hauste, blieb er mit Luther
an der Stätte der Gefahr, er wandelte unter Kranken und
Sterbenden, dachte nicht an sein eigenes Leben, er war allen,
so weit er konnte, mit Hülfe nahe, er richtete mit seinem
kräftigen Wort an heiliger Stätte die gebeugten Gemüther auf
und schrieb ein Büchlein, betitelt: Joh. Pommer's Unterricht
derer, so in Krankheiten und Todesnöthen liegen.

Ein gar herzlich Verhältniß bildete sich zwischen ihm und
Luther. Beide waren von ähnlicher Gemüthsart, durch und
durch treue, deutsche, in ihrem Gott, den sie nach Suchen und
Kämpfen gefunden, fröhliche Naturen, sie hatten dieselben An=
schauungen und fast das gleiche Lebensalter — so wurde einer
des andern Freund in Christo. Bugenhagen war Luther's
Beichtvater, segnete auch sein Ehebündniß ein, war ihm eine
rechte Stütze bei seinen nicht seltenen inneren Nöthen und An=
fechtungen, erheiterte ihn auch durch sein fröhliches Gemüth
und durch manchen gut angebrachten Witz. Er hatte nämlich
die Gabe des Witzes, und seine Rede konnte auch mit bitterem
Salze gewürzet sein. Als Beweis hiefür diene folgende

Anekdote. Als ihn die Herrn von Lübeck nach gehaltener Kirchenvisitation, in verdecktem Wagen und ehrenvoll nach Hause fahren ließen, wollte einer seiner Begleiter an Doktor Pommer zum Ritter werden. Er sagte mit bescheidener Miene: „Herr Doktor, ich hätte wohl eine Frage: Pflegte auch der h. Apostel Petrus auf solchem behangenen Wagen mit Vorreitern einher zu fahren in seinem Apostelamt?" Der Doktor antwortete dem Schalk: „Mein Sohn, laß dir sagen: wann der Apostel Petrus zu solchen frommen, einfältigen Leuten kam, wie deine Herrn von Lübeck sind, so ließen ihn dieselben auch dergestalt wieder gen Hause führen, wie jetzo deine Herren an mir thun; wenn er aber bei böse Buben kam, wie du bist, so mußte er wohl zu Fuße wiederum nach Hause gehen."

Seine besondere Bedeutung für die Reformationszeit erhält Bugenhagen jedoch als Regierer der Kirche. Das hat die evangelische Kirche des nördlichen Deutschland's und die Dänemark's zu ihrem Heile erfahren. Durch die Predigt des reinen Wortes war wohl in die einzelnen Seelen und Gemeinden ein neues inneres Leben gekommen; aber nun mußte auch für das Aeußere des kirchlichen Lebens gesorgt werden, der Leib des Herrn, das Haus des Herrn mußte auch äußerlich gebauet, der neue Wein mußte in neue Schläuche gefaßt, es mußten feste Ordnungen eingeführt werden. Solche Arbeit vorzunehmen, das war die Aufgabe Bugenhagen's, dieser Aufgabe hat er obgelegen vom Jahre 1528—1544, in welcher Zeit er daher öfters seine Gemeinde und seine Studenten verlassen mußte. Für erstere hat dann Luther gesorgt, der sich deshalb scherzweise „Dr. Pommers Lückenbüßer und Unterpfarrer" nennt. Bugenhagen wurde nach und nach an verschiedene Orte gerufen, um daselbst der Kirche eine neue Ordnung und Regel zu geben. So sehen wir ihn walten in Braunschweig, in Hamburg, in Lübeck, in Pommern, in Dänemark, in Braunschweig-Wolfenbüttel, in Hildesheim. Da sehen wir ihn predigen, lehren, Seelsorge üben, da trifft er Anstalten zu Heranbildung tüchtiger Geistlicher, zur Aufbesserung des Jugendunterrichts und entwirft förmliche

Kirchenordnungen. Die Kirchenordnung aber ist ihm nicht eine bloße trockene Aufzählung von Anordnungen und Einrichtungen; sondern er macht sie zu einem Volksbuch, welches zugleich zur Erbauung und Belehrung dienen soll, auf ihrem Titel steht geschrieben: „zum Dienst dem heiligen Evangelio und christlicher Liebe, Zucht, Frieden und Einigkeit und auch darunter viele christliche Lehre für die Bürger". Ueberall findet Bugenhagen dankbare Anerkennung, er gewinnt die Seelen durch sein gewissermaßen apostolisches Wesen, durch seine große Entschiedenheit und freundliche Milde. In Braunschweig und Hamburg sangen die Gemeinden ein Tedeum, nachdem sein Werk geschehen, in ersterer Stadt feierte man zum Andenken an die Einführung der neuen Kirchenordnung bis zum achtzehnten Jahrhundert jedes Jahr am Sonntag nach Aegidi ein Dankfest. In Pommern erwarb sich Bugenhagen den ehrenden Namen des zweiten Apostels Pommerns. Otto von Bamberg, der Märtyrer, war der erste gewesen. In Dänemark mußte er den König Christian III. mit seiner Gemahlin Dorothea, im Beisein vieler Fürsten und Herrn, feierlich krönen. Es war ein seltsamer nie geschauter Anblick, zu sehen, wie der schlichte, deutsche Prediger einem Mächtigen dieser Erde die Zeichen der Herrschaft verlieh. Er that es aber nur, um darzuthun, daß auch ein irdischer König die rechte Weihe nur dann erhält, wenn er sich vor dem Evangelium des Königs aller Könige demüthig beugt. In Dänemark blieb sein Andenken lange geehrt und ist es wohl noch immer. König Friedrich IV. ließ im Jahre 1717 eine Denkmünze schlagen, auf der Bugenhagen der „Apostolus Danorum" (Apostel der Dänen) genannt wird. Auf Seeland wurde Bugenhagen, Luther'n und Ansgar'n ein Denkmal errichtet, bestehend aus einer dreiseitigen Spitzsäule. Das Fußgestell ist ein Fels mit der Aufschrift Matth. 16, 18; auf der Spitze strahlt ein goldener Stern mit der Unterschrift Dan. 12, 3; auf den drei Seiten der Säule stehen die Namen jener drei Männer, denen Dänemark das Evangelium zu verdanken hat.

Es ist eigenthümlich, daß der Lebensabend vieler Männer Gottes so trüb ist. Der Abschied soll ihnen wohl leicht gemacht, der Blick in die Ewigkeit gerichtet werden. Auch Bugenhagen's letzte Zeiten sind mit Trübsal erfüllt. Im Jahr 1546 starb ihm sein Luther. Es wurde durch diesen Todesfall vielleicht niemand so schmerzlich bewegt, als Bugenhagen. Wie sehr er erschüttert war, konnte er auch in der Leichenpredigt, die er ihm in der Schloßkirche vor vielen Tausenden zu halten hatte, nicht verbergen. Sein Text war 1. Theſſ. 4, 13. 14. „Ich soll jetzt und will gern", so hebt er an, „bei dem Begräbniß unseres herzlieben Vaters, Dr. Martini seligen, eine Predigt thun. Was aber, oder wie soll ich reden, so ich vor Weinen nicht kann ein Wort machen." Seine Rede wurde oft durch Thränen unterbrochen, und er mußte schließen, ehe sie beendet war.

Gleich darauf erlebte Bugenhagen den schmalkaldischen Krieg und seinen betrübten Ausgang, die Schlacht bei Mühlberg und die Gefangennehmung seines Kurfürsten. Da wurde auch die Universität zerstreut, die Stadt Wittenberg gerieth in große Angst und Gefahr. Bugenhagen hatte die schlimmste Behandlung von Seiten des siegreichen Kaisers Karl V. zu befürchten. Die Aufforderung, die Stadt zu verlassen, wies er zurück als Verlockung des Teufels, ein Aergerniß anzurichten, damit die Widersacher über die evangelischen Prediger schreien könnten: Sie verlassen in der Noth ihre Kirchen. Weib und Kind brachte er in Sicherheit, er selbst aber blieb. Mochten Seuchen die Bewohner wegraffen, und die Gefahr der Belagerung die Gemüther mit Angst erfüllen, sein Vertrauen wuchs immer mehr. Es wurden ihm Briefe zugeschickt, worin gedroht war, daß man die Stadt würde schleifen und Dr. Pomeranum zerhacken, daß man sich mit den Stücken werfen möchte. „Ich aber sprach:" so erzählt er uns selbst, „Nein, Teufel! Mit der Weise bringst du mich nicht weg, und ermahnte von der Kanzel, daß sie sich nicht sollten kümmern um solche Zeitung. Diese Sache, sprach ich, ist nicht in des Teufels, sondern in Gottes Hand, dem wollen wir's mit unserem Gebet befehlen." Das that er denn auch treulich, stille für sich und öffentlich mit der Gemeinde. Im Gebete ward er des Trostes der Gnade gewiß, er hat auch erfahren dürfen, daß der Herr die Gebete erhört. Wittenberg und Bugenhagen wurden in der Noth bewahrt. Der gefangene Kurfürst selbst ließ die Wittenberger auffordern, die Stadt dem Kaiser zu übergeben. Bugenhagen rief die Gemeinde zur Kirche, befahl die Sache dem Herrn, und die Stadt ward übergeben. Die kaiserlichen Truppen zogen ein; aber sie durften niemandem Unbill zufügen. Karl erlaubte sogar Bugenhagen die Fortsetzung seiner Predigten, und dieser predigte jetzt täglich über den Unterschied zwischen dem evangelischen und päpstlichen Glauben, damit die Spanier einmal hörten, was die Lutheraner glaubten. „Da stunden alle die Tage, erzählt er, vier oder fünf Spanier in einem Stuhl bei dem Altar, sahen und hörten zu mit aller Reverenz und ließen sich ansehen, als denen unsere Ceremonien wohlgefielen, also daß Kaiserliche Majestät solle im Lager vor Wittenberg haben gesagt: Wir haben's in diesen Landen viel anders gefunden, denn uns gesagt ist."

Zu diesen Trübsalen kamen zuletzt noch mancherlei Anfeindungen von Gegnern aus der eigenen Kirche über Dinge, auf welche hier nicht näher kann eingegangen werden, außerdem Krankheit und große Entkräftung, so daß seine Gestalt kaum noch ein Schatten des sonst so rüstigen Dr. Pommer war. Im Jahr 1556 predigte er zum letztenmale; aber täglich ging er noch zum Hause Gottes, um für das Heil der Kirche zu beten. Er war überhaupt so recht ein Mann des Gebetes. Wie viel mag er über seine Kirchenordnungen gebetet haben, darum sind sie ein solcher Segen gewesen. Er hat manch Stünblein der Nacht auf's Gebet verwandt, es geschah auch wohl, daß er über dem Gebet in seinem Kämmerlein alles um sich her vergessen konnte, auch die Stunde, in welcher er zu predigen hatte. Bei solcher Gelegenheit sagte er einst, als er verspätet auf die Kanzel trat, zu seiner Gemeinde: „Wundert euch nicht, liebe Freunde, ich bin von Gott aufgehalten worden, mit dem ich in ein lang Gespräch von der Kirche, der Universität, der Stadt und der ganzen Christenheit gerathen bin." Luther hielt viel auf Bugenhagen's Gebet. Als er einmal fünf Jahre vor seinem Tode sehr krank gewesen war, schrieb er an den Kurfürsten: „Ich hätte wohl gern gesehen, daß mich der liebe Herr Jesus hätte mit Gnaden weggenommen, der ich doch nunmehr wenig nütze bin auf Erden. Aber der Pommer hat mit seinem Anhalten mit Fürbitten in den Kirchen solches, meines Achtens, verhindert und ist, Gott Lob, besser worden. — Wohlan, was Gott will, das geschehe. Amen."

Bugenhagen sah mit Ruhe dem Tode entgegen, seine Augen hatten ja den Heiland gesehen, er redete mit Entzücken über die Hoffnung des ewigen Lebens. Im Jahr 1558, in der Nacht auf den 20. April, entschlief er sanft, von seinen theuersten Freunden umgeben. Sein Weib, seine drei Kinder, die Universität und die Stadt trauerten an seinem Sarge. Sein Leib hat Ruhe gefunden in dem Chor der Kirche, darinnen er 35 Jahre lang ein Diener des Wortes gewesen war.

Justus Jonas.

Während Melanchthon und Bugenhagen Luther'n in mehr selbstständiger und eigenthümlicher Weise zur Seite stehen, so erscheint uns Justus Jonas so ganz als dessen hingebender Freund und Gehülfe. Als eine besondere Gabe rühmt jedoch Melanchthon von ihm seine Tüchtigkeit im Reden und Predigen.

Justus Jonas wurde am 5. Juni 1493 zu Nordhausen geboren, wo sein Vater Bürgermeister war. Schon im dreizehnten Jahr bezog er die Universität Erfurt, widmete sich daselbst dem Studium der Weltweisheit und Rechtskunde, ward auch später Lehrer dieser Wissenschaften. Als Luther in die Oeffentlichkeit trat, fühlte sich Jonas sehr von ihm angezogen, in Luther und dessen Schriften trat ihm zuerst ein Mann entgegen, der die Ehre Christi nicht blos im Munde, soudern auch im Herzen trug. Er legte sich von nun an auf das Studium der Gottesgelehrsamkeit und ist somit, wie Luther sagt, „aus dem stürmischen Meer der Jurisprudenz im Hafen der heiligen Schrift gelandet". Seine Zuneigung zu Luther'n sollte ihn jedoch bald theuer zu stehen kommen. Als er nämlich im Jahr 1521 denselben auf seiner Reise nach Worms zum Reichstag begleitet hatte, wurde ihm deshalb seine Stelle und sein Gehalt in Erfurt entzogen. Da eilte Justus Jonas nach dem ihm schon lange an das Herz gewachsenen Wittenberg, in die nächste Nähe Luther's. Hier wird er im Laufe der Zeit Doktor und öffentlicher Lehrer der Gottesgelehrsamkeit, empfängt auch die Weihe in das geistliche Amt und die Würde eines Propstes.

Seine Kräfte und Gaben kommen nun Luther'n und dem Werke der Reformation sehr zu Statten; fast bei allen wichtigen Verhandlungen ist er zugegen und leistet besonders durch seine Rechtskunde große Dienste. Er wirkt mit bei der großen durch Kurfürst Johann in Sachsen veranstalteten Kirchen- und Schulvisitation, begleitet Luther'n nach Marburg, ist bei Melanchthon auf dem Reichstag zu Augsburg, hilft bei dem Werke der Bibelübersetzung und arbeitet im Jahr 1537 an der Festsetzung der schmalkaldischen Artikel. Mit Luther'n ist Justus Jonas, wie bereits angedeutet, in inniger, herzlicher Freundschaft verbunden, ersterer läßt sich manchmal in seinen geistlichen Anfechtungen von ihm trösten und holt in manchen wichtigen Angelegenheiten sich seinen Rath. Justus Jonas wird deshalb der Jonathan Luther's genannt.

Besondere Verdienste um das kirchliche Leben hat sich Justus Jonas in den Städten Naumburg und Halle er- worben. In Naumburg waren die Bürger der Menschenfündlein der römischen Kirche müde; es läutete wohl noch zur Kirche, aber niemand kam und niemand hielt Gottesdienst. Luther schickt seinen Justus Jonas dahin, und dieser predigt mit solcher Wärme und Kraft des heiligen Geistes, daß ein neues Leben aus Gott in der Stadt erwacht. Der Bischof drohete; aber richtete nichts aus, die Stadt war für das Evangelium gewonnen. — In Halle erlangte die Bürgerschaft nach großen Mühen die Erlaubniß, einen evangelischen Prediger berufen zu dürfen. Abgesandte reisten nach Wittenberg und brachten Jonas mit. Derselbe diente dem Evangelium in dieser Stadt unter großen Anfeindungen und Gefahren. Ein Mönch war einst mit solcher Wuth über den wackeren Gottesstreiter und Vorkämpfer der Reformation erfüllt, daß er denselben mit einer Axt anfiel und ihm den Kopf spalten wollte. Trotz aller Gegenbemühung kam in Halle die Reformation durch Justus Jonas zu Stand

und Wesen, und die von ihm für die Stadt entworfene bündige
Kirchenordnung blieb hundert Jahre lang in unveränderter
Weise in Geltung.

Auch Justus Jonas mußte durch die Leidens= und Thränen=
schule. Ein schweres Leid traf ihn, als er seinen liebsten Freund,
seinen Luther sterben sah. Jonas begleitete Luther'n auf dessen
Todesgang nach Eisleben, war um ihn in seinen letzten Tagen,
stand ihm bei im Sterben, hielt dem Entschlafenen noch zu
Eisleben die erste Leichenpredigt und geleitete die theuere Leiche
nach Wittenberg. Sodann erlebte Jonas den schmalkaldischen
Krieg mit seinen Schrecken. Moritz von Sachsen nahm als
Feind die Stadt Halle ein, und Jonas wurde von einem ge=
fährlichen Mordplan bedroht. Ein spanischer Hauptmann näm=
lich war gedungen worden, den weltberühmten Ketzer heimlich
umzubringen und hatte, um seinen teuflischen Plan ausführen
zu können, Quartier bei ihm genommen. Als ihn aber Jonas
freundlich aufnahm und liebreich bewirthete, da wurde das
Herz des Soldaten gerührt, und nach einiger Zeit sagte er:
„Herr Doktor, ich kann es euch nicht bergen, daß ich Befehl
hatte, euch umzubringen; ich sehe aber, daß ihr ein so ehrlicher,
frommer Mann seid, daß ich euch unmöglich etwas zu Leide
thun kann. Aber verberget 'euch, daß nicht etwa ein anderer
beim Abzug euch umbringe." Diese Durchhülfe des Herrn
trieb Jonas an, die beiden glaubensmuthigen Verse zu singen,
welche dem Liede Luther's: „Erhalt uns Herr bei deinem
Wort" manchmal angehängt sind. Sie lauten:

„Ihr Anschläg', Herr, zu nichte mach';
Laß sie treffen die böse Sach',
Und stürz' sie in die Grub' hinein,
Die sie machen den Christen dein!

So werden sie erkennen doch,
Daß du, uns'r Herr Gott, lebest noch,
Und hilfst gewaltig deiner Schaar,
Die sich auf dich verlassen gar."

Jonas war nun mehrere Jahre ein heimathlos umher=
irrender Kreuzträger. Um den Plänen und Anschlägen der
Feinde zu entgehen, mußte er zweimal von Halle entfliehen.
Was er da litt, möge er uns mit seinen eigenen Worten mit=
theilen. In einem ausführlichen Brief an den evangelischen
Herzog von Preußen schreibt er nämlich unter anderem folgen=
des: „Es ist mir noch erinnerlich, wie Ew. Durchlaucht vor
dem Kriege mir mehrere Briefe geschrieben, deren einer unter
anderem die Worte enthält: „„Jonas, es sind jetzund allerlei
Anzeigen, daß ein Wetter am Himmel hängt über uns armen
Christen."" Daß nun dieses Ungewitter Deutschland weit und
breit durchzogen hat, das haben wir erfahren. Wahrlich, es
war ein schwerer Wetterschlag, der in allen Kirchen den Acker
Christi hart heimgesucht und alles niedergeschmettert hat. Viele
fromme Fürsten sind schwer gestraft, viele Städte unter das
härteste Joch gezwängt, an vielen Orten ist Mord und Todt=
schlag verübt, viele rechtschaffene Bürger aus dem Rathe aus=
gestoßen, und nicht wenige gelehrte und fromme Männer mit
Weib und Kind in's jammervollste und unerträglichste Exil ge=
trieben. Ich habe mich während dieser Bewegungen zweimal
in's Exil begeben müssen. Nachdem der Kurfürst bei Mühlberg
gefangen war, und der Kaiser sein Lager vor den Mauern
Wittenbergs hatte, um sobann mit dem Heer auch vor Halle
zu rücken, riethen mir die vornehmsten Rathsherrn in Halle,
um der ersten Hitze des Zornes zu entgehen, mich von hier
wegzubegeben. Bei den schrecklichen Drohungen und Gefahren,
die von der Zügellosigkeit, Grausamkeit und soldatischen Frech=
heit der Spanier über uns schwebten, sah ich mich gezwungen,
ohne meine Habseligkeiten und mein Hauswesen zuvor etwas
ordnen zu können, in Zeit von einer Stunde meine schwangere
und gefährlich krank gewesene Frau und meine Kinder auf zwei
Bauernwagen zu setzen, und unter Furcht und Angst in aller
Eile von dannen zu ziehen. In meiner Vaterstadt Nordhausen,
wohin sich damals auch Philipp Melanchthon geflüchtet, durfte
ich wegen der Gefahren, die mich bis dorthin verfolgten, es

nicht wagen, mich öffentlich zu zeigen, sondern hielt mich bei einem Bürger in einem Garten und abgelegenen Garten=häuschen einen ganzen Monat hindurch verborgen."

Später finden wir jedoch Justus Jonas wieder in Halle, darauf in Koburg als Hofprediger und Superintendenten des Herzogs Johann Ernst, später in Jena als Professor und endlich zu Eisfeld an der Werra als ersten Prediger und Super=intendenten der fränkischen Kirchen im Fürstenthum Koburg. Ueberall wirkte er in Treue für die Verbesserung der Kirche und Schule.

Wie sich Justus Jonas in aller Trübsal und Erdennoth stärkte und tröstete, das zeigt uns das von ihm nach dem 124. Psalm verfaßte Kirchenlied: „Wo Gott der Herr nicht bei uns hält." Darinnen heißt es:

„Wo Gott der Herr nicht bei uns hält,
Wenn unsre Feinde toben,
Und er unsrer Sach nicht zufällt,
Vom Himmel hoch dort oben,
Wo er Israels Schutz nicht ist
Und selber bricht der Feinde List,
So ist's mit uns verloren.

Sie wüthen fast und fahren her,
Als wollten sie uns fressen;
Zu würgen steht all ihr Begehr,
Gott ist bei ihn'n vergessen.
Wie Meereswellen unterschla'n,
Nach Leib und Leben sie uns stahn,
Deß wird sich Gott erbarmen.

Ach Herr Gott, wie reich tröstest du,
Die gänzlich sind verlassen!
Der Gnaden Thür steht nimmer zu;
Vernunft kann das nicht fassen.
Sie spricht: „es ist nun all's verlorn";
Da doch das Kreuz hat neu gebor'n
Die deiner Hülf erwarten."

Vor seinem Tode hatte Justus Jonas noch einen schweren Seelenkampf zu bestehen, er zweifelte an seiner Seligkeit, und Todesfurcht quälte ihn. Durch Gottes Wort und den Glauben daran überwand er die Schrecken des Todes, erfreute sich an dem Spruch: „In meines Vaters Hause sind viele Wohnungen", und entschlief im Frieden, am 9. Oktober 1555. —

Ulrich von Hutten.

Unter den Beförderern der Reformation haben auf unserm Denkmal auch die Ritter Ulrich von Hutten und Franz von Sickingen Platz gefunden. Ihre Porträts schließen sich an die vorigen an.

Hutten's Verhältniß zu dem Gotteswerke der Reformation war ein vorherrschend äußeres. Hutten kämpfte freilich gegen den Papst, gegen das Mönchthum, für die Freiheit. „Wache auf, du edle Freiheit!" so rief er in sein bewegtes Jahrhundert hinein, „es lebe die Freiheit", war seine Losung. Aber er hatte vorwiegend eine andere Freiheit im Auge, als diejenige, nach welcher Luther rang und welche dieser der Christenheit er= kämpfte. Luther wollte die armen, gebundenen Gewissen frei machen und die Seelen ohne Umwege zu ihres Gottes Gnade leiten, Hutten will — und das ist auch ein edles Ziel gewesen — das deutsche Volk als Volk von der päpstlichen und römischen Herrschaft frei machen und kämpft für die Freiheit des Geistes im Allgemeinen. Luther kämpft für die Gewinnung des Himmelreichs, ohne darüber die Liebe zum irdischen Vater= land zu verlieren, Hutten für das Aufblühen eines politisch und geistig freien Deutschlands. In ihren Kämpfen erfahren die beiden von derselben Seite her Widerstand, nämlich von Rom her, und so kommt es, daß sie auf dem Schauplatz des sechszehnten Jahrhunderts als Kampfgenossen erscheinen; aber ein ebenbürtiger Kampfgenosse Luther's ist Hutten nicht. Das hat er auch selbst erkannt und ausgesprochen. Als er Luther'n auf seinem Lebenswege zuerst begegnete und ihn erkannte, rief er aus: „Dein Wort, o heiliger Mann, ist aus Gott und wird bleiben, meines ist menschlich und wird untergehen."

Ulrich von Hutten stammt aus einem alten ritterlichen Geschlechte Frankens und wurde am 22. April 1488 auf der Burg Steckelberg im heutigen Kurhessen geboren. Sein Vater übergab ihn, als er elf Jahre alt war, dem Kloster Fulda, welches wegen seiner gelehrten Bildung berühmt war, zur Ausbildung, hatte jedoch auch den Plan, ihn einen Mönch werden zu lassen. Ulrich konnte jedoch das klösterliche Leben um seines jugendlichen Feuers und kühnen ritterlichen Geistes willen auf die Dauer nicht ertragen und floh deshalb nach einem fünfjährigen Aufenthalt aus dem Kloster davon. In Folge seiner Flucht blieb er mit seinem Vater und den Seinen lange gänzlich zerfallen.

Hutten führte seitdem ein unstätes Leben, eine unaufhörliche Unruhe trieb ihn von Ort zu Ort, sein Leben war eine planlose, mitunter abenteuerliche Wanderung. So sehen wir ihn auf den Universitäten Erfurt, Köln, Frankfurt a. d. Oder, Greifswalde, sehen ihn in Rostock, in Wittenberg, in Böhmen, Mähren, Pavia, Bologna. Verfolgungen treiben ihn eine geraume Zeit zu seinem Freunde Franz von Sickingen, welcher ihm auf der Ebernburg Schutz gewährt und Gastfreundschaft erweist. Bald ist er in gutem Glück und behaglichen Verhältnissen, bald in großer Noth und Dürftigkeit. Einmal nahm er in seiner Bedrängniß als gemeiner Soldat Kriegsdienste im Heere des Kaisers Maximilian. Auf seinen Reisen und Zügen ist Hutten fortwährend im Kampfe begriffen, er streitet mit dem Schwert und mit der Feder, und beide führt er mit Meisterschaft.

Bei seinem Streiten hat Hutten, wie bereits angedeutet, nicht vorzüglich die religiösen Dinge im Auge, es ist nicht die Verderbniß der Kirchenlehre oder die Zerrüttung der ächten, heilsamen, kirchlichen Zucht, was ihn zum Schwert greifen läßt, eine heilige, religiöse Begeisterung ist ihm fremd, und für die

Glaubensticfe Luther's hat er kein völliges Verständniß. Das Ziel seines Streitens ist, wie gesagt, die Befreiung Deutsch= lands vom päpstlichen Joch. Er redet, schreibt, handelt gegen die Päpste nicht deshalb, weil sie das Evangelium auf= hielten, sondern deshalb, weil sie die deutsche Nation aussaugten, und weil er die Herrschaft des römischen Bischofs für eine Schmach und ein Verderben Deutschlands hielt. In dem Kampfe mit dem Papste führte Hutten die schneidendsten Waffen. In seiner Schrift: „römische Dreifaltigkeit" faßt er die Vorwürfe gegen Rom alle zusammen, schildert die Schlechtigkeit, die dort zu Hause sei, mit den grellsten Farben und gesteht selbst, es sei bisher in diesem Betracht nichts Freieres und Heftigeres ge= schrieben worden. — Außerdem sind seine Angriffe auf die geistige Finsterniß der Mönche und deren Anhänger gerichtet, und auch hier bedient er sich der schärfsten Waffen, dabei auch des Witzes und des Spottes. Als er in Köln sich aufhielt, hatte er reichlich Gelegenheit, das gesunkene Mönch= thum nach allen Seiten hin kennen zu lernen; denn Köln war ein Hauptbollwerk desselben. Als Reuchlin in den in diesem Büchlein bereits erzählten Kampf mit den Kölner Dominikanern gerieth, mischte sich Hutten mit lebendiger Theilnahme in diesen Handel, und als jener, alt und kränklich, muthlos den Streit aufgeben zu wollen schien, schrieb er ihm ermuthigend und mit kühner Siegeshoffnung: „Muth, mein tapferer Kapnio*, ein großer Theil deiner Arbeit liegt jetzt auf meinen Schultern. Schon sorge ich für den Brand, der hoffentlich zeitig genug emporlodern wird." Der Brand, den er meinte, waren wohl die sogenannten epistolae obscurorum virorum, d. h. die Briefe der Dunkelmänner, an deren Abfassung Hutten wahrscheinlich einen großen Antheil hat. In diesen Briefen ist ein einschneidender, vernichtender Spott, sie enthüllen die ganze wissenschaftliche, sittliche und religiöse Verkommenheit und Ver= sunkenheit der Mönche und geben sie unrettbar der allgemeinen Verachtung preis.

* Der ins Griechische übersetzte Namen Reuchlin's.

Außer den genannten Bestrebungen bemühte sich Hutten in der Gemeinschaft mit Franz von Sickingen die zunehmende, über den Adel je mehr und mehr sich erhebende Gewalt der deutschen Reichsfürsten zu schwächen.

In all seinem Thun entfaltet Hutten eine hohe Begeisterung und erstaunliche Thatkraft. „Ich hab's gewagt", spricht er, und nun geht er keinen Schritt mehr zurück. Sein Gesang war:

> „Ich weiß, ich werd noch Land's verjagt,
> Diewohl ich solch's nicht schweigen kann
> Und nehm' des Dings allein mich an.
> Doch es ist wahr und ist nicht recht,
> Daß man will machen krumm zu schlecht." *

„Ich kann sterben", schreibt er an Friedrich den Weisen; „aber dienen kann ich nicht. Frei will ich bleiben und achte den Tod nicht. Nie soll von Hutten gehört werden, daß er von einem auswärtigen Fürsten, wie groß und mächtig der auch sein mag, sich befehlen lasse, geschweige denn von einem Papste. Ich werde aufstehen aus meiner Verborgenheit und meinen Deutschen da, wo die meisten zusammen sind, zurufen: Wer hat Muth genug, für des Vaterlands Freiheit zu sterben?"

Ulrich von Hutten's Ende war ein trauriges. Nachdem sein Freund und Beschützer Franz von Sickingen gefallen war, war in Deutschland seines Bleibens nicht mehr. Er eilte nach der Schweiz, in elendem krankem Zustande kam er nach Basel. Der gelehrte Erasmus, ein früherer Freund, bei dem er Hülfe zu finden hoffte, ließ ihm sagen, er möge ihn nicht besuchen. So richtete er seine Schritte nach Zürich; der Rath der Stadt verbot ihm jedoch daselbst den Aufenthalt. Da begab er sich, mit einer Empfehlung Zwingli's, nach der Insel Ufnau im Züricher See zu dem dortigen heilkundigen Pfarrer Hans Schnepp. Hier ist er am 29. August 1523 in einem Alter von 36 Jahren gestorben.

---

* schlecht soviel als schlicht, grabe.

Franz von Sickingen.

— —

Mit Ulrich von Hutten eng verbunden war **Franz von Sickingen**, ebenfalls ein deutscher Ritter, und zwar einer der edelsten und heldenmüthigsten, die „Blume des deutschen Adels“. Bei diesem auf seiner Ebernburg hatte Ulrich, da er ohne Schutz und Obdach umherirrte, Aufnahme gefunden, und beide erneuten hier ein schon früher geschlossenes Freundschaftsbündniß. Sickingen war zwar um sieben Jahre älter als Hutten; allein so viel der erstere vor diesem an Alter und dabei Macht und Reichthum voraus hatte, so viel übertraf ihn Hutten an Geist und Bildung, beide ergänzten sich gegenseitig. Hutten war es auch, der Sickingen mit Luther'n und dessen Schriften bekannt machte, er las ihm die letzteren auf der Ebernburg an den langen Winterabenden vor. Wir geben nun auch von diesem anderen Ritter hier einige wenige Züge.

Franz von Sickingen wurde am 1. Mai 1481 auf der Ebernburg geboren. Die Natur hatte ihn mit durchdringendem Verstand und ritterlichem Muthe begabt. Sein Vater mußte wegen Ungehorsams gegen Kaiser Maximilian und wegen mancher verübten Gewaltthat sein Leben auf dem Blutgerüste endigen. Franz wollte diese Scharte auswetzen; um den Glanz seines uralten Geschlechts wieder herzustellen, trat er in die Kriegsdienste des Kaisers und zeichnete sich hierin so aus, daß Maximilian ihm den Befehl über einen bedeutenden Theil der Truppen im Felde anvertraute und ihn überdies zum Rath und Kammerherrn bei Hof ernannte. Indessen beschränkte Sickingen seine Thätigkeit nicht auf den Kriegsdienst gegen die auswärtigen Feinde, sondern er führte auch häufig kleinere Fehden im Reich, in denen er ritterlich die Beschützung der Unterdrückten und Schwächeren gegen mächtigere und stärkere Gegner übernahm. Freilich erlaubte Sickingen hierbei sich nicht selten Gewaltthätigkeiten, wie er denn überhaupt von den Fehlern des Ritterthums seiner Zeit sich nicht frei zu halten vermochte; aber er zeichnete sich vor den meisten seiner Standesgenossen durch redliche Erfüllung des gegebenen Wortes, treue Hingebung an seine Freunde, durch die eben genannte muthige Vertheidigung der Unterdrückten und gutmüthige Freundlichkeit selbst gegen die Beraubten und Gefangenen rühmlich aus.

In seiner Jugend genoß Sickingen keines sorgfältigen und gelehrten Unterrichts; dennoch errang er sich eine für seine Zeit hohe Bildung und wurde ein eifriger Beförderer der Wissenschaft und ein edler Beschützer der Gelehrten. Er nahm den gelehrten Reuchlin aus freiem Antrieb in seinen besonderen Schutz, vertheidigte ihn auch bald darauf mit Nachdruck in dem Prozeß gegen die Mönche von Köln und zwang dieselben mit dem Schwert zur Erstattung der Prozeßkosten. Was das religiöse Leben Sickingen's betrifft, so war er streng in den Grundsätzen und äußeren Gebräuchen der römischen Kirche erzogen, war auch ein guter Katholik geworden und hatte sich sogar lange mit dem Gedanken beschäftigt, den Franziskanermönchen ein neues Kloster zu bauen. Da jedoch Luther auftrat und Sickingen mit ihm und der heiligen Sache bekannt wurde, neigte er sich dem Evangelium und der Reformation zu. Er bot Luther'n seinen Schutz und einen Aufenthalt auf seinen Burgen an, stellte sich ihm dar „zu treuem Dienst, auch ihn zu hausen, zu herbergen und wider alle seine Feinde zu beschirmen". Luther lehnte das Anerbieten ab, eignete ihm aber zum Dank für seine ritterlich freundliche Gesinnung seine Schrift über die Beichte zu. Andere Männer der Reformation nahmen aber in der That auf den Sickingischen Burgen, als auf Zufluchtsstätten, vorübergehend ihren Aufenthalt. So der nachmalige Straßburger Reformator Martin Bucer und der neben Zwingli thätige Reformator der Schweiz Johannes Oekolampad. Diese Burgen, insonderheit die Ebernburg, wurden deshalb die „Herbergen der Gerechtigkeit" genannt, wo, wie Hutten sagt, „Pferde und Waffen im Werthe, Faulheit und Feigheit in Verachtung stehen; wo die Männer rechte Männer sind, wo Gutes und Böses jedes an den gebührenden Ort gestellt, ein jeder für das genommen wird, was er werth ist; wo Gottesfurcht und Menschenliebe herrschen; wo Tugenden in Ehren sind, Habsucht keine Stätte findet, Ehrgeiz verbannt, Treulosigkeit und Bosheit weit entfernt sind; wo Männer nicht nur frei, sondern auch hochherzig sind; wo die Leute das Geld verachten und groß werden; wo man dem Rechte nachgeht und das Unrecht mit Abscheu flieht; wo man Verträge hält, Treue bewahrt, das Heilige verehrt, die Unschuld beschirmet; wo Rechtschaffenheit in Uebung, Bündnisse in Geltung sind." — Sickingen stellte sich so entschieden auf die Seite der Kirchenverbesserung, daß er sogar in zwei Schriftstücken als evangelischer Schriftsteller auftrat und in den von ihm abhängigen Kirchen thatsächlich die Reformation einführte. Das heilige Abendmahl wurde in denselben schon sehr früh unter beiderlei Gestalt ausgetheilt, und einem seiner Prediger richtete Sickingen selbst auf seinem Schlosse Landstuhl die Hochzeit aus.

Franz von Sickingen ist wie Ulrich von Hutten voll des glühendsten Eifers für Deutschlands Heil und Ehre. Um seinem Vaterlande aufzuhelfen und es einer besseren Zukunft entgegenzuführen, hat er sehr weit aussehende Pläne. Er denkt an nichts Geringeres, als sich selbst in Deutschland an die Spitze der über die öffentlichen Verhältnisse mißvergnügten Ritterschaft zu stellen und die sich immer mehr vergrößernde Macht der Reichsfürsten und den Uebermuth der römischen Geistlichkeit zu brechen. „In seinem Kopfe, so sagt ein neuer Geschichtschreiber, durchdrangen sich die Gedanken eines fehdelustigen, einem mächtigen Fürsten sich gewachsen fühlenden Edelmanns, eines Oberhauptes aller Ritterschaft, eines Verfechters der neuen Religionsmeinungen." Mit solchen Gesinnungen und Absichten beginnt Sickingen am Abend seines Lebens, dessen Herankommen er freilich nicht ahnt, seine Fehde gegen den Kurfürsten und Erzbischof von Trier. Er verspricht den Unterthanen dieses Fürsten: „sie von dem schweren antichristlichen Gesetz der Pfaffen zu befreien und sie zur evangelischen Freiheit zu bringen." Wäre die Fehde gelungen, der Erfolg wäre ein unberechenbarer gewesen, es wäre eine Gährung entstanden im ganzen Reich.

Luther hatte keine Freude an dem Waffengeklirr zum Dienst des Evangeliums, jede Versuchung, mit dem mächtigen Sickingen gemeinschaftliche Sache zu machen, überwand er. Er hatte den großen Sinn, die Ausbreitung und den Schutz der Reformation nicht weltlichen Waffen anzuvertrauen, sondern ganz allein dem Herrn der Kirche und seinem kräftigen Wort zu überlassen.

Sickingen's Fehde nahm ein klägliches Ende. Er fand bei seinem Vordringen unerwartet starken Widerstand, dem angegriffenen Kurfürsten kamen auch der Kurfürst von der Pfalz und der jugendliche Landgraf Philipp von Hessen, der einen früheren Einfall Sickingen's in Hessen rächen wollte, zu Hülfe. Sickingen mußte weichen und zog sich auf seine Veste Landstuhl zwischen Zweibrücken und Lautern zurück. Die Feinde rückten langsam nach und belagerten die Veste. Die Mauern leisteten den Kugeln keinen rechten Widerstand. Sickingen bemerkt dieses unerwartete Unheil, geht nach einer Schießlucke, um zu sehen, wie es stehe. Da schlägt eine feindliche Kanonenkugel ein, Sickingen wird gegen einen spitzen Balken geschleudert und in der Seite tödtlich verwundet. Das ganze Schloß wurde zerschossen, in dem einzigen Burggewölbe, das sich gehalten, lag der Ritter ohne Hoffnung, Hülfe wollte nicht erscheinen, er mußte kapituliren und sich mit den Seinen ergeben. Er lag im Sterben, als die Fürsten, die die Veste belagert hatten, eintraten. Als der Kurfürst von Trier und der Landgraf ihm wegen der Fehden Vorwürfe machten, erwiderte er:

„Ich habe jetzt einem größeren Herrn Rede zu stehn." Sein Kaplan fragte ihn, ob er zu beichten verlange. Er antwortete: „Ich habe Gott in meinem Herzen gebeichtet." Der Kaplan rief ihm die Worte des letzten Trostes zu und hob die Hostie empor. Die Fürsten entblößten ihr Haupt und knieeten nieder, in diesem Augenblick verschied Sickingen, die Fürsten beteten ein Vaterunser. Dies geschah Anfang Mai's 1523, Sickingen war 42 Jahr alt geworden. Sein Leichnam wurde von einigen Bauern und den Köchen des Landgrafen mühsam in einen Kasten gedrückt (Kopf und Kniee gebogen), an einem Seil von der hohen Mauer heruntergelassen und in einer benachbarten Kapelle beigesetzt.

Der Tod Sickingen's machte auf die Anhänger des evangelischen Glaubens den tiefsten Eindruck. Luther selbst war so sehr von der Kunde erschüttert, daß er sie nicht glauben wollte und in der ersten Aufregung an Spalatin schrieb, er wünsche, daß sie falsch sein möge. Als sie aber sich bestätigte, sprach er in einem darauf folgenden Brief: „Gestern hörte und las ich Franzens von Sickingen wahre und klägliche Geschichte. Gott ist ein gerechter und wunderbarer Richter. Er will seinem Evangelium nicht mit dem Schwert helfen."

Ulrich Zwingli.

Ehe wir uns anschicken, ein Lebensbild von Zwingli und Kalvin zu entwerfen, deren Porträts auf der rechten Seite des oberen Würfels zu sehen sind, dürfte es angemessen sein, zur Verständigung einige einleitende Worte vorauszuschicken. Unser Denkmal gilt, wie früher bemerkt, nicht der lutherischen Reformation allein, sondern der ganzen Reformation des sechszehnten Jahrhunderts. Gälte das Denkmal blos der lutherischen Reformation, so könnten einzelne Darstellungen, die in demselben ihren Platz gefunden haben, diesen ihren Platz nicht finden, dann müßten auch die Bildnisse Zwingli's und Kalvin's wegbleiben. Beide Männer nämlich sind, wie bekannt, die Begründer einer anderen Reformation gewesen, nämlich der schweizerischen, welche mit der lutherischen zwar in manchen hochwichtigen Punkten denselben Weg ging, in manchen durchaus nicht unwesentlichen Punkten aber von ihr abwich. Wir sagen, beide Reformationen gingen in manchen und hochwichtigen Punkten denselben Weg, und dabei denken wir an Folgendes: Beide heben das Wort Gottes auf den Leuchter und erkennen in der heiligen Schrift das oberste Gesetz in Sachen des christlichen Glaubens und Lebens, beide lehren, daß der Mensch vor Gott sündig sei und des Gerichtes Gottes schuldig, daß er gerettet werden könne allein durch das Verdienst und die Genugthuung Jesu Christi, des Sohnes Gottes, daß der Mensch Buße thun müsse und dies Verdienst und diese Genugthuung

Jesu Christi in dem Glauben zu ergreifen habe und durch diesen
Glauben vor Gott gerecht werde, daß aus diesem Glauben, als
aus einer Quelle, ein neues heiliges Leben in guten Werken
folgen müsse, daß dieses neue Leben aber nichts Verdienstliches
habe, die Seligkeit nicht verdiene und erwerbe, daß vielmehr der
Glaube dasjenige sei und bleibe, wodurch einzig und allein der
Sünder vor Gott gerecht und selig werde. Wir sagten aber zugleich, beide Reformationen wichen in manchen durchaus nicht
unwesentlichen Punkten von einander ab, und es wäre keine Wahr-
haftigkeit, wollten wir dieses verschweigen. Ja, es ist bei
allem Gemeinschaftlichen doch ein anderer Geist in beiden Reformationen, es geht ein durchgreifender Unterschied durch ihre
Anschauungen hindurch. Dabei denken wir an Folgendes:
Die lutherische Reformation wollte, wir müssen hier nochmals
darauf zurückkommen, keine neue Kirche gründen, sie wollte die
alte apostolische Kirche nur reformiren, verbessern und wiederherstellen. Sie erkannte, wie der Herr seine Kirche nie gänzlich
verlassen, wie die Kirche nur der Reinigung bedürfte, und diese
Reinigung wollte sie denn vornehmen, und zwar nach der
Richtschnur des Wortes Gottes, sie wollte also aus der Kirche
alles wegthun, was wider Gottes Wort war. Die schweizerische Reformation dagegen wollte völlig mit der alten Kirche
und ihrem Bestande brechen, eine neue Kirche gründen, deren
Vorbild und Muster die alte apostolische war. Sie verwirft
daher eine jede kirchliche Einrichtung, die nicht ausdrücklich
durch die Schrift geboten ist, während die lutherische Reformation schon zufrieden ist, wenn eine solche Einrichtung dem
Geist der Schrift nicht zuwider ist. Diese Anschauung der
schweizerischen Reformation tritt besonders in ihrem auf das
allereinfachste beschränkten Kultus und überhaupt in ihrer
Gottesverehrung hervor. Die lutherische Reformation hält
ferner fest, daß der Herr sich gewisser Mittel bedient, um seine
Gnade in die Seelen der sündigen Menschen einzusenken, daß
er seine Gnade in die heiligen Sakramente, in die heilige Ab-
solution gelegt hat, und daß hier in der That wirkliche

Träger der göttlichen Gnaden vorhanden sind, während die
schweizerische Reformation dies mehr oder weniger bestreitet und
an dem Satze festhält: Gott wirkt das Heil ohne eigentliche Mittel.
Wir erinnern endlich an den bekannten Gegensatz beider Reforma=
tionen in Bezug auf die Lehre vom heiligen Abendmahl und
auf die Lehre von der Gnadenwahl. In Absicht auf den ersten
Punkt bekennt die lutherische Kirche die wirkliche Gegenwart
des wahren Leibes und Blutes Christi, während die reformirte
Kirche dieselbe leugnet. In Absicht auf den letzten Punkt, die
Gnadenwahl, ist es lutherische Lehre, daß der Herr will, alle
Menschen sollen selig werden, wer nicht selig wird, geht verloren,
in Folge davon, daß er das Heil nicht ergreift, und deßhalb,
weil er es nicht anders will, und weil der Herr keinen Menschen
zum Glauben und Seligwerden zwingt. Reformirte Lehre dagegen
ist es nach etlichen ihrer hervorragendsten Vertreter und wich=
tigsten Bekenntnisse, daß der Herr nicht will, daß alle Menschen
selig werden, sondern daß er von Ewigkeit her etliche zur Se=
ligkeit, etliche zur Verdammniß vorausbestimmt habe, um an
den einen seine Liebe, an den anderen seine Gerechtigkeit zu
verherrlichen.

Wir sehen, es ist ein Unterschied zwischen beiden Refor=
mationen und ein anderer Geist in den beiden durch sie ent=
standenen Kirchen. Das hätte man nie vergessen und darum
nicht mit Gewalt und Ungestüm auf eine Vereinigung und
Union der Kirchen drängen sollen. Man soll warten, bis der
Herr die Kirche selbst unirt und aus der Geschiedenheit in die
Einheit einführt. Ersehnen und erbitten dürfen und sollen wir
diese Vereinigung, machen aber sollen wir sie nicht. Der Herr
wird's versehen nach seiner Verheißung: Und wird ein Hirte
und eine Heerde werden (Joh. 10). Bis diese Verheißung in
Erfüllung geht, mag jede Kirche ihre Straße ziehen, mit ihren
Gütern haushalten, mag eine die andere achten und ehren, eine
sich neidlos freuen über die Erfolge der anderen, wenn diese
Erfolge nur die Ehre des Herrn vermehren. Eine Kirche mag
auch von der andern lernen, jede hat aus der andern sich zu

ergänzen. So lerne die lutherische Kirche von der reformirten Eifer für die Ausbildung eines christlichen Gemeindelebens, Eifer zu Werken christlicher Liebe, denn in diesen Dingen hat die reformirte Kirche Großes gethan; und die reformirte Kirche lerne von der lutherischen Eifer für die reine Lehre des Wortes Gottes, gottselige Innigkeit und Andacht; denn hierin liegt die Stärke der lutherischen Kirche.

Unser Denkmal nun gilt der ganzen Reformation des sechszehnten Jahrhunderts; darum haben auch Zwingli und Kalvin auf demselben einen Platz finden können; denn sie gehören zu den hervorragendsten Personen dieser merkwürdigen, wunderbar bewegten Zeit.

Ulrich Zwingli ist geboren am 1. Januar 1484 in der Gemeinde Wildenhaus im Toggenburgischen, ist also nur wenige Wochen jünger als Luther. Das Dörfchen liegt in einer Höhe, wo keine Feldfrüchte und Obstbäume mehr fort= kommen, zwischen grünen Alpenwiesen, über welchen die kahlen und kühnen Bergfirsten emporstreben. Ulrich war Glied einer zahlreichen Familie, er hatte noch sieben Brüder; der Vater war Ammann, der vornehmste Mann im Orte, eine patriar= chalische Erscheinung. Die ersten Jugendjahre brachte Ulrich in dem stillen Kreise der Seinigen zu, in einer bescheidenen höl= zernen Hütte, welche noch heute steht. Wenn im Frühjahr die Matten zu grünen anfingen, trieb er mit seinen Geschwistern die Rinder auf die kräuterreichen Weiden der Alpengipfel; in den langen Winterabenden hörte er mit inniger Lust, und sein Herz glühte dabei in jugendlicher Liebe zum Vaterland, die Heldenge= schichten der alten Schweizer erzählen, oder er saß zu den Füßen der gottesfürchtigen Großmutter und lauschte mit den anderen Kin= dern den biblischen Geschichten und frommen Legenden, die sie auf eine liebliche Weise zu erzählen wußte. Ulrich war mit reichen Gaben des Herzens und des Geistes ausgestattet, auf= fallend war besonders sein reiner Sinn für Wahrheit. Er erzählt selbst, daß beim ersten Erwachen seines Geistes der Gedanke in ihm aufgestiegen sei, ob nicht die Lüge eigentlich

härter zu bestrafen sei, als der Diebstahl, denn die Wahrhaf=
tigkeit sei doch die Mutter und Quelle aller Tugenden.

Schon frühe wurde er wegen seiner Geistesgaben zum
Dienst der Kirche und für den geistlichen Stand bestimmt und
erhielt dann seine Ausbildung auf den Schulen zu Basel und
Bern und auf der Universität zu Wien. Nachmals finden wir
ihn als Lehrer wiederum zu Basel, derjenigen Stadt, welche
damals für die Schweiz der Mittelpunkt des neu erwachten
geistigen und wissenschaftlichen Lebens war. Hier wurde durch
den ausgezeichneten und gottesfürchtigen Gelehrten Thomas
Wyttenbach ein kräftiges Samenkorn des wahren Glaubens
in Zwingli's Herz gelegt, und er zur Lesung der heiligen Schrift
angespornt.

In den eigentlichen Dienst der Kirche trat Zwingli, als er in
Glarus ein Pfarramt übernahm. Dies Amt führte er mit
großem Ernst; er selbst schreibt, daß sein Pfarramt ihn ungeachtet
seiner Jugend weniger mit Freude als mit Furcht erfüllt habe, da
er wisse, daß der Schäflein Blut, so sie aus seiner Schuld um=
kämen, von seiner Hand gefordert würde. In Glarus vertiefte
er sich in das Studium des Neuen Testamentes, und zwar mit so
ausdauerndem Fleiß, daß er die Briefe des Apostels Paulus, um
vertrauter mit ihnen zu werden, mit eigener Hand abschrieb
und sie auswendig lernte. An den Rand seiner Abschrift
schrieb er die Erklärungen der Kirchenväter, die er ebenfalls
emsig studirte und unter welchen ihn besonders der heilige
Augustin fesselte. Je weiter nun Zwingli in die Tiefen der
Schrift eindrang, um so klarer mußte es ihm zum Bewußtsein
kommen, daß das damalige Kirchenwesen vor Gottes Wort
nicht bestehen könne, desto mehr auch mußte er gereizt werden,
diesem Kirchenwesen den Krieg zu erklären.

Gleichwohl waren es doch vorerst andere, mehr in das
weltliche und staatliche Gebiet einschlagende Mißbräuche, welche
Zwingli veranlaßten, seine Stimme zu erheben und einen öffent=
lichen Streit zu beginnen. Diese waren das sogenannte Reis=
laufen und die sogenannten Jahrgelder. Damit hatte es

folgende Bewandniß. Auswärtige Könige und Herren begehrten die junge Mannschaft der Schweiz in ihre Soldatendienste, warben um sie mit hohem Sold und hielten sich nicht selten unter den Beamten durch Bestechungen feile Kreaturen, damit diese für ihre Zwecke wirkten. Das Eintreten in fremde Kriegsdienste von Seiten der Schweizer nannte man Reislaufen und die Bestechungen der fremden Herren Jahrgelder. Diese Mißbräuche brachten unberechenbaren sittlichen Schaden in das Land. In Folge der fortwährenden Kriegszüge, an denen die jungen Schweizer sich betheiligten, durchschäumte eine abenteuerliche Kriegs = und Beutelust die Adern des Volkes, die zurückkehrenden Söldlinge brachten Ueppigkeit, frechen Leichtsinn, Laster aller Art in's Vaterland zurück, und ein feiler, gelbgieriger, gemeiner Sinn fraß um sich wie ein Krebs, so daß allmählich der Verfall der Sitten eine äußerst gefährliche Höhe erreicht hatte. Zwingli sah das Unwesen des Reislaufens und der Jahrgelder mit tiefem Schmerz, er erkannte darin das Verderben seines Vaterlandes; darum begann er, mit aller Macht dies Unwesen zu bekämpfen, und mit der vollen Kraft seiner volksthümlichen Beredtsamkeit warf er sich den Sünden des Tages entgegen. In Glarus aber drang er noch nicht zum Siege hindurch, im Gegentheil, seine Gegner behaupteten das Feld, und Zwingli mußte weichen.

Zwingli begab sich nunmehr auf eine kurze Zeit nach Ein= siedeln, woselbst er eine untergeordnete kirchliche Stellung einnahm. Aber der Aufenthalt hierselbst war für ihn wichtig und lehrreich und eine Vorbereitung für seine bereinstige refor= matorische Thätigkeit. Zwingli hatte nämlich hier Gelegenheit, auf's neue einen Blick in das heruntergekommene römische Wesen zu thun. Hier im Kloster befand sich ein weitberühmtes sogenanntes wunderthätiges Bild der Maria, und Einsiedeln war deshalb einer der gefeiertsten Wallfahrtsorte für Süd= deutschland, die Schweiz und den Elsaß. Nach einem etwa dreijährigen Aufenthalt in Einsiedeln wird Zwingli als Leut= priester am Münster zu Zürich in diese Stadt berufen, er folgt dem Ruf, und nun steht er denn auf dem Platz, auf dem er seine gewaltige und gesegnete Thätigkeit entfalten soll. In Zürich nahm Zwingli sofort nach allen Seiten hin mit voller Entschiedenheit die Stellung ein, welche er hernach mit so großer Festigkeit behauptet hat. Er bekämpfte alsbald wieder und stärker als je alle Parteiverbindungen mit den auswärtigen Mächten, das Reislaufen und die Jahrgelder. Alsdann ging sein Bemühen aber auch dahin, in einfacher Weise das Volk mit dem Inhalt der heiligen Schrift bekannt zu machen. Er erklärte gleich in seiner ersten Predigt, er werde seinen Zuhörern nicht Menschenlehre, sondern Gottes Wort vortragen, zu Christo wolle er sie führen, der einzigen wahren Heilsquelle, dessen göttliches Wort sei die alleinige Speise, die er geben werde; denn er wünsche, jenem klugen Haushalter zu gleichen, der nach dem Wort des Herrn im Evangelio dem Gesinde zu rechter Zeit Speise austheile. Er predigte in schlichter, einfältiger, allgemein verständlicher Weise, und seine Predigten hatten eine ungemeine Wirkung. Es wird erzählt, daß zwei Rathsherren, die seine erste Predigt gehört, ausgerufen hätten: „Gott sei Lob! das ist einmal ein rechter Prediger der Wahrheit! Der wird uns sagen, wie die Sachen stehen. Der wird unser Moses sein, der uns aus Aegypten führt." Sein Auftreten gegen Rom und das römische Unwesen gewann an Entschiedenheit, als der Ablaßkrämer Bernhardin Samson, ein Franciskaner, in die Nähe von Zürich kam und seine lose Waare ausbot. Zwingli erreichte es, daß dem verderblichen Handel die Thore der Stadt geschlossen blieben. Dieses ganze Auftreten Zwingli's in Zürich, sein muthiges Auftreten gegen alles, was ihm auf dem kirchlichen und weltlichen Gebiet als Sünde und Schaden erschien, zog ihm freilich die heftigsten und gefährlichsten Feindschaften zu. Oft war sogar sein Leben bedroht, seine Freunde ließen ihn daher des Abends nicht allein ausgehen, und der Rath der Stadt gab ihm eine Wache in das Haus. Bei allem dem aber war Zwingli getrost. Er sagt: „Ich habe mich darin ergeben, von jedermann, das ist von Geistlichen und Weltlichen, nichts als lauter Haß zu erleiden und bitte den Herrn einzig darum, mir einen festen Muth zu verleihen, und mich, wie seinen Thon, entweder zu brechen, oder zu stärken, wie es ihm gefällt. Viele andere, Bessere als ich, haben viel Härteres ausgestanden. Es soll mir die größte Freude sein, um Jesu willen Schmach zu leiden, und deß will ich mich allein rühmen, wenn ich mich rühmen darf."

Im Laufe etlicher Jahre hatte jedoch Zwingli und die Sache, die er vertrat, in Zürich entschiedenen Sieg davongetragen. Der Rath der Stadt trat mit voller Treue auf seine Seite, und nach zwei großen, in Zürich gehaltenen Religionsgesprächen war daselbst die Reformation öffentlich zur Geltung gekommen. Der Rath befahl, es dürfe nichts anderes geprebigt werden, als was durch die Schrift erwiesen werden könne. „Das freie göttliche Wort, hieß es, soll über alle Menschen herrschen, urtheilen und alle gewiß berichten. Es sollen auch alle Menschen hören, was ihnen das Wort Gottes sagt, und soll das Wort Gottes nicht hören, was ihm die Menschen sagen." Die Prozessionen wurden verboten, das Herumtragen der geweihten Hostie und ihre Anbetung in der Kirche, sowie das Fronleichnamsfest wurden abgeschafft, die Reliquien aus den Kirchen weggenommen und die unter denselben vorgefundenen Gebeine begraben, die Weihungen von Palmzweigen, Salz, Wasser, Wachslichtern abgestellt und das heilige Abendmahl in seiner ursprünglichen Einfachheit gefeiert. Freilich ging man auch, in einer gewissen Einseitigkeit und Engherzigkeit, so weit, daß man die Bilder, den Schmuck der Kreuze und selbst die Orgeln aus den Kirchen entfernte und das Glockengeläute bei Begräbnissen abschaffte. Hand in Hand mit allen diesen Aenderungen ging eine nicht minder entschiebene Reformation der Sitten, eine neue Kirchenzucht wurde eingeführt, ein sehr strenges Sittengesetz veröffentlicht. Dies gebietet unter anderm „aufs allerernstlichste" ausnahmlos jedermann „zum wenigsten" den allsonntäglichen Besuch des

Gottesdienstes, und zwar unter der Androhung nicht geringer Strafen „bis sie sich zum christlichen Gehorsam ergeben". Die Mißachtung der Feiertage wird darin mit einer Buße von zehn Schillingen belegt, die Zahl der Wirthshäuser sehr bedeutend vermindert, alles Spiel, es sei mit Karten, Würfeln, Brettspiel, Schachen, Kegeln, Wetten, Gerade- oder Ungerademachen u. s. w. bei Strafe einer Mark Silber unbedingt verboten.

So war Zwingli in Zürich mit seinen Bestrebungen durchgedrungen, und zwar hatte er nicht blos die kirchliche Reformation zu Stande gebracht, sondern auch mit Erfolg gegen das Reislaufen und die Jahrgelder angekämpft. Dem Beispiel Zürich's folgten andere Kantone nach, da erhob der Widerpart drohend sein Haupt. Die große, durch die ganze Schweiz verbreitete Partei, welche von den Verbindungen mit dem Auslande Vortheil hatte, wurde aufs äußerste erbittert und verband sich nun mit den katholischen Geistlichen zu gemeinsamem Widerstand. Unter den letzteren war besonders rührig Johann Faber, Generalvikar zu Kostnitz, und vorzüglich auf dessen Antrieb wurde ein allgemeines Religionsgespräch nach Baden bei Zürich ausgeschrieben. Daselbst wollte man über die kirchlichen Fragen verhandeln, daselbst wollten die Gegner Zwingli's die Sache des gehaßten Mannes vernichten. Auf katholischer Seite war Hauptredner der bekannte Dr. Eck, der Klopffechter der Römischen, auf reformirter Seite der sanfte Oekolampad. Zwingli erschien nicht; denn er war aufs ernstlichste gewarnt worden, da er sein Leben auf das Spiel setzen würde; nichtsdestoweniger aber war er die Seele der Disputation. Seine Freunde holten sich täglich bei ihm Rath, und einer derselben erzählt: „er hat durch seine Forschungen, Nächtewachen und Rathschläge, die er nach Baden gesandt, mehr genützt, als wenn er selbst zugegen gewesen." Das Gespräch war ohne eigentlichen Erfolg, jede Partei schrieb sich den Sieg zu, und die Gemüther waren nur noch mehr entzweit.

Mehr und mehr bildeten sich zwei geschlossene Heerlager. An Zürich schloß sich an: Bern, Basel, St. Gallen, Schaffhausen,

Appenzell, ihnen gegenüber traten in besonders feindseliger Weise: Schwyz, Uri, Unterwalden, Zug, Luzern. Diese letzteren wollten sich um keinen Preis die Jahrgelder und das Recht auf fremde Kriegsdienste nehmen lassen, wollten auch den römischen Glauben festhalten und den evangelischen nicht dulden. Sie verbanden sich mit dem Erbfeinde der Eidgenossen, mit Oesterreich, verfolgten die Evangelischen, warfen sie in's Gefängniß, ließen sie mit Ruthen schlagen, verwiesen sie des Landes, nahmen ihnen ihre Bücher, selbst die Bibeln weg. Ein Prediger aus dem Züricher Gebiet, Jakob Kaiser, der von Zeit zu Zeit nach einem benachbarten Orte ging, um die dasigen Evangelischen mit der Predigt des göttlichen Wortes zu versehen, wurde auf diesem seinem Wege, auf freier Reichsstraße, aufgegriffen, nach Schwyz geschleppt und zum Feuertode verdammt, welchen er auch wirklich erlitt. Sein Tod gab das Zeichen zum Kriege. Von Zürich rückte ein Fähnlein aus zum Streit, dies hatte, was Mannszucht betraf, seines Gleichen nicht. Es bestand aus den wackeren Männern, welche die Reform mit dem sittlichen Ernst aufgenommen, mit welchem Zwingli sie predigte. Da hörte man kein Fluchen und Schwören, selbst das Würfelspiel war verbannt, Streitigkeiten fielen beinahe nicht vor, niemand hätte versäumt, vor und nach Tische zu beten. Zwingli selbst war zugegen; man hatte ihn der Pflicht überhoben, als Prediger mit dem Banner auszuziehen; aber er hatte sich aus freien Stücken zu Pferde gesetzt und die Hellebarde über die Achsel genommen. Er war voll der kühnsten Hoffnungen, er dachte, jetzt zu dem Ziele zu gelangen, welches er sich von Anfang an vor Augen gestellt. Er wollte von keinem Frieden wissen, es werde denn das Jahrgelderwesen auf ewig verschworen und die Predigt des Evangeliums in allen Kantonen der Schweiz erlaubt. „Steht fest in Gott, ruft er den Seinen zu, jetzt geben sie gute Worte, aber laßt euch nicht irre machen, gebt nichts auf ihr Flehen, bis das Recht aufgerichtet ist. Dann werden wir einen Krieg geführt haben, vortheilhafter als je ein anderer gewesen ist, Dinge ausgerichtet haben, die Gottes und der Städte Ehre nach viel hundert Jahren noch verkündigen werden." Aber siehe da, im entscheidenden Augenblick beginnt man, zum großen Leidwesen Zwingli's, Unterhandlungen, und der Kampf wird noch einmal unterdrückt. Die Unterhandlungen fielen zwar im Allgemeinen zu Gunsten der Evangelischen aus, aber doch waren die Zugeständnisse der Gegner nicht so unumwunden, als es Zwingli wünschte; die Jahrgelder wurden nicht abgeschafft, die Predigt des Evangeliums nicht durchaus freigegeben.

Die Ruhe konnte nicht lange andauern; denn sie hatte keine feste Grundlage. Die katholischen Staaten hielten keine der gelobten Bedingungen, ihre Bedrückungen wurden immer unerträglicher, dazu gewannen sie einen ihnen nicht zustehenden Einfluß auf die gesammte Leitung der schweizerischen Angelegenheiten. Zwingli fordert Krieg, allein er bringt nicht durch; es wird nun beschlossen, den Widersachern die Zufuhr zu entziehen. Da diese aber nicht gut ohne die Zufuhr von Lebensmitteln aus dem Kanton Zürich bestehen konnten, so verursachte diese Maßregel auf Seiten der Feinde die heftigste Erbitterung und man setzte ihr das Bibelwort entgegen: „So deinen Feind hungert, so speise ihn." Die Spannung wird von Tag zu Tag drohender, und Zwingli wird, da er bei den Seinigen die von ihm gewünschte Thatkraft nicht sieht, von trüben Ahnungen erfüllt. Im August 1531 war ein Komet erschienen; der Abt Georg Müller fragte eines Tages auf dem Kirchhof zum großen Münster Zwingli'n, was der wohl bedeuten möge. „Mein Georg, antwortete Zwingli, mich und manchen Ehrenmann wird es kosten; die Kirche wird Noth leiden, doch werdet ihr darum von Christo nicht verlassen werden."

Die Feinde rüsten sich mittlerweile im Stillen zum Krieg, und im October bereits nähern sie sich dem Züricher Gebiet. Darauf war man in Zürich nicht gerüstet, allgemein ist die Bestürzung, und es fehlt die Einigkeit. In aller Eile rüstet man eine Kriegsschaar, die jedoch der Macht der Feinde durchaus nicht gewachsen war. Die Schaar zieht aus, Zwingli reitet als Pfarrer neben dem Banner der Stadt. Ergreifend war der Abschied von seinem trefflichen Weib Anna, welche um ihrer christlichen Barmherzigkeit und ihrer guten Werke willen die „Rebe der Schrift" genannt wurde. „Die Stunde ist gekommen, wo wir uns trennen müssen, sprach Zwingli, der Herr will es. Amen! Er sei mit dir, mit mir, mit den Unsrigen." „Werden wir uns auch wiedersehen?" fragte zitternd das Weib, welches weinend an seiner Schulter lag. „So der Herr es will, sein Wille geschehe!" „Und was bringst du uns zurück?" „Segen nach dunkler Nacht!" erwiderte Zwingli, und küßte noch einmal seine Kinder und ihre Mutter. Zwingli zog mit Todesahnung seine Straße, ein Winterthurer berichtet, daß er ihn mit großer Inbrunst für sich selbst und für die Kirche Christi habe beten hören. Die Züricher waren dem Feinde gegenüber durchaus in der Minderheit, und etliche wollten deshalb auf das Nachrücken von Hülfstruppen warten, Zwingli jedoch bestand auf dem Angriff, und so kam es bei Kappel zur Schlacht.

Die Züricher fochten wie die Löwen, aber ihre Tapferkeit konnte sie nicht retten, die edelsten, frömmsten Männer der Stadt fielen, darunter auch Zwingli. Dreimal wurde er niedergeworfen, dreimal erhob er sich, bis er endlich von einem feindlichen Speer gerade unter dem Kinn durchbohrt wurde. Er sank ins Knie; aber getrost sprach er: „Ist dabei ein Unglück? den Leib können sie tödten, aber nicht die Seele." Die Feinde durchzogen schon siegestrunken und plündernd das Schlachtfeld, als er noch athmend dalag, unter einem Birnbaum, die Hände gefaltet, die Augen gen Himmel gerichtet. Was mag da in ihm vorgegangen sein? Die Zukunft der Eidgenossenschaft, wie er sie erstrebte, mußte er wohl aufgeben, die Zukunft der Kirche und des Evangeliums wird er unerschütterlich festgehalten haben. Etliche Kriegsknechte fanden den Sterbenden, ermahnten ihn, einem Priester zu beichten, oder, da das schon zu spät schien, wenigstens die Jungfrau Maria und die Heiligen anzurufen. Er antwortete nicht mehr, er schüttelte nur mit dem Kopfe. Sie wußten nicht, daß er der Zwingli war, meinten, irgend einen gemeinen verstockten Ketzer vor sich zu haben und gaben ihm den Todesstoß. Erst den andern Tag erkannten ihn die Feinde, alles kam herbei ihn zu sehen. Das Gesicht des Todten soll den Ausdruck gehabt haben, wie wenn den Lebenden in der Predigt das Feuer des Gedankens ergriff. Die Gegner hielten ein Gericht über Zwingli, viertheilten seinen Leib, verbrannten denselben und ließen die Asche vom Winde verwehen.

Die Schlacht und der noch einige Wochen hindurch sich fortspinnende Krieg war für die Evangelischen verloren, und diese Niederlage hat für die Zukunft der Schweiz eine entscheidende Bedeutung gehabt. Zwingli's Ziel war die Geltendmachung des Evangeliums als der einzigen rettenden Macht für das Menschengeschlecht, insbesondere die religiös=sittliche und, soweit es nöthig schien, die politische Neugeburt der Eidgenossenschaft. Und dies Ziel, wie Zwingli es im Auge hatte, wurde nicht erreicht. Vielleicht wollte der Herr zeigen, daß sein Reich nicht durch Gewalt der Waffen, sondern nur durch das Schwert des Geistes, welches ist das Wort Gottes, erbauet wird und daß der Diener des Evangeliums nicht das Wort vergessen soll: „Mein Reich ist nicht von dieser Welt.“ Joh. 18, 36.

Zwingli wird uns geschildert als ein Mann von festem Willen, eiserner Thatkraft, klarem Verstand, scharfem Urtheil und umfassendem Blick. Er erscheint als ein persönlich frommer Mann, anhaltend im Gebet, erfüllt mit getrostem Gottvertrauen. Er war ausgerüstet mit einer sehr gründlichen Gelehrsamkeit, einer unverwüstlichen Arbeitskraft, er war fleißig im Predigen und Lehren, gewaltig in der Handhabung des Wortes, unerschrocken im Strafen, eindringlich im Vermahnen, kräftig im Trösten, schlagfertig im Disputiren, gemäßigt im Streit. Außerdem erscheint er fröhlichen Gemüths, anregend, heiter in Gesellschaft, leicht aufbrausend zwar, aber schnell besänftigt, freigebig, dienstfertig und freundlich gegen jedermann, ein Freund der

Musik. Sein Haus war der Mittelpunkt eines vielfachen geistigen Verkehrs, eine Zufluchtsstätte der Bedrängten und Verfolgten.

Vergleichen wir endlich Zwingli mit Luther'n und stellen wir diese beiden gewaltigen Persönlichkeiten neben einander, so treten uns besonders diese Gegensätze vor das Auge. Bei Zwingli herrscht durchaus der praktische, nüchterne Verstand vor, Luther ist zugleich ein Mann von tiefem Gemüth und ganz besonders tiefem und ernstem Gewissen. Zwingli kommt zu dem Glauben auf dem Wege ruhigen Forschens und Ueberlegens, Luther vorwiegend auf dem Wege schwerer, erschütternder Seelenkämpfe. Luther's Lebenselement ist die Rechtfertigung des Sünders vor Gott aus Gnaden durch den Glauben, Zwingli verweilt mehr bei den Früchten der Buße und des Glaubens. Zwingli mengt Geistliches und Weltliches und läßt sich in bedenklicher Weise in das weltliche Gebiet ein, will auch dem Evangelium mit dem Schwerte helfen, Luther hält mit Sorgfalt die Grenzen des geistlichen Gebietes ein, hält sich, bei aller treuen Liebe zu seinem Vaterland, von der eigentlichen Politik fern und erwartet im Reiche Gottes alles Heil einzig und allein von dem Wort des Herrn und seiner allmächtigen Kraft.

Johannes Kalvin.

Der andere Begründer der reformirten Kirche, welcher jedoch Zwingli an Größe und Bedeutung bei weitem übertrifft, ist Johann Kalvin. Kalvin wurde geboren am 16. Juli 1509 zu Noyon in der Pikardie, einer Landschaft Frankreichs. Sein Vater bekleidete eine ziemlich angesehene gerichtliche Stelle in der Grafschaft Noyon und war zugleich Sekretär des Bisthums; er war ein allgemein geachteter Mann, von vieler Einsicht, ein Mann von großer Rechtlichkeit, aber auch von großer Strenge. Seine Mutter war eine gottesfürchtige Frau und scheint schon frühe in der Seele des Knaben ein frommes Leben gepflegt und genährt zu haben; es wird von ihr erzählt, daß sie ihren Sohn daran gewöhnt habe, unter freiem Himmel zu beten. Der Eltern Sinnesweise spiegelte sich in dem Gemüthe des Kindes ab, Frömmigkeit und Strenge war in demselben vereinigt. Letztere offenbarte sich dadurch, daß der Knabe sich zu einem strengen Sittenrichter seiner Mitschüler aufwarf.

Der Vater bestimmte den jungen Johannes für den geistlichen Stand und gab ihm eine sorgfältige Erziehung, welche auf der hohen Schule zu Paris ihre Vollendung erhielt. Da der Vater jedoch später auf die Meinung kam, daß das Studium der Rechtsgelehrsamkeit seinem hoffnungsvollen Sohn eine glänzendere Laufbahn und höhere Stellung verschaffen würde, ließ er diesen den Beruf eines Gottesgelehrten mit dem eines

Rechtsgelehrten vertauschen. Daß Kalvin ein Rechtsge-
lehrter wurde, ist für seine ganze Entwickelung und Bildung
von großem Einfluß gewesen, seine Gemüthsart, die schon von
Anfang an etwas Gesetzliches und Strenges hatte, prägte sich
nach dieser Richtung hin noch entschiedener aus. Auf seine
neue Arbeit warf der Jüngling sich nun mit eisernem Fleiß
und schon damals gewöhnte er sich an jene rege Geistesthätig-
keit, welche er bis an's Ende seines Lebens in noch höherem
Maße fortsetzte. Er arbeitete bis Mitternacht und begann sein
Studiren des Morgens um fünf Uhr, und zwar mit der Wieder-
holung dessen, was er am vorigen Tage erlernt hatte. So
trieb er es auf den hohen Schulen zu Orleans und Bourges.

In letzterer Stadt aber lernte Kalvin das Allerbeste, nämlich
das, was besser ist als alles Wissen, da lernte er Christum
lieb haben. Gott der Herr erfaßte ihn hier mit der starken
Hand seines Geistes, er brachte ihm durch den Dienst eines Deutschen, Melchior Wolmar, welcher ihn zum Forschen in der Bibel
anregte, sein kräftiges Wort so nahe wie nie zuvor, und wirkte
im tiefsten Grunde seines Gemüthes eine vollständige Umwandlung. Kalvin, durch Gottes Geist bewegt, fand in sich und in
seinem Gewissen keinen Frieden, er sah seine Sündhaftigkeit,
der Gedanke an den heiligen Gott erfüllte ihn mit Schrecken
und Angst, und keine Bußwerke vermochten seine Seele zu
beruhigen. Je mehr er sich mit sich selbst beschäftigte, desto
mehr fühlte er Pein im Gewissen, nur dadurch fand er vorübergehend einige Ruhe, daß er den Blick von sich selbst mit
Absicht hinwegwandte. Der Herr hatte ihn in seine heilige
Zucht und Schule genommen, er wirkte in ihm eine
rasche, aber gründliche Bekehrung. Kalvin betrat den Fels des
Heiles und blieb durch seines Gottes Gnade auf demselben
stehen. Er nahm das reine Evangelium in seiner Seele auf,
und dies bewährte sich bei ihm als eine göttliche Kraft so
mächtig, daß er bald ein Mittelpunkt der evangelisch Gesinnten
wurde. Er bezeugt selbst, sobald nur etwas Lust zur wahren
Frömmigkeit in ihm erwacht sei, sei er von solchem Eifer, in

der Wahrheit fortzuschreiten, entbrannt, daß schon nach einem Jahre alle die, welche Luft zur reineren Lehre gehabt, ihn in der verborgensten Einsamkeit aufgesucht hätten, um von ihm zu lernen. — Der Rechtsgelehrsamkeit gibt Kalvin, welcher jetzt im Geist und in der Wahrheit ein Gottesgelehrter geworden war, wieder den Abschied, da ohnedem sein Vater mittlerweile gestorben war. Er wendet sich dem zuerst ergriffenen Berufe, und jetzt mit neuem Feuereifer wieder zu. Da er aber auch sofort als Prediger in den Versammlungen auftrat, welche die Evangelischen, deren es in Frankreich damals schon eine nicht kleine Anzahl gab, hin und wieder hielten, so konnte seines Bleibens nicht mehr im Lande sein; denn König Franz wollte die evangelische Lehre nicht dulden. Kalvin verließ deshalb sein Vaterland; aber der Abschied ward ihm schwer. „Jeder Fußtritt nach der Grenze, sagt er selbst, kostete mich Thränen; darf aber die Wahrheit nicht in Frankreich wohnen, so will ich es auch nicht."

Auf seinen Wanderungen kommt der flüchtige Kalvin auch nach Genf. Hier waren am Anfang des sechszehnten Jahrhunderts eigenthümliche Zustände. Das Regiment führten die Herzöge von Savoyen und die Geistlichkeit, und mit in Folge ihres üppigen und lasterhaften Lebens war in die Stadt ein tiefes sittliches Verderben eingedrungen. Man verlangte aber in Genf nach Freiheit und wünschte, daß das Joch des Herzogs und des Bischofs zerbrochen werde. Darüber spaltete sich die Bürgerschaft in zwei Parteien, die einen hielten es mit den Eidgenossen der Schweiz, an welche sie sich anzuschließen trachteten, die andern mit Savoyen. Die ersteren trugen im Kampf den Sieg davon, mit Hülfe von Bern und Freiburg wurde die savoyische Herrschaft gebrochen. Da aber Bern nur unter der Bedingung, daß Genf der Reformation seine Thüre öffnete, Hülfe versprochen und geleistet hatte, so drang jetzt die Reformation in die Stadt. Man bequemte sich in Genf, zuerst ohne besonderes Verlangen nach ihren geistlichen Gütern, zu ihrer Annahme, und sie trug allmählich den Sieg davon. Das

Hauptverdienst bei der Einführung der Reformation in Genf gebührt F a r e l. Der aber war ein gar ernster, strenger und der Heiligung beflissener Mann, und als er mit den neuen kirchlichen Zuständen auch eine neue und strenge Kirchenzucht einführen und durchsetzen wollte, so erhob sich hiergegen ein heftiger Widerstand. Es ging nach dem Worte des Priors Bonivard, welcher seinen Genfern zu Anfang der Reformation weissagte: „Ihr habt die Priester gehaßt, die euch nur zu ähnlich waren, ihr werdet die Prediger hassen, weil sie euch zu unähnlich sind." Das ganze Werk der Reformation schwebte in großer Gefahr, da erschien Kalvin in Genf.

Kalvin hatte durchaus nicht die Absicht, in Genf zu bleiben, sondern wollte sich nach Straßburg oder Basel begeben. Er war voll sehnlichen Verlangens, seinem unsteten Leben ein Ende zu machen und suchte Muße für gelehrte Arbeiten. In Genf wollte er nur eine Nacht zubringen. Aber wiewohl er im Verborgenen bleiben wollte, wurde seine Anwesenheit dennoch bekannt. Er war damals schon ein rühmlichst bekannter Mann, und ein französischer Prediger erkennt ihn an seinem hageren Aussehen, seinem ernsten Antlitz, seinem funkelnden Auge. Sofort erfährt Farel, daß Kalvin da sei, und bei diesem steht augenblicklich der Beschluß fest: Kalvin muß mein Gehülse werden. Farel eilt in Kalvin's Herberge und dringt mit großem Ernst in ihn, daß er bleibe, ihm zum Trost und zur Hülfe. Kalvin aber scheint in seiner natürlichen Schüchternheit vor dem Kampf zurückzubeben, er fürchtete auch, durch den Dienst an einem Platz seine Wirksamkeit zu beschränken. Er erwidert, er müsse erst durch stille und ernste Studien sich noch vorbereiten und sammeln. Da überkommt den gewaltigen Farel ein übernatürlicher Eifer und mit Donnerstimme spricht er: „Nun so erkläre ich in dem Namen des allmächtigen Gottes dir, der du dein Studium zum Vorwande nimmst, treibest du nicht mit uns dieses Wort Gottes, so wird Gottes Fluch auf dir ruhen!" Nun ist Kalvin's Widerstand gebrochen, und er bleibt. „Meister Farel, so erzählt Kalvin selbst, hielt mich in

Genf zurück, nicht sowohl durch seinen Rath und seine Ermah=
nung, als vielmehr mittels einer fürchterlichen Beschwörung,
so daß es mir vorkam, als hätte Gott selbst seine Hand über
mich ausgestreckt, um mich festzuhalten.“

Kalvin ist nun in Genf, und hier entfaltet er, mit kurzer
Unterbrechung, acht und zwanzig Jahre lang eine ganz außer=
ordentliche Wirksamkeit, er hat in dem kleinen Genf ein Licht
angezündet, welches durch Länder und Jahrhunderte hindurch
bis in die gegenwärtige Zeit hineinscheint.

Kalvin war Prediger und öffentlicher Lehrer des
göttlichen Wortes. Sein besonderes Augenmerk richtete er
darauf, so weit er es vermochte, in dem ganzen Staate und in
allen Verhältnissen ein heiliges Leben zur Herrschaft zu bringen.
Er verfaßte einen Katechismus und erlangte es von der
Obrigkeit, daß die Bürger dies Bekenntniß beschworen. Wer
dasselbe nicht annahm, verlor sein Bürgerrecht, wer dagegen
wirkte, verfiel in kirchliche und bürgerliche Strafen. Es wurden
Gesetze gegeben, welche den Besuch der Kirchen befahlen, welche
das Fluchen, Lästern, Tanzen, die Maskeraden und andere
Ausschweifungen bei den stärksten Strafen verboten, und diese
Gesetze wurden unter Trompetenschall öffentlich verkündigt. An=
fänglich entstand nun freilich eine Begeisterung in Genf über
diese neue, heilige Ordnung der Dinge; aber diese Begeisterung
glich einem Strohfeuer. Das Feuer erlosch, der Rausch verflog,
die Beschränkungen wurden nach und nach unerträglich, es regte
sich eine mächtige Gegenpartei. Der ganze Staat kam in die
größte Aufregung, die Bande der Zucht und Ordnung wurden
täglich lockerer.

Endlich gelang es der Gegenpartei, den verhaßten Mann,
freilich nur auf einige Jahre, aus der Stadt zu vertreiben.
Veranlassung hierzu gab die Gewissenhaftigkeit, mit der Kalvin
das Sakrament des Abendmahls verwaltete. So viele offenbar
Unwürdige kamen zum Sakrament, und das erfüllte ihn mit
großen Gewissensbedenken. Er sagt hierüber: „Nicht mit der
Predigt des Wortes schien uns unsere Pflicht abgethan, mit

14

viel größerem Fleiß müssen diejenigen behandelt werden, deren Blut, so sie durch unsere Trägheit umkommen, von uns gefordert werden wird. Wenn uns sonst schon diese Sorge ängstigte, so brannte und marterte sie uns am heftigsten, so oft das Abendmahl zu vertheilen war; denn, obgleich der Glaube vieler uns zweifelhaft, ja höchst verdächtig war, so kamen sie doch alle ohne Unterschied heran. Und sie schluckten vielmehr den Zorn Gottes herunter, als daß sie des Sakramentes des Lebens theilhaftig geworden wären." In der Osterzeit 1538 erklärte Kalvin in Gemeinschaft mit Farel und einem dritten Prediger, daß sie in einer Stadt, wo eine solche Sittenlosigkeit herrsche und wo man sich keiner kirchlichen Zucht mehr fügen wolle, das heilige Abendmahl nicht mehr austheilen könnten. Und wirklich hielten sie auch am Osterfest Gottesdienst ohne Abendmahl. Die Folge davon war ein Volksbeschluß, daß sie binnen drei Tagen die Stadt zu verlassen hätten. Sie gehorchen, und Kalvin findet eine freundliche Aufnahme in Straßburg.

In Straßburg wollte sich wieder Kalvin's natürliche Schüchternheit und der Zug seines Gemüths zur stillen Zurückgezogenheit geltend machen, er wollte fortan ganz in der Stille forschen und wirken. Allein auch hier wie in Genf wurde er mit Gewalt auf den Kampfplatz der Geister gerufen. Was in Genf Farel that, das that hier der Straßburger Reformator Bucer. „Ich nahm mir vor, auszuruhen, so erzählt Kalvin, als der vortreffliche Diener Christi Martin Bucer es so machte wie Farel, und mich im Namen Gottes beschwor, eine neue Stelle anzunehmen. Er führte das Beispiel Jona's an, der vergebens dem Herrn entfliehen will, und das erschreckte mich so, daß ich von neuem das Lehramt übernahm." So wurde Kalvin auch hier wieder Prediger und Lehrer an der Universität. Jedoch wirkte er auch über Straßburg hinaus. So erschien er auf deutschen Reichstagen, auf denen über Glaubenssachen verhandelt wurde, und bei einer solchen Gelegenheit machte er die Bekanntschaft Melanchthon's, mit welchem er sich innig befreundete.

In Genf aber wurde man nachgerade inne, welchen Schaden man durch die Vertreibung Kalvin's angerichtet. Es riß hier eine solche Zuchtlosigkeit ein, daß auch den Verblendetsten die Augen aufgehen mußten. Trunkene Banden durchliefen Nachts die Stadt und droheten, die Prediger in die Rhone zu werfen, Empörung und Mordthaten brachten die Stadt in Bewegung, die besseren Bürger sahen sich genöthigt, die Stadt zu verlassen, dazu brachen Gottes Gerichte augenscheinlich über die Urheber der Vertreibung Kalvin's herein. Der eine brach den Hals durch einen Fall zum Fenster hinaus, der andere, des Mordes angeklagt, endigte sein Leben auf dem Schaffot, die übrigen zwei wurden, als des Hochverraths schuldig, aus der Stadt verwiesen. Außer all dem drohte auch die römische Kirche wieder Platz zu greifen und die Reformation vollständig zu ersticken. Da erwachte in dem Herzen der Genfer ein mächtiges Verlangen nach ihrem Kalvin, als nach dem Manne, der allein helfen könne.

Der Rath der Stadt schickte ein Schreiben an Kalvin, worin er in den rührendsten Ausdrücken um seine Rückkehr gebeten wird. Nun hatte dieser sein Genf nie vergessen, er hatte es stets auf betendem Herzen getragen und bezeugt es selbst, „daß er nicht ablassen könne, seine Gemeinde zu lieben, wie seine eigene Seele, dieses Genf, welches Gott ihm anvertraut und dem er Treue und Glauben halten müsse;" allein so leicht sollte es doch den Genfern nicht werden, ihn wieder in ihrer Mitte im Amte des Herrn stehen zu sehen. Kalvin's erste Antwort war eine verneinende. Aber die Genfer lassen nicht ab, und wieder ist es Farel, der in ihm den Entschluß zur Reise bringt, den Ruf anzunehmen. Farel bedroht ihn: „der Herr wird aus deiner Hand unser Blut zurückfordern; denn du sollst der Wächter des Hauses Israel bei uns sein", und nun läßt er sich bestimmen. Mit Thränen in den Augen nimmt der starke Mann die Einladung an. „Ich biete Gott, schreibt er an einen Freund, mein geschlachtetes Herz zum Opfer dar, meinen gefesselten Geist unterwerfe ich dem Gehorsam". Offen aber und entschieden spricht es Kalvin den Genfern aus, in welchem Sinne und nach welchem Ziele hin er bei ihnen wirken wolle und werde. „Wollt ihr mich in eure Stadt haben, erklärt er ihnen, so schafft die herrschenden Sünden weg. Meint ihr's redlich mit meiner Zurückberufung, so verbannet die Laster, mit denen ich nicht zusammen in euren Mauern wohnen kann. Mit einer verfallenen Kirchenzucht und ungestraften Frechheit im Bösesthun kann ich nicht zugleich haushalten. Nicht der Papst, nicht die Tyrannen, die nur außerhalb der Kirche wüthen, nein, Wollust, Schwelgerei, Meineid und dergleichen Verbrechen, die meine Lehren öffentlich widerlegen und die Kirche inwendig verdunkeln, diese sind die Erzfeinde des Evangeliums. Was hilft es, von außen die Wölfe abzuhalten, wenn die Heerde durch ansteckende Seuchen von innen verzehrt und zu Grunde gerichtet wird."

Ein Herold war dem ehemals Vertriebenen, nun Zurückgerufenen, bis nach Straßburg entgegengesandt worden, wie im Triumph hielt dieser seinen Einzug. Bald nach seiner Ankunft tönte an einem Wochentage die große Glocke der Stadt weit durch die Gegend hin — ein Bußtag wurde gefeiert. Die Pest war ausgebrochen und andere Bedrängnisse drohten. Unter ernster Buße wollte Kalvin sein ernstes Werk beginnen.

Kalvin's Ziel war eigentlich, den Genfer Staat in einen Gottesstaat zu verwandeln. Kirche und Staat sollten nur einen lebenskräftigen Leib ausmachen, den der Herr regieren sollte mit seinem heiligen Wort. Heilige Zucht des Herrn soll walten überall. Uebung dieser Zucht ist es daher, was Kalvin nächst der Lehre des göttlichen Wortes vor allen Dingen im Auge hat und wofür er seine meisten und edelsten Kräfte einsetzt. Diejenige Behörde, welche die Zucht auszuüben hatte, war das sogenannte Konsistorium, zusammengesetzt aus einer Anzahl von Aeltesten und Geistlichen. Es versammelte sich alle Donnerstage und übte die Kirchenzucht über die Flucher, Lästerer, Trunkenbolde, Hurer, Schläger, Zänker, Tänzer, Verächter des Gottesdienstes und der kirchlichen Gesetze, sowie gegen die Verbreiter falscher Lehren. Es verfuhr mit eiserner Strenge, ohne alle Rücksicht auf Stand, Reichthum und Geschlecht. Einige Beispiele von seiner Wirksamkeit mögen hier ihren Platz finden. Wer den Genuß des heiligen Abendmahls zu der einmal festgesetzten Zeit versäumte, wurde auf ein Jahr aus der Stadt verbannt. Die Soldaten mußten zweimal des Tages Gebet halten, und an jedem Thore der Stadt knieete vor dem Schluß und vor Eröffnung desselben ein Soldat nieder und sprach mit lauter Stimme das Gebet. Sehr hart wurden ungeziemende Reden und Gotteslästerungen bestraft. Wer bei dem Leibe und Blute Christi schwur, mußte die Erde küssen, eine Stunde am Pranger stehen und fünf Sols Strafe bezahlen. Im Jahre 1565 wurde eine Frau mit Ruthen gezüchtigt, weil sie weltliche Lieder auf die Melodie der Psalmen gesungen, und eine andere durch Verbannung bestraft, weil sie weltliche, unzüchtige Lieder nur in den Mund genommen hatte. Trunkenheit wurde mit Vorladung vor das Konsistorium und Entrichtung von drei Sols bestraft. Spieler wurden an den Pranger gestellt, mit den Karten am Halse. Hurerei wurde mit der Strafe der Einsperrung, der einfache Ehebruch mit der des eisernen Halsbandes und der doppelte mit der Todesstrafe belegt. Besonders streng ahndete man die Vergehen gegen das vierte Gebot. Im Jahre 1563 wurde ein Mädchen, welches seine Mutter geschimpft hatte, auf drei Tage bei Wasser und Brod eingesperrt und mußte öffentliche Kirchenbuße thun. Ein sechszehnjähriges Kind, welches nur versuchte, seine Mutter zu schlagen, wurde, mit dem Strick um den Hals, öffentlich ausgepeitscht und dann aus der Stadt gewiesen, ein anderes, das Vater und Mutter wirklich geschlagen, wurde 1568 sogar geköpft.

Es läßt sich denken, daß Kalvin, wie er solche strenge Zucht durchzuführen strebte, die schwersten Kämpfe zu bestehen hatte. Je straffer er die Zügel hielt, desto mehr und desto frecher erhob die Gottlosigkeit ihr Haupt. Kalvin war allen möglichen Beschimpfungen auf der Straße ausgesetzt, ja selbst im Rath war er vor solchen nicht sicher, und es wurden sogar

Mordverſuche gegen ihn gemacht. Getroſten Muthes aber ſagte
er: „Ruhig erwarte ich, was die Feinde thun werden. Sie
verſuchen alles, um mich hinauszuwerfen; ich will es theilweiſe
nicht merken, theils geſtehe ich frei, daß alle ihre Anſtrengungen
mir nur zum Spott dienen. Denn ſie würden glauben, geſiegt
zu haben, wenn ſie nur ein Zeichen der Furcht von mir wahr-
nähmen. Gewiß gibt es nichts, was ihren Angriff mehr bricht
und die Guten anfeuert, ihre Sache zu vertheidigen, als ein
gutes Vertrauen.“ Mit welchem Muthe Kalvin der trotzenden
Ruchloſigkeit entgegen trat, zeigt uns ſein Handel mit einem
gewiſſen Bertelier. Dieſer war wegen ſeines ſchamloſen Lebens
durch das Konſiſtorium vom Abendmahl ausgeſchloſſen worden,
aber er hatte es dahin gebracht, daß der Rath das Konſiſtorium zwang, dieſen Beſchluß wieder zurückzunehmen und ihn,
Bertelier, zum Sakramente zuzulaſſen. Kalvin gab ſich alle
Mühe, dieſen Rathsbefehl wieder rückgängig zu machen, es
gelang ihm aber nicht. Da beſtieg er an dem Tage, an
welchem das Abendmahl gehalten werden ſollte, und Bertelier
mitten unter der Schaar der Abendmahlsgäſte ſaß, die Kanzel,
hielt eine gewaltige Predigt gegen die Schänder des Sakraments
und ſprach zuletzt: „Dem Chryſoſtomus folge ich; Gewalt
werde ich nicht brauchen, aber eher will ich hier ſterben, als
daß dieſe meine Hand dem Unwürdigen das heilige Mahl
reiche.“ Bertelier fand es am gerathenſten, die Verſammlung
zu verlaſſen, und die Feinde gingen vernichtet von dannen.
Kalvin und die gute Sache hatten einen vollſtändigen Sieg
davongetragen.

Genf wurde durch Kalvin, durch ſein Wort und durch
ſeine Thaten, eine ganz andere Stadt. Es entſtand eine förmliche Umwandlung, und dieſe Umwandlung war groß, tief ein-
gehend und erregte allgemeine Bewunderung. Im Jahre 1557
ſchrieb Farel: „Neulich war ich in Genf, und noch nie hat es
mir dort ſo wohlgefallen. Nicht daß ich wünſchte, eine ſo
große und nach dem Worte Gottes ſo begierige Gemeinde zu
belehren, ſondern um zu hören und zu lernen, wie der Geringſte

im Volke. „In Genf wollte ich lieber der Letzte sein, als an einem andern Orte der Erste." Genf wurde als eine Muster=schule christlichen Lebens gepriesen. „Da wird, hieß es, in allen Tempeln und Häusern das lautere Evangelium verkündigt, da verstummt niemals der liebliche Gesang der Psalmen, da sind Tag und Nacht Hände gefaltet und Herzen erhoben zum lebendigen Gotte. Denn es hat den größten Theil der Be=wohner jenes Sehnen ergriffen, von welchem der Prophet in jenen Worten redet: von Herzen begehre ich dein des Nachts, dazu mit meinem Geiste wache ich frühe zu dir."

Kalvin entwickelte eine bewundernswürdige Thätigkeit, einen riesenhaften Fleiß und eine unermüdliche Ausdauer. Er pre=digte, und zwar regelmäßig von zwei Wochen eine alle Tage, er hielt gelehrte Vorlesungen, er hatte seine Arbeit im Kon=sistorium, machte in aller Treue seine Kranken= und Hausbesuche und lag dabei aufs emsigste dem Forschen in der Schrift ob, erklärte auch dieselbe in von ihm herausgegebenen Büchern. Seine Bibelerklärungen sind ein wahrer Schatz der evangelischen Kirche. Sie zeichnen sich aus durch eine tiefe und doch glau=bensfrische Gelehrsamkeit, durch eine schmucklose Einfalt und die Kunst, das Wort Gottes in geistvoller Weise auf das wirkliche, vielgestaltige Leben zu beziehen. Auch war er auf dem Gebiete streng wissenschaftlicher Schriftstellerei thätig, und seine Glaubens=lehre, welche er schon als Jüngling schrieb und wodurch er den König Franz, freilich ohne den gewünschten Erfolg, für das Evan=gelium günstig zu stimmen versuchte, ist noch jetzt, und wird es sein bis an's Ende der Tage, ein Kleinod der evangelischen Wissenschaft und eine Fundgrube wahrer und köstlicher evange=lischer Gedanken. — Genf wurde durch Kalvin ein Sammelplatz von Fremden aus allen Gegenden, in seinen Vorlesungen waren oft bei tausend Zuhörer. So wurden eine Menge zukünftiger Diener der Kirche von ihm gebildet und sein Einfluß ging weit über Genf, und über seine Mitwelt hinaus. In großer Menge wallfahrteten besonders die französischen Flüchtlinge zu der als heilig verehrten Stadt, sie mit Lobgesängen begrüßend und auf die

Kniee zum Gebet niederfallend, sobald sie derselben ansichtig
wurden. Ueberall war Kalvin thätig, die evangelische Kirche
zu vertheidigen und zu befestigen, vor allem nahm er sich der
unterdrückten und verfolgten Glaubensbrüder in allen Ländern
an und ermahnte sie zur Treue und Standhaftigkeit. Seine
Trostbriefe, deren er unzählige aussandte, gingen von Hand zu
Hand und fanden den Weg selbst in die tiefsten Kerker. Ueber-
haupt hat Kalvin viel durch Briefe gewirkt. Eine ganze Menge
von Menschen aus ganz Europa wandten sich schriftlich mit
ihren Bedenken und Bitten an ihn, es sind an zwölf hundert
Briefe von ihm noch aufbewahrt, welche sich meist über die
wichtigsten Gegenstände weitläufig verbreiten.

Und dieser Mann, der so Großes vollbrachte, lebte in der
äußersten, prunklosesten Einfachheit. Verbesserungen seines geringen Gehaltes wies er mehrmals zurück. Er war streng gegen
andere, am strengsten gegen sich selbst. Als einst ein Kardinal
Genf besuchte, fragte er nach Kalvin's Pallaste. Wie groß
war sein Erstaunen, als er zu der bescheidenen Wohnung des
weithin herrschenden Mannes geführt wurde. Und dem Leibe
nach war dieser Held im Reiche Gottes der elendeste und
schwächlichste Mensch. War er nicht von Geschäften aufs
äußerste bedrängt, so lag er zu Bett. Ein ganzes Heer von
Krankheiten bestürmte seinen Körper. Gicht, Stein, Kolik, Hä-
morrhoiden, Nierenleiden, Krämpfe in den Waden, Erschlaffung
des Magens, Asthma, Fieber, Kopfschmerzen — das alles
plagte den Mann. Er trug sein Leiden mit Geduld, höchstens
hört man ihn zuweilen seufzen: „Ach Herr wie so lange.“ „Es
ist gewiß, so schreibt er im Blick auf seine Leiden, daß alle
Krankheiten uns nicht nur bemüthigen sollen, indem sie uns
die Gebrechlichkeit unserer Natur vor Augen stellen; sie sollen
uns auch zur inneren Sammlung bewegen, auf daß wir, unsere
Armseligkeit erkennend, unsere Zuflucht zu Gottes Barmherzigkeit
nehmen.“ Als seine Freunde ihn baten, er möge sich doch bei
seinen Krankheiten schonen, gab er zur Antwort: „Wollt ihr,

daß der Herr mich müßig finden soll? Leidet es, daß Gott mich wachend und an meinem Werke arbeitend sehe."

Als Kalvin sein Ende nahen sah, nahm er Abschied von dem Rathe der Stadt, ließ sich auf einem Sessel in die Kirche tragen, empfing das heilige Abendmahl und stimmte mit zitternder Stimme den Gesang an. Auch von seinen Amtsbrüdern verabschiedete er sich, zu seiner Freude kam noch einmal der treue, achtzigjährige Farel von Neufchatel zu dem Davoneilenden. Die letzten Tage brachte Kalvin unter beständigem Gebet zu und entschlief sanft am 27. Mai 1564. Eine allgemeine Trauer erfüllte die Stadt, der Staat vermißte den weisesten seiner Bürger, die Kirche beklagte den Verlust ihres treuesten Dieners, die Schule den Hingang ihres erleuchtetsten Lehrers, alle sahen sich des gemeinschaftlichen Vaters und Trösters beraubt. Unter feierlicher Begleitung des Rathes, der Geistlichkeit, der Schule und der gesammten Bürgerschaft ward Kalvin's Leiche ohne Pomp zur Erde bestattet, und nach seiner Bestimmung seine irdische Hülle mit einem einfachen Hügel bedeckt.

Kalvin führte in seinem Wappen den Spruch: „Mein blutendes Herz bringe ich dem Herrn zum Opfer dar", in welchem Sinne er sich ja auch aussprach, als er von Straßburg wieder zurück nach Genf zog. Das ganze Leben des Mannes ist eine Erklärung dieses Wortes. Er hat mit diesem Worte Wahrheit und Ernst gemacht. Heilige Gottesfurcht, strenger, blinder Gehorsam gegen den Herrn — das ist der lebendige Athem seines Lebens, wogegen die kindliche Liebe gegen den in Christo versöhnten Vater etwas zurücktritt. Ernst, Festigkeit, brennender Eifer um die Ehre des Herrn sind durchaus die hervorragendsten Züge seiner Sinnesart. Diese prägt sich schon in seinen äußeren Gesichtszügen aus, in seinem feurigen durchdringenden Auge, der gebogenen Nase, der hohen Stirn, dem länglichen, blassen und hageren Gesicht mit dem langen zugespitzten Bart. Sein Eifer ist ja freilich manchmal in Heftigkeit übergegangen, aber er lag beständig im Kampfe mit dieser seiner sündlichen Neigung. „Von allen Kämpfen gegen meine Fehler, die groß und zahlreich sind, sagt er, ist der größeste der gegen meine Ungeduld; aber meine Bemühungen sind nicht ganz vergebens, doch habe ich das wilde Thier (den Zorn) noch nicht ganz bezähmen können." Bei und in allem Ernst, Festigkeit und Eifer war er jedoch erfüllt, ja durchglüht von ächter, barmherziger Bruderliebe. Das beweist uns schon die Hingebung und die Treue, mit welcher er sich der leidenden Glaubensbrüder annahm.

Wir stellen zum Schluß auch die Gestalt Kalvin's derjenigen Luther's gegenüber. Da ist nun zum Theil Aehnliches zu sagen, als bei Zwingli. Luther ist vorwiegend ein Mann des tiefsten Gemüthes, Kalvin des Verstandes und Willens. Luther ganz ein Mann des Glaubens, nichts predigend als die freie Gnade Gottes in Christo Jesu, nichts wollend für sich und andere als den seligmachenden Glauben, Kalvin auch gläubig, aber vorwiegend ein Mann des Gesetzes, ein christlicher Moses, das Gesetz Christi mit der Stimme eines alten Propheten verkündend und mit der Strenge eines alten Propheten handhabend. Das ganze Leben Luther's ist ein Kampf für den Glauben, habe ich diesen, denkt er, so kommt ein heilig Leben von selbst, Kalvin's Leben ist ein Kampf um die Einführung des heiligen Lebens auch durch genaue und strenge Gesetze. „Luther läuft Sturm, Kalvin bauet die Burg Gottes". Luther ist deutsch durch und durch, Kalvin ein Franzose. Luther hat auch Sinn für die natürlichen guten Gaben des gütigen Gottes, er erquickt sich auch an den Freuden des Hauses, der Musik, der Natur, Kalvin hat in einer gewissen Herbigkeit für solche Seiten des Lebens wenig Empfänglichkeit. — Beide aber sind treue Knechte ihres Herrn und gesegnete Streiter für sein seligmachendes Evangelium.

———————

Wittenberg.

Wir wenden uns nun zu den drei weiblichen Figuren un=
feres Denkmales, welche Städte darstellen, in denen zur Zeit
oder in Folge der Reformation Großes und Denkwürdiges
geschehen ist.

Zur linken Hand ist Wittenberg, die Wiege der Reformation,
denn hier wurde dieselbe, soweit sie deutsch und lutherisch war,
geboren. Auf der Rückseite des Denkmals steht Speier. Hier
haben sich die Anhänger der Reformation, insbesondere die
evangelischen Fürsten, in heißem Kampf und gefährlicher An=
fechtung bewährt, hier haben sie es vor aller Welt bekannt,
daß in Sachen des Glaubens kein Mensch, und sei es der Kaiser,
den Seelen gebieten könne, daß hier ganz allein das Wort
Gottes zu entscheiden habe. Auf der rechten Seite des Denk=
mals steht Magdeburg. Das ist diejenige unter allen evange=
lischen Städten, welche in Folge der Reformation das Meiste
und Schwerste hat erleiden müssen, welche deshalb auch auf
unserem Denkmal als ein trauerndes Weib mit zerbrochenem
Schwert dargestellt ist. — In Wittenberg wurde die Refor=
mation geboren, in Speier bewährte sie sich im Kampfe, in
Magdeburg erhielt sie die Blut= und Feuertaufe. Eine jede
dieser drei Städte soll nun dem Leser, in ihrer Bedeutung für
die Reformation, vorgeführt werden. Wir handeln zuerst von
Wittenberg.

Daß Wittenberg in der Geschichte der Reformation eine so wichtige Stadt geworden ist, das hat es seiner Uni= versität zu verdanken. Diese Universität ist, wie bereits bei der Betrachtung des Lebens und des Charakters Friedrich's des Weisen angegeben worden ist, eine Gründung dieses sächsi= schen Kurfürsten. Auf ihre Stiftung und Einrichtung hatte den größten Einfluß Johann Staupitz, derselbe Mann, der Luther'n in seiner Anfechtung tröstete und zu Christo hinwies. Es ist ein merkwürdiger Umstand, daß die neu gegründete Uni= versität zu ihrem Patronen sich den heiligen Augustin erwählte, merkwürdig deshalb, weil der, welcher die Zierde der Univer= sität werden sollte, die vergessenen Lehren des heiligen Augustin von Sünde und Gnade wieder an das Licht zog und dem heiligen Augustin geistesverwandt war, wie kaum einer. Wir denken hier natürlich an Luther. Seit 1508 leuchtete in ihm der Universität ein neuer Stern. Er schuf hier ein neues Leben, ein ganz anderes, wie es auf den übrigen Hochschulen war, und war die Veranlassung, daß man wieder einmal fleißig die heilige Schrift und die Werke der ältesten und besten Schriftsteller studirte. Noch ein neuer Eifer kam durch Melanchthon, den „Lehrer Deutschlands", in Lehrer und Schüler, so daß Luther sich äußern konnte: „Auf der Uni= versität ist man fleißig, wie die Ameisen es sind."

Der Sache Luther's, d. h. der Sache des Herrn und seines Evangeliums, war die Universität von Anfang an freundlich gesinnt, ja sie stand zu Luther'n in heiliger Entschlossenheit und kühnem Muth wie ein Mann. — Als das Religionsgespräch zu Augsburg zwischen Luther und dem vom Papste geschickten Kardinal Kajetan verunglückt war, und der beleidigte Kardinal seinen Gegner bei dem Kurfürsten verklagte, da nahm sich die Uni= versität ihres Luther's treulich an und schrieb ihrem Kurfürsten, sie wisse nicht anders, als daß Luther der Kirche und selbst dem Papste alle Ehre erweise, wäre Bosheit in dem Manne, so würde sie das zuerst bemerken. — Als im Jahre 1520 die Bannbulle von Rom kam, in welcher Luther verdammt wurde, sprach sich die Universität offen gegen die Bulle aus, und im

Sachsenland hörte man damals schon mehr auf ihre Stimme als auf die des Papstes. Die ganze Universität schloß sich eng und enger um ihren Helden und billigte vollkommen sein Verhalten, als er die damals überaus zahlreiche studirende Jugend am schwarzen Brett auf den 10. December vor das Elsterthor lud, daselbst einen Holzstoß zusammentragen ließ und, nachdem ein Magister der Universität denselben angesteckt hatte, im vollen Gefühl davon, daß sein Widerspruch gegen den Papst nichts anderes sei als eine Pflicht der Treue gegen den Herrn, die Bulle und andere päpstliche Schriften mit den Worten in's Feuer warf: „Weil du den Heiligen des Herrn betrübet hast, so verzehre dich das ewige Feuer!" —

Ungemein kühn war auch die Stellung, welche Wittenberg nach dem Reichstag von Worms einnahm. Die mächtigsten Herren und die höchsten Gewalten in der Christenheit hatten ihr Urtheil abgegeben. Der Papst hatte eine verdammende Bulle erlassen, der Kaiser befohlen, den Ausspruch des Papstes zu vollziehen und die Acht ausgesprochen. Und in dem kleinen Wittenberg, dessen Namen einige Jahre vorher kaum noch genannt wurde, hatte man den Muth, zu widerstehen, sich allen diesen Gewalten entgegenzustellen, die verdammten Lehren zu vertheidigen. So sehr war man sich seines festen und unerschütterlichen Grundes bewußt, so sehr hatte man eine gute Zuversicht zur Sache des Herrn.

Die Universität Wittenberg war der Mittelpunkt der ganzen reformatorischen Bewegung Deutschlands. Die ganze deutsche Nation, von Liefland bis nach Oesterreich auf der einen und bis nach Brabant auf der andern Seite schickte ihre Jugend zu den Füßen der Wittenberger Lehrer. Was die nach der Wahrheit Verlangenden in Wittenberg hörten und lernten, das trugen sie in die Heimath zurück, und so wurde die Stadt die Quelle eines neuen geistigen und geistlichen Lebens, sie wurde und war die Wiege der Reformation.

Kommt man heute nach Wittenberg, so merkt man's noch immer, welche Stadt man betreten, man fühlt sich an der Ge-

burtsstätte der Reformation. In der Schloßkirche werden uns
die Gräber Luther's und Melanchthon's gezeigt, im Augustiner-
kloster, in den Räumen, wo Luther arbeitete und betete, werden,
und das ist gewiß die schönste Verwendung des Hauses, junge
Diener des Herrn und seiner Kirche im Sinne und Geiste Lu-
ther's zu ihrem heiligen Amte gerüstet, und auf öffentlichem
Platze hat die Nachwelt den größten Männern der Stadt,
Luther'n und Melanchthon, Denkmäler errichtet. Unter dem
Standbilde Luther's steht das Wort, welches sich bereits als
Wahrheit erwiesen:

> Ist's Gottes Werk, so wird's bestehn,
> Ist's Menschen Werk, wird's untergehn.

Speier.

Der Name der Stadt Speier ist berühmt geworden vor-
züglich wegen des Reichstages vom Jahre 1529.
Drei Jahre vorher war schon einmal in Speier ein Reichstag
gewesen, und auf diesem war von den Ständen des Reiches
der Beschluß gefaßt worden, ein jeder solle in den Sachen der
Religion so leben, regieren und es halten, wie er es gegen
Gott und Kaiserliche Majestät zu verantworten sich getraue.
Dieser Beschluß war dem Fortschreiten der Reformation sehr
günstig gewesen, das Evangelium hatte in Folge davon viel
Boden gewonnen.

Auf dem neuen Reichstage aber, im Jahre 1529, wehete
eine andere Luft.

Der Papst nämlich hatte den Kaiser aufgefordert, sich der
Sachen der Religion auf einem demnächst zu haltenden Reichstag
kräftiger anzunehmen als bisher und gegen die Ketzer entschie-
bener vorzugehen.

So wurde auf den 21. Februar 1529 ein neuer Reichstag
nach Speier ausgeschrieben; auf diesem wollte der Kaiser den
Willen des Papstes erfüllen. Die kaiserlichen Abgeordneten
erschienen pünktlich zur bestimmten Zeit, die geistlichen Fürsten
trafen in größerer Anzahl ein als sonst, die katholischen Stände
zeigten große Entschiedenheit und feste Einigkeit, sie gaben ihre
Absicht ziemlich unverholen kund, das Reformationswerk von
Grund aus auszurotten. So verbot man gleich zu Anfang
aufs strengste den Besuch der Predigten, welche der Kurfürst

von Sachsen in seinem Quartier halten ließ; dies Verbot wurde freilich so wenig befolgt, daß Johann am Palmsonntag schreiben konnte: „heute sind in beiden Predigten gegen 8000 Menschen zugegen gewesen". Es zog sich ein schweres Wetter über den Häuptern der Evangelischen zusammen, und eine hervorragende Person unter denselben konnte daher in einem Briefe schreiben: „Besorg, wie ich die Personen, so hie sind, ansehe, es wird nitt viel zu erlangen sein. In Summa: Christus est denuo in manibus Caiphae et Pilati (Christus ist von neuem in den Händen des Kaiphas und Pilatus)".

Auf den Verhandlungen des Reichstages machten nun die kaiserlichen Abgeordneten den Vorschlag, man möge jenen Beschluß des vorigen Reichstages förmlich widerrufen, er habe „zu großem Unmuth und Mißverstand" Anlaß gegeben, man möge eine entgegengesetzte Anordnung treffen, den evangelischen Ständen jede Neuerung in ihren Ländern und jede weitere Verbreitung ihrer Lehre verbieten. Die Mehrheit der Versammlung stimmte diesen Ansichten und Vorschlägen bei, und die ganze Reformation war dadurch mit dem Verderben bedroht. Gab man zu, daß in diesen Dingen die Mehrheit den Ausschlag geben dürfe, so erschien die Sache der Evangelischen als unterdrückt. Diese aber erklärten, sie würden dem Kaiser in allem gehorsam sein, was zur Erhaltung des Friedens und zur Ehre Gottes diene; aber in den Sachen des Glaubens und des Gewissens könne man sich der Mehrheit unmöglich fügen. Ihr Widerspruch jedoch war vergeblich.

Am 19. April erschien König Ferdinand, der Bruder und Stellvertreter Kaiser Karl's, mit den kaiserlichen Abgeordneten in der Versammlung der Stände, dankten für ihre „christlichen, getreuen und emsigen Dienste" und erklärten ihre Beschlüsse für angenommen. Die evangelischen Fürsten wurden darauf verwiesen, daß doch jene Beschlüsse „altem löblichem Gebrauche nach durch den mehren Theil der Kurfürsten und Fürsten gefaßt worden", so daß auch die übrigen sich denselben zu unterwerfen hätten. Die Evangelischen waren durch eine solche

Entscheidung nicht wenig betroffen, sie traten einen Augenblick in ein Nebenzimmer, um sich unverzüglich zu einer Antwort zu vereinigen. Allein der König und die Abgeordneten hatten nicht Lust, dieselbe zu erwarten. Auf die Bitte der Fürsten, nur eine kleine Weile sich zu gedulden, antwortete Ferdinand, er habe einen Befehl von Kaiserlicher Majestät, den habe er ausgerichtet, und dabei müsse es sein Verbleiben haben, die Artikel seien beschlossen. Hierauf verließ er sammt seinen Begleitern das Haus. Die Evangelischen sahen sich genöthigt, gegen die beschlossenen Artikel Verwahrung einzulegen. Noch in derselben Sitzung erschienen sie, zwar nicht mehr vor dem König und den kaiserlichen Abgeordneten, aber doch noch immer vor den versammelten Ständen und ließen ihre feierliche Verwahrung oder Protestation gegen die Beschlüsse der Mehrheit vorlesen. In dieser Protestation heißt es: „Wir können die Aufhebung (des Beschlusses zu Speier 1526) nicht zugeben. Wir können es nicht, erstens, weil wir glauben, daß Ihre Kaiserliche Majestät, Ihr und wir berufen sind, den einstimmigen und feierlichen Beschluß fest zu wahren. Wir können es nicht, zweitens, weil es sich hier um Gottes Ruhm und der Seelen Seligkeit handelt, und wir in solchen Dingen zuerst Gottes, des Königs aller Könige und des Herrn aller Herren, Gebot beachten sollen, ein jeglicher muß für sich selbst vor Gott stehen, unbekümmert um Mehrzahl oder Minderzahl. Wie? Wir sollten das Edikt billigen und dadurch erklären, daß, wenn der allmächtige Gott einen Menschen zu seiner Erkenntniß beruft, dieser Mensch nicht die Freiheit hat, diese Erkenntniß anzunehmen? Da jeder Text der heiligen Schrift durch deutlichere Stellen derselben ausgelegt werden soll, da dieses heilige Buch in allem, was dem Christen noth thut, leicht verständlich ist, und das Dunkel zu zerstreuen vermag, so sind wir mit Gottes Gnade entschlossen, allein die Predigt des göttlichen Wortes, wie es in den biblischen Büchern des Alten und Neuen Testamentes enthalten ist, lauter und rein, und nichts, was dawider ist, aufrecht zu erhalten. Dieses Wort ist die alleinige Wahrheit, die alleinige Richtschnur aller Lehre und alles Lebens, und kann nicht fehlen, noch trügen. Wer auf diesen Grund baut, besteht gegen alle Mächte der Hölle; alle Menschenthorheit, die sich dawider legt, verfällt vor Gottes Angesicht".

Der König hielt es zwar nicht für gut, die Protestation anzunehmen; aber sie hatte den größten Eindruck gemacht.

Es wurde nun eine ausführliche, mit allen Aktenstücken versehene Schrift aufgesetzt, in welcher die vereinigten evangelischen Fürsten von den Beschlüssen des Reichstages an den Kaiser, die nächste allgemeine freie Versammlung der heiligen Christenheit oder auch das Zusammenkommen der deutschen Nation appellirten. Diese Fürsten waren: Johann der Beständige, Kurfürst von Sachsen, Georg, Markgraf von Brandenburg, Ernst und Franz, Herzöge von Braunschweig-Lüneburg, Philipp, Landgraf von Hessen, und Wolfgang, Fürst von Anhalt, dieselben, welche im folgenden Jahre die Augsburgische Konfession unterschrieben. Von Städten traten der Protestation bei: Straßburg, Nürnberg, Ulm, Kostnitz, Lindau, Memmingen, Kempten, Nördlingen, Heilbronn, Reutlingen, Isny, St. Gallen, Weißenburg, Windsheim.

Von dieser Speierer Protestation her erhielten die Evangelischen den Namen Protestanten. Der Name hat sich erhalten bis auf den heutigen Tag. Protestanten heißen wir Evangelische, wie die Geschichte des Speierer Reichstages zeigt, aber nur deshalb, weil wir dagegen protestiren, daß in Sachen des Glaubens irgend eine menschliche Macht und Gewalt uns zu befehlen habe, und im Gegentheil behaupten, daß wir in diesen Dingen uns unter nichts zu beugen haben, als unter Gottes Wort. Das aber müssen wir in aller Treue thun. — Wer den Worten Protestant, Protestantismus, protestantische Kirche einen andern Sinn und Bedeutung unterlegt, wer etwa gar meint, ein Protestant dürfe protestiren auch gegen das, was geschrieben steht, der versündigt sich an der evangelischen Kirche und an der Wahrheit der Geschichte.

Magdeburg.

Magdeburg hat Berühmtheit erlangt vornehmlich durch das namenlose Unglück, welches im dreißigjährigen Krieg über die Stadt hereinbrach. Es wurde auf eine unselige Art in den schrecklichsten aller Religionskriege verflochten, es wurde belagert und auf gräuelvolle Weise zerstört.

Die Ursache der Belagerung der Stadt war folgende. Der Herrscher im Erzstift Magdeburg war Christian Wilhelm, Markgraf von Brandenburg, er war Administrator dieses eingezogenen geistlichen Landes. Als solcher hatte er sich mit dem Feinde des Kaisers, dem König Christian IV. von Dänemark, in Verbindung eingelassen und war deßhalb vom Kaiser in die Acht erklärt worden. Durch das sogenannte Restitutionsedikt wurde das Erzstift eingezogen, und der Kaiser beabsichtigte, es seinem Sohne Leopold zuzuwenden. Geschah dieses, so war der Bestand des lutherischen Glaubens und Bekenntnisses in Magdeburg auf's äußerste gefährdet. Christian Wilhelm irrte nun umher. Kaum aber war als Beistand der bedrängten Evangelischen auf deutschem Boden der Schwedenkönig Gustav Adolf erschienen, als der vertriebene Administrator wieder hervortrat und sich in Magdeburg zeigte. Die Bürger nahmen ihn mit Begeisterung auf, und die Stadt schloß einen Bund mit dem noch entfernten Schwedenkönig. Man wollte den Fürsten, die Freiheit von dem österreichischen Regiment und den evangelischen Glauben mit Gut und Blut vertheidigen.

15*

Ende März 1631 waren die katholischen, kaiserlichen Generale Tilly und Pappenheim vor der Festung angekommen, um sie zur Uebergabe aufzufordern oder nöthigenfalls mit Sturm zu nehmen. Magdeburg hatte eine sehr geringe Besatzung, nämlich nur 2000 Mann zu Fuß und 250 Reiter. Trotzdem wies es die Aufforderung, sich zu übergeben, heldenmüthig zurück. In der Stadt kommandirte Dietrich von Falkenberg, der Hofmarschall Gustav Adolf's, welchen der König vorausgeschickt, bis er selbst zu Hülfe und zum Entsatze käme. Schon dauerte die Belagerung sechs Wochen und man fing an, Mangel zu leiden an Proviant, Pulver und Blei. Nur die Nachricht, daß Gustav Adolf zum Entsatze kommen wollte, erhielt den Muth der Belagerten noch aufrecht, trieb aber auch die Belagerer zu um so größerem Eifer. Besonders betrieb Pappenheim eine rasche und gewaltsame Einnahme der Stadt. Am 7., 8. und 9. Mai erfolgte eine furchtbare Beschießung; aber noch am Nachmittag des 9. schien Magdeburg's Rettungsstunde gekommen zu sein. Da nämlich ließ Tilly den größten Theil des schweren Geschützes aus den Verschanzungen abführen. Man weiß nicht, ob Tilly die Belagerung wirklich aufgeben wollte, oder ob er eine Kriegslist im Sinne hatte. So viel ist gewiß, er ließ noch an demselben Abend einen Kriegsrath zusammen berufen, in welchem es Pappenheim und mehrere andere Generale durchsetzten, daß auf den folgenden Tag, früh fünf Uhr, ein allgemeiner Sturm auf Magdeburg beschlossen wurde. Die Bürger der Stadt aber dachten, die Feinde zögen in der That ab, und der ersehnte Befreier Gustav Adolf wäre im Anzug. Deswegen hatten sie gegen Mitternacht die Wälle verlassen, um endlich einmal die lange entbehrte Ruhe zu genießen, und hatten die Bewachung derselben den Söldnern überlassen. Auch diese waren größtentheils eingeschlafen, als die fünfte Morgenstunde anbrach. Es war Sonntag, der 10. Mai. Tilly zögerte. Noch einmal wurde Kriegsrath gehalten, noch einmal das Für und Wider erwogen; aber Pappenheim drang durch, um sieben Uhr sollte der Sturm beginnen. Gerade diese Verzögerung aber gereichte den Bürgern zum Verderben, sie fühlten sich um so sicherer und gaben sich um so sorgloser der Ruhe hin.

Die Glocke schlug sieben Uhr. Pappenheim wartete auf das Zeichen zum Angriff, doch es wurde kein Zeichen gegeben. Da griff er, ohne das Signal zu erwarten, mit den Seinen an und erstieg den Wall. Hier war kein Widerstand, Bürger und Soldaten lagen in festem Schlaf, aus dem sie nur zum Tod erwachen sollten. Endlich raffte man sich auf, es gab Lärm, die Sturmglocken tönten, und der Donner der feindlichen Geschütze fiel in die Ohren der noch vor wenigen Minuten so sorglosen Bürger. Falkenberg eilte in den Kampf, er war unter den ersten, die ihren Tod fanden. Die Feinde nahmen die Vertheidiger Magdeburgs in die Mitte, und diese mußten unterliegen. Nun begann ein gräßliches Morden, Plündern und Wüthen. Fast alle Männer wurden umgebracht, viele Frauen ermordeten sich selbst. Auch die Kinder wurden nicht verschont. Ein Kroate rühmte sich, zwanzig Säuglinge aufgespießt zu haben. Um 10 Uhr brach auch Feuer aus, welches durch den Wind über die ganze Stadt getrieben wurde und erst am andern Morgen erlosch. Da war nun Magdeburg ein Schutthaufen geworden. Von der ganzen reichen Stadt waren nur noch übrig die feste Domkirche, das Kloster zu unsrer lieben Frauen, etliche Häuser und etwa 140 Fischerhütten am Elbufer. Der Mord und die Plünderung dauerten noch bis zum 12. Mai. Die Soldaten machten besonders in den Kellern an vergrabenen Schätzen und Kostbarkeiten ungeheure Beute und praßten drei Tage lang von den dort gefundenen Vorräthen an Wein und Lebensmitteln. — Am dritten Tag zog Tilly in den Schutthaufen ein. Man fand noch tausend Menschen in der Domkirche eingeschlossen, welche drei Tage lang keinen Bissen Nahrung erhalten hatten. Sie waren halb todt. Tilly schenkte den Elenden das Leben und ließ ihnen Brod reichen.

Ein katholischer Schriftsteller berichtet über die entsetzlichen Vorgänge dieser Tage Folgendes. „Was für ein Jammer,

Elend und Noth gewesen, kann nicht beschrieben oder ausgespro=
chen werden. Verlassene Kinder suchten ihre Eltern, deren Namen
sie nicht einmal angeben konnten; viele saßen neben und auf
den Leichnamen derselben und riefen in kläglicher Verzweiflung:
„O Vater, o Mutter!" andere sogen sogar an den Brüsten
ihrer erschlagenen Mütter, die sie im Tode noch mit den
Armen fest umschlungen hielten, und schrieen fast verhungert,
daß es einen Stein hätte erbarmen mögen. Viele suchten durch
einen freiwilligen Tod den Mißhandlungen der wüthenden
Verfolger zu entgehen. Zwanzig edle Jungfrauen von Magde=
burg reichten einander die Hände, um in den Fluthen der
Elbe ihre Keuschheit vor jenen zu retten. Die Zahl der Um=
gekommenen beträgt 20—30,000."

Der edle Schwedenkönig wurde durch die Nachricht von
dem Falle Magdeburg's auf's tiefste erschüttert. Seine Schuld
aber war es nicht, daß er nicht rasch herbei eilte. Die Un=
einigkeit und Saumseligkeit der evangelischen Fürsten hatte ihn
auf seinem Marsch aufgehalten.

Von Tilly, dem kaiserlichen Feldherrn, wich seit dem Tage
von Magdeburg das Kriegsglück. Es war, als ob ihm aus
den Trümmern der verwüsteten und geschändeten Stadt ein
Unstern aufgegangen wäre. Die Hauptschuld an dem Greuel
der Verwüstung liegt freilich weniger auf ihm, als auf Pappen=
heim. Dieser war es auch, der an den Kurfürsten von Baiern
schrieb: „Es ist gewiß seit der Zerstörung von Jerusalem kein
greulicheres Werk und Straf Gottes gesehen worden."

Daß Magdeburg's Zerstörung ein greuliches Werk war,
ist gewiß. Ob es aber, im Sinne Pappenheim's, eine Strafe
Gottes gewesen, darüber zu urtheilen, das ist die Sache des
Herrn. Wir aber sehen in Magdeburg eine Stadt, die Un=
sägliches erduldet hat auch um ihres Glaubens und um des
Evangeliums willen.

Die siebenundzwanzig Städtewappen.

Die siebenundzwanzig Wappen an der inneren Seite der Umfangsmauer sind Denkmäler der Städte, welchen sie angehören. Die Städte, deren Gedächtniß auf diese Weise gefeiert wird, sind folgende:

Frankfurt a. M., Straßburg, Hamburg, Ulm, Memmingen, Riga, Wittenberg, Lübeck, Nördlingen, Bremen, Schwäbisch=Hall, Erfurt, Emden, Augsburg, Jena, Speier, Eisleben, Magdeburg, Eisenach, Braunschweig, Marburg, Königsberg, Schmalkalden, Heilbronn, Leipzig, Lindau, Kostniz.

Diese Städte sind in der Geschichte der Reformation sämmtlich von Bedeutung, bald von größerer bald von geringerer. Sie sind die ersten Städte gewesen, welche die gereinigte Lehre in ihren Mauern begrüßt und aufgenommen haben. Eine Anzahl unter ihnen hat Antheil genommen an der Protestation in Speier, andere waren Glieder des schmalkaldischen Bundes und wurden in den unglücklichen schmalkaldischen Krieg verwickelt, andere wieder waren der Ort wichtiger Versammlungen, Religionsgespräche und Reichstage. Viele der Städte haben im Laufe unserer Erzählungen bereits Erwähnung gefunden.

Bei dreien der durch ihre Wappen auf dem Denkmal gefeierten Städte werden uns interessante Züge über die Einführung der Reformation in ihre Mauern und Kirchen erzählt. Wir haben im Auge Lübeck, Magdeburg und Braunschweig. Was von diesen erzählt wird, mag sich wohl an gar manchem

Orten in ähnlicher Weise zugetragen haben. Die von ihnen nun zu berichtenden Züge mögen also auch an der Stelle vieler ähnlicher stehen.

In Lübeck wurde die evangelische Bewegung anfänglich mit Gewalt niedergedrückt. Es wurden Familien gestraft, wo nur das Gesinde einen deutschen Psalm gesungen, Luther's Postille wurde im Jahre 1528 auf öffentlichem Markte verbrannt. Aber der Geist ließ sich nicht dämpfen. Als einst ein Priester fungirte, unterbrach man ihn mit dem Psalmlied und Gebet: „Ach Gott vom Himmel sieh darein", und man erkannte so gut, daß die Diener der römischen Kirche den rechten Himmelsweg nicht lehrten, daß man spottete: „Die uns sollen weiden, das sind, die uns verleiten". Die Priester konnten sich nicht halten, das Evangelium siegte, und Bugenhagen gab nachher, wie bereits früher erwähnt, dem neuen kirchlichen Leben seine Formen und Einrichtungen.

Magdeburg war die erste Stadt, die zu den evangelischen Fürsten trat. Die Gedanken Luther's hatten hier die Bürgerschaft schon sehr frühe ergriffen. Eines Tages, es war am 6. Mai 1524, sang ein alter Tuchmacher dort am Denkmal Otto's des Großen ein lutherisches Lied und bot zugleich Blätter feil, auf denen das Lied zu lesen war. Der Bürgermeister, der, aus der Messe kommend, da vorüberging, ließ ihn festnehmen, zweihundert Bürger gingen jedoch auf's Rathhaus und erwirkten seine Freilassung. Von den Zuhörern des Alten breitete sich die Bewegung über die ganze Stadt aus. Das Feuer glimmte nämlich schon eine ganze Weile und brauchte nur zur Flamme angefacht zu werden. Die Kirchspiele St. Johann und St. Ulrich eröffneten eine förmliche Verhandlung mit dem Propst zu Unserer Lieben Frauen, und da sich dieser weigerte, ihnen Pfarrer nach ihrem Sinne zu bewilligen, so sagten sie sich feierlich von ihm los, „um ihre Zuflucht zu nehmen zu dem einigen, ewigen, mit dem göttlichen Eide bestätigten, allerhöchsten Pfarrer, Seelsorger, Bischof und Papst Jesu Christo, bei dem, als ihrem Hauptmann, wollten sie ritterlich fechten".

In Braunschweig lasen die Bürger mit Eifer die Bücher Luther's, auch seine Bibelübersetzung. Gewaltig fühlte man sich von seinen Liedern ergriffen, in allen Häusern sang man sie, selbst die Straße erscholl davon. Da berief die ängstlich gewordene Priesterschaft im Jahre 1527 einen angesehenen römisch=gesinnten Prediger, der in Behandlung der Streitfragen sehr geübt war, der sollte durch seine Rede die Bewegung dämpfen. Aber als er seine Predigt schloß, rief ihm ein Bürger zu: „Pfaffe, du lügst!" und stimmte das neue lutherische Lied an: „Ach Gott vom Himmel sieh darein!" Die ganze Gemeinde fiel ein und sang es freudig mit. — Auch in Braunschweig hat, wie bekannt, Bugenhagen das neue kirchliche Leben ge=ordnet.